JN445033

현대적 음악교수법을 활용한

영유아음악교육

현대적
음악교수법을
활용한

APPLIED MODERN MUSIC EDUCATION METHODS
MUSIC FOR CHILDREN

영유아음악교육

이미혜 · 박소연 공저

동 문 사

이 책은 저작권법에 따라 보호받는 저작물이므로 무단전재와 무단복제를 금지하며, 이 책 내용의 전부 또는 일부를 이용하려면 반드시 저작권자와 동문사의 서면동의를 받아야 합니다. 무단전재나 무단복제 행위는 저작권법 제136조(벌칙)에 의거, 5년 이하의 징역 또는 5천만 원 이하의 벌금에 처하거나 이를 병과할 수 있습니다.

머 리 말

현대적 음악교육이란 무엇인가? 영유아음악교육에서 무엇을 어떻게 조명하며, 어떻게 접근하는 것이 바른 음악교육인가? 하는 의문들이 이 교재를 제작하게 된 동기이다.

과거의 영유아음악교육이라고 하면 유치원에서 들려오는 노랫소리, 함께 음악에 맞춰 춤을 추는 율동 같은 것들이었다. 그러다 어느 사이 악기를 연주하거나 피아노를 배우는 것을 음악교육이라고 말하기도 하고, 어느 한편에서는 즐겁게 음악놀이를 하는 것을 영음악교육이라고 말하기도 한다.

그러나 예술교육의 목적은 무엇인가? 우리가 흔히 알고 있는 예술교육에서는 독창적인 자신의 생각을 표현하는 것이 더 가치가 있는 것으로 본다. 그러므로 음악교육에서도 자신의 생각을 음악으로 표현하는 방법을 배우는 것이 유아에게는 더 필요하다. 즉, 영유아음악교육에서는 유아의 음악적 발달의 특징에 따라 "소리 탐구를 통하여 다양한 방법으로 소리실험을 하며, 유아가 자신의 생각을 소리로 표현해 보는 과정, 또 미숙하지만 소리가 음악이 되어가는 과정"을 통하여 유아는 음악을 스스로 알아가게 하는 것이 필요하다 할 것이다.

비록 유아의 음악이 성인이 만들어 놓은 음악과는 차이가 있다고 하더라도 또 원시예술처럼 단순하고 투박하지만, 이러한 과정은 타인이 만들어 놓은 음악을 배우는 것보다 더 가치로운 일이다. 이것이 바로 음악교육에서 유명한 현대음악교육가 오르프(Orff)가 그의 교육에서 주장한 원시주의이다.

이러한 표현력 신장을 위하여 과거 유아교육가 몬테소리(Montessori)는 유아를 위한 음악교육에서 악보쓰기와 읽기를 가르쳐야 한다고 주장하였고, 그녀는 유아에게는 음정이나 리듬이 분리된 교육자료를 이용하여 음악교육을 하여야 한다고 말하기도 하였다.

왜 그녀는 유아에게 악보쓰기와 읽기를 가르쳐야 한다고 말하였을까? 왜 그녀는 분리된 음정이나 리듬으로 유아를 가르쳐야 한다고 말하였을까?

그러나 여기서 의문점은 유아음악은 그저 음악을 듣고 노래 부르고 율동을 하면 음악교육의 전부가 아닌가? 하는 것이다. 이러한 의문점에 답을 제시하면서 현대적 음악교육의 방법이 왜 그러한지에 대한 설명을 대신 하고자 한다.

첫째, 왜 유아에게 음악의 기초적 개념을 가르쳐야 하는가?

음악교육에서 몬테소리의 이러한 생각은 시대가 바뀌어 현대음악교육가 고든(Gordon)으로 이어지게 된다. 고든 또한 몬테소리와 마찬가지로 음악교육에 있어서 오디에이션을 중요하게 생각하였다.

고든의 '오디에이션(audiation)'이란 언어와 마찬가지로 글자를 보고 의미를 해석할 수 있어야 하듯이, 음악교육에서도 음악을 듣고 음악적으로 생각할 수 있어야 한다는 것이다. 즉, 오디에이션 능력이란 '음악적 이해, 음악적 사고력'과 같은 것이다. 이러한 능력은 다만 노래를 부르고 음악을 단순히 듣는 활동, 즉 유아에게 음악을 제시한다고만 해서 이러한 능력이 길러지는 것이 아니다.

음악적 이해는 노래를 하면서 '노래는 어떻게 만들어지는가?', '노래의 음표나 리듬은 어떻게 조직되었는가?', '무엇을 어떻게 표현하는 것이 음악인가?' 등을 개념적으로 이해하는 것이다.

또 현대적 음악교육에서는 이러한 음악의 이해를 전제로 더 나아가 '음악으로 자신의 생각을 표현할 수 있는가?', 또 '음악의 느낌에 대하여 타인의 생각은 어떠한가?' 그리고 '즐겁게 참여하였는가?' 등과 같은 음악적 사고력 또한 중요시하는 것이다.

이러한 능력은 미술교육에서 타인이 그려놓은 그림을 그대로 모방하여 그리는 것이 아니라면, 유아들은 자기의 생각으로 스케치하고 색채를 배색할 줄 알아야 하듯이, 음악교육에서도 음악을 구성하는 요소를 알고, 조화롭게 배치하는 방법을 먼저 알아야 하는 것이 음악적 이해이며, 음악적 사고력을 기르는 것, 그것이 고든의 오디에이션이며, 현대적 음악교육의 접근 방향이다.

둘째, 왜 음정과 리듬이 분리된 교육을 하여야 하는가?

현대적 음악교육의 교수법은 유아발달과 관련이 깊다. 유아들은 한 번에 많은 정보를 습득하기 어렵다(Ronald, 1965). 유아는 악곡에 포함되어 있는 음악의 전체보다 음악의 일부를 본다. 영유아음악교육에서도 그들이 볼 수 있는 것에서 교사의 교육 방향이 시작되어야 한다면 유아를 위한 음악교육에서는 음악의 일부인 음악의 구성요소를 한 번에 하나씩 분리하여 소개하여야만 하는 것이다.

본 교재는 유아음악교육의 현대적 접근으로서 20세기 세계적인 현대음악교육가 오르프, 코다이, 달크로즈, 고든에 의한 음악교수법을 기존의 음악활동과 누리과정의 음악 내용에 적용하여 이론과 실제를 새롭게 구성하였다.

또한 본 교재의 실습내용은 누리과정에서의 유아음악에 관한 학습 원리와 같이 다음의 내용을 주요하게 다룬다.

첫째, 발달 원리·유아발달적 접근으로서 음악의 구성요소 학습
둘째, 생활중심의 통합교육
셋째, 나선형 교육과정

본 교재의 구성은 다음과 같다.

제1장 음악에 대한 이해, 제2장 영유아음악교육의 이해, 제3장 영유아음악교육의 내용에 대한 이해, 제4장 현대적 유아음악 교수–학습방법, 제5장 영유아음악교육을 위한 환경, 제6장 음악교육의 실제를 다룬다. 이밖에 모든 교육은 가르치는 교사가 중심이 되므로 교사에게 필요한 음악적 표현을 위하여 리듬치기, 음정, 손유희, 말 리듬 등의 연습곡을 부록으로 준비하였다.

이 교재의 이론적 기초를 제공하는 현대음악교육가의 생애와 교육철학방법 등을 부록에 추가하였다.

마지막으로 본 교재는 음악교육을 위한 하나의 지침서일 뿐이므로 사용하는 교수자의 빛나는 기지로 재활용되기를 바란다.

한국국제대학교 유아교육과
저자 이미혜

CONTENTS

차 례

제3장 영유아음악교육의 내용에 대한 이해

제4장 현대적 유아음악 교수-학습방법

CONTENTS

차 례

CONTENTS

차 례

CONTENTS

부록 1. 리듬연습

부록 2. 현대음악교육가

제 1 장

음악에 대한 이해

기원전 5세기경에 수학자 피타고라스(Phytagoras)는 수에 대한 이해가 영적인 세계와 물리적 세계의 전부를 이해하는 열쇠라고 믿었다. 음악은 수학과 불가분의 관계로 우주의 조화를 예시하며 나아가 그것과 일치하는 것으로 이해하였다(Grout, 2007).

음악의 구성요소는 수학과 유사한 원리를 가진다. 공기의 진동 수와 빠르기에 따라 소리의 크기와 빠르기가 다르며, 어떤 물체가 진동하느냐에 따라 음색이 달라진다. 이러한 수의 원리를 가진 소리에 대한 탐색은 유아의 오감을 이용하여 주변을 시사하는 학습이다.

※ 출처: 유아를 위한 음악교육(이은화 · 김영희 역, 1995, 교문사)

유아의 경우, 음악에 대한 이해란 소리의 본질인 음악적 개념을 탐색하고, 발견하고, 재조직을 통하여 음악적으로 성장한다(김영주, 1982). 그러므로 다른 과목과 마찬가지로 음악교육에서는 음악의 기본이 되는 개념들을 배움으로써 음악의 구조, 음들의 상호관계를 이해하게 된다(김법순, 2009). 그러나 영유아음악교육에서는 음악의 구성요소를 직접 가르치는 것보다 놀이를 통한 경험으로 개념적으로 접근하는 것이 소리의 세계에 대한 음악적 이해라고 볼 수 있다(Greenberg, 1979). 또 교사는 유아가 음악활동에서 발견한 음악의 개념을 그들이 이해할 수 있는 어휘로 표현하게 하고 정의해 주어야 한다(이홍수, 1992).

유아는 음악적 이해를 위한 활동에 참여하면서 그들 나름대로 음의 기본요소들에 대한 개념적 의미를 찾으며, 음악적으로 사고할 수 있는 것이다.

이 장에서는 음악을 구성하는 3대 기본요소와 음악을 이루는 음악의 구성요소, 그리고 음악의 구조인 형식으로 나누어 다음과 같이 설명하고자 한다.

1 음악의 기본요소

일반적으로 생활에서 경험하는 음악의 형태는 작곡(composition), 연주(performance), 감상(appreciation)으로 나뉜다. 음악의 형태 외에 기본적으로 음악의 3요소인 멜로디(melody), 리듬(rhythm), 화음(harmony)은 음악 작품의 불가결한 구성요소로 음악적 진행에서 가장 근본적이다.

가. 멜로디(Melody)

음악을 이루는 3대 요소 중 하나로 어떤 곡을 들으면 곡에 대한 느낌을 가장 먼저 알아낼 수 있는 것이 멜로디이다. 멜로디는 음높이와 리듬의 긴밀한 연속으로 수평선과 같은 선(흐름)을 가진 음의 연결로, 멜로디의 특징은 다음과 같다.

첫째, 멜로디의 흐름 결은 일정한 모양을 유지하고 반복과 변화, 대조를 통하여 음악의 다양한 분위기와 감정을 표현한다.

둘째, 멜로디의 상승 곡선은 대체로 즐거움, 기쁨, 유머, 힘 등과 같은 것을 표현한다면 하향 곡선은 슬픈 느낌을 표현한다.

셋째, 대체로 멜로디의 흐름결은 차례로 올라가거나 내려오는 순차진행, 두 음이나 세 음 혹은 그 이상 건너뛰어 진행하는 도약진행, 같은 음을 중복하는 반복진행 등 일정한 패턴을 갖고 움직인다.

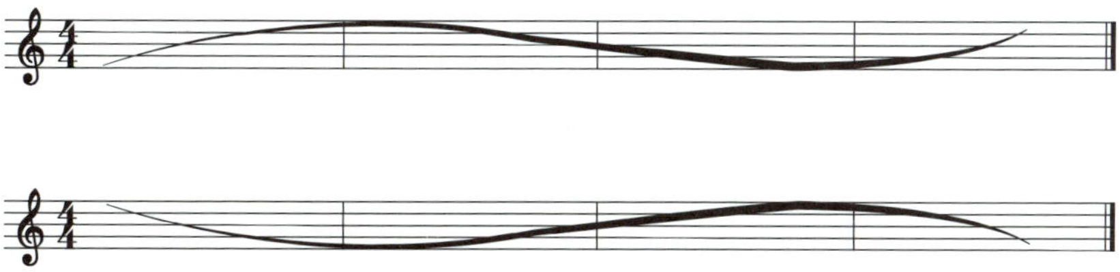

악보 1-1 | 멜로디의 흐름-일정한 패턴으로 움직임(순차진행)

나. 리듬(Rhythm)

1) 박(Beat)

박(beat)은 몸속에 뛰고 있는 심장의 맥박과 같은 것으로 음악 속에서 지속적으로 흐르고 있는 박동(pulse)을 시간적으로 나눈 단위이다. 보통 한 박의 길이는 '0.1초 내지 1.5초' 사이로 박의 길이 또는 음의 길이는 진동 시간에 따라 결정된다.

악곡마다 느리고 빠르게 움직이는 박을 지니고 있어 댄스 음악은 강한 박의 느낌을, 자장가나 분위기가 있는 음악은 부드러운 느낌을 준다. 〈표 1-1〉은 소리의 길이를 나타내는 음표와 쉼표이다.

표 1-1 | 음표와 쉼표

종 류	길 이	음 표	쉼 표	종 류	길 이	음 표
배온음표	2	𝅜	𝄺	점온음표	𝅝 + 𝅗𝅥	𝅝.
온음표	1	𝅝	𝄻	점2분음표	𝅗𝅥 + ♩	𝅗𝅥.
2분음표	1/2	𝅗𝅥	𝄼	점4분음표	♩ + ♪	♩.
4분음표	1/4	♩	𝄽	점8분음표	♪ + 𝅘𝅥𝅯	♪.
8분음표	1/8	♪	𝄾	겹점온음표	𝅝 + 𝅗𝅥 + ♩	𝅝..
16분음표	1/16	𝅘𝅥𝅯	𝄿	겹점2분음표	𝅗𝅥 + ♩ + ♪	𝅗𝅥..
32분음표	1/32	𝅘𝅥𝅰	𝅀	겹점4분음표	♩ + ♪ + 𝅘𝅥𝅯	♩..
64분음표	1/64	𝅘𝅥𝅱	𝅁	겹점8분음표	♪ + 𝅘𝅥𝅯 + 𝅘𝅥𝅰	♪..

2) 박자(혹은 박절, Meter)

박자는 박(beat)을 몇 개의 단위로 묶은 그룹으로 일정 시간 단위로 되풀이되는 악센트의 주기적 반복이다. 2박, 3박, 4박, 6박과 같은 박자 그룹에서 '강-약', '강-약-약', '강-약-중강-약'과 같이 악센트가 있으며, 단어에의 억양처럼 서로 어우러진다. 박자는 강-약의 주기적 반복으로 귀에 익숙한 통일성을 가진 하나의 악곡으로 완성된다.

> **PLUS ONE** 예술은 자연을 모방한다(홍정수, 1999). 박자 또한 다양한 형태의 삶을 모방하는데, 두 박자는 낮과 밤을, 세 박자는 아침, 점심, 저녁을, 네 박자는 사계절을 표현한다. 우리 생활에는 박자와 같이 리듬이 존재하며, 그 리듬은 무의식적으로 활성화되어 음악을 들으면 리드미컬한 에너지가 분출되는 것이다.

3) 리듬(Rhythm)

리듬이란 음의 장단과 셈여림이 시간적으로 결합하여 진행하는 것으로 이것은 박자와 마땅히 구별된다. 이러한 길고 짧은 소리의 운율적 패턴인 리듬에 따라 음악은 동적인 움직임을 가지며 활성화된다.

하나의 악곡에는 일정한 패턴의 리듬 꼴이 있다. 그러한 리듬패턴은 반복으로 통일성을 가지는 것이다. 이러한 일정 리듬패턴의 반복(통일성)은 질서의식을 갖게 하고 본능적인 에너지를 표출할 수 있어 마음을 안정시킨다.

다. 화음(Harmony)

두 개 혹은 그 이상의 음 높이들이 동시에 소리를 내는 것을 화음이라고 하며, 화음이 어떤 규칙에 의해서 나열된 것을 화성이라고 한다. 따라서 화음은 동시에 울리는 음들의 수직적 관계로서 같은 악기 내에서 다른 음정이 동시에 소리 내는 것과 각기 다른 음성과 음성, 서로 다른 악기와 악기, 또는 악기와 음성이 합쳐져서도 만들어진다.

예를 들어 이중창, 합창, 아카펠라 등이나 악기소리로 두 사람이 연주하는 피아노 이중주, 바이올린, 첼로, 피아노가 함께하는 삼중주, 오케스트라의 연주와 같은 형태에서 화음을 경험할 수 있다. [그림 1-1], 〈악보 1-2〉는 화음을 이루는 음들의 사용을 나타낸 그림이다.

※ 출처: 나도 작곡가 시리즈(이미혜, 2012, 부흥기획)

그림 1-1 | 화음-3도 간격의 음이 동시에 울림

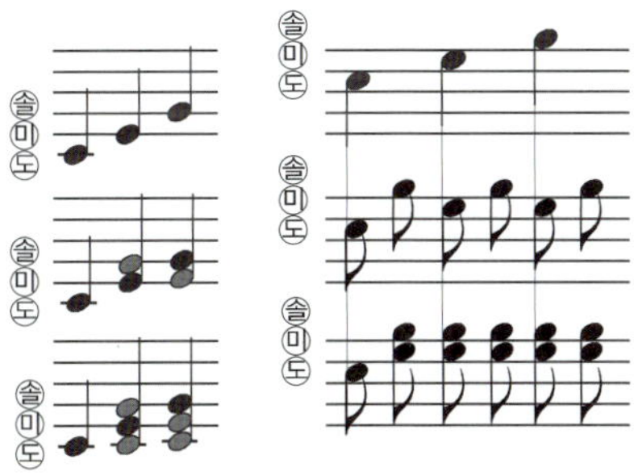

악보 1-2 | 화음-3도 간격 음들이 다양하게 사용됨

2 음악의 구성요소

음악의 구성요소는 기본적으로 각 음이 소리를 낼 때의 진동 상태에 따라 음의 '높이, 강약, 길이, 음색'으로 구별된다.

가. 음의 높이

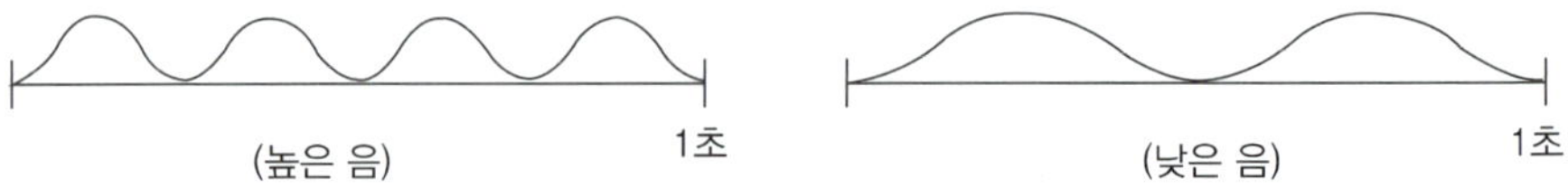

그림 1-2 | 음의 높이

음의 높이는 소리의 높음과 낮음으로 정한 시간 내의 진동수(또는 주파수)에 의해서 정해진다. 즉, 진동수가 많으면 높은 음이 되고, 진동수가 적으면 낮은 음이 된다. 보통 1초간의 진동수는 그 단위를 사이클(C/S) 또는 헤르츠(Hz)로 표시하며, 사람의 귀로 들을 수 있는 가청한계(audible limits)는 대체로 1초에 16~20,000 Hz (88건의 피아노 음역은 30~400 Hz)이다. 음악에 쓰이는 음높이를 통일하기 위해 특별히 선정된 진동수를 표준 음고(standard pitch)라고 하며, 국제표준음은 La (A, 가, 425 Hz) 음이다. 그러나 최근에는 연주 효과를 더욱 높이기 위하여 표준 음고보다 약간 높은 440 Hz로 조율하여 사용하며, 이를 연주 음고(concert pitch)라고 한다. 근래에는 우리나라를 비롯한 거의 모든 나라에서 이를 사용하고 있다.

계명은 이러한 음의 높고 낮음에 따라 '도레미파솔라시'라고 이름 붙인 것이다.

나. 음의 강약

음악의 특성으로 음악의 세고 여림의 정도를 나타낸다. 음악에 있어서 크고 작음의 표현은 개인의 정서에 따라 심리적·생리적으로 강한 영향을 주며, 악곡 전체의 분위기에 영향을 미친다(정세문, 1987). 이를 역동성—다이나믹스—라고 표현하며, 셈여림의 변화는 악곡 전체를 바꾸거나 혹은 곡의 일부를 바꾸게 하는 표현이 있다. 또한 악센트는 어떤 특정 음을 크게 소리 내어 변덕스럽고 깜짝 놀라는 느낌을 주기도 하며, '점점 크게'와 '점점 작게'와 같은 크기의 변화는 멜로디의 표현력을 높이기 위하여 프레이즈(phrase, 작은악절, 한 소절, 네 마디)를 묶어주는 효과를 주며, 극적인 장면을 연출하기 위하여 클로즈업되는 효과로 사용되기도 한다. 음의 강약을 나타내는 용어는 다음과 같다.

- 피아니시모(pp: 매우 여리게) / 피아노(p: 여리게) / 메조피아노(mp: 조금 여리게) / 디크레센도(decresc: 점점 여리게)
- 메조포르테(mf: 조금 세게) / 포르테(f: 세게) / 포르티시모(ff: 매우 세게) / 크레센도(cresc: 점점 세게) / 스포르찬도(sf: 특히 세게) / 포르테피아노(fp: 세게 곧 여리게)

다. 음의 길이

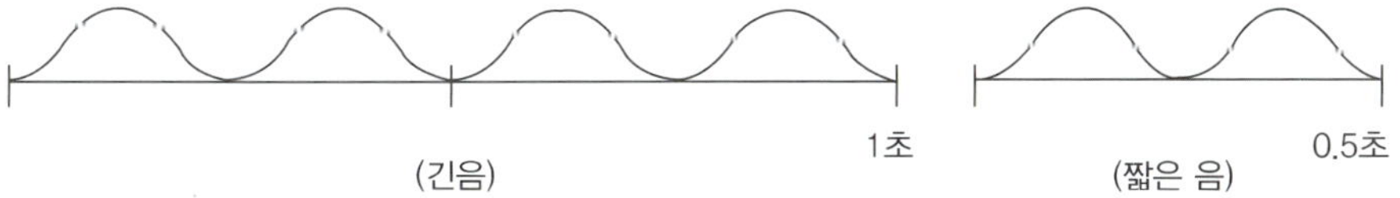

그림 1-3 | 음의 길이

빠르기는 기본 단위인 박이 진행되는 시간적 상태와 상대적 표현 원리에 따라 결정된다. 음악은 전체적으로 같은 빠르기로 진행되는 통일성을 가지나, 때로는 부분적으로 빠르기를 바꾸어 표현될 수 있다. 곡의 빠르기의 변화는 음악의 분위기에 영향을 주며 일반적으로 곡의 속도가 빨라질수록 흥분하고 열광적인 분위기가 되며, 곡이 느려질수록 조용하고 온화한 분위기가 된다. 음의 길이를 나타내는 용어는 다음과 같다.

- Largo(아주 느리게) / Adagio(느리게) / Grave(장중하고 느리게) / Lento(천천히)(Largo 보다 조금 빠르게) / Andante(느리게) / Andantino(조금 느리게)
- Moderato(보통 빠르기) / Allegretto(조금 빠르게) / Allegro(빠르게) / Vivo(활발하고 빠르게) / Vivace(아주 빠르게) / Presto(아주 빠르게) / Piu vivo(더욱 빠르게) / accel(점점 빠르게) / poco a poco animato(점점 빠르게) / poco a poco piu mosso(점점 빨라지면서 발랄하게) / rit(점점 느리게) / a tempo(본디 빠르기로)

라. 음색(Timbre / Tone Color)

사람의 목소리가 모두 다르게 들리는 것은 그 사람만 가지는 독특한 음색 때문이다. 음색이란 그 소리만 가지고 있는 소리의 색깔로 모든 소리는 고유의 음색을 지니고 있다. 또 음색은 소리를 내는 방법에 따라 차이가 있으며 음색에 따라 타악기, 현악기, 관악기, 건반악기 등으로 분류된다.

[악기의 분류]

① 타악기(percussion): 치거나 흔들거나 긁어서 소리 내는 악기

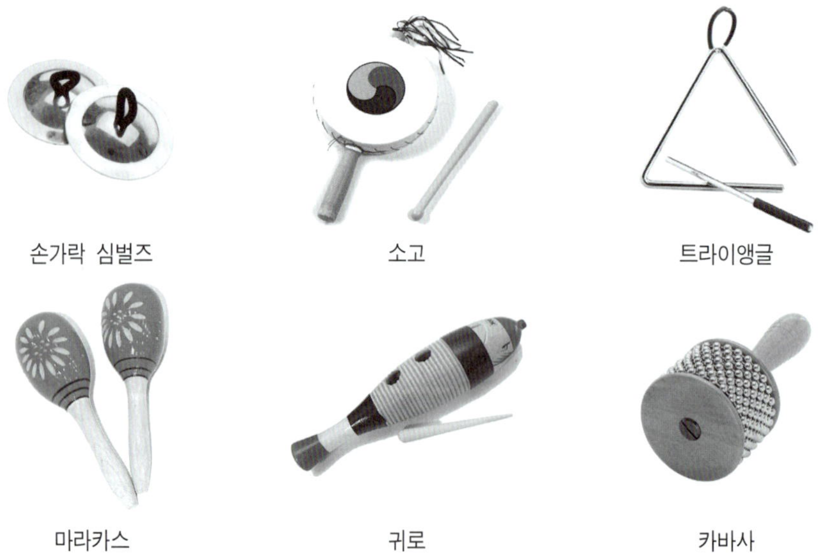

그림 1-4 | 타악기

② 현악기(string): 줄을 뜯거나 튕기거나 활로 마찰시켜서 소리 내는 악기

비올라

바이올린

그림 1-5 | 현악기

③ 관악기(wind-blown, 금관과 목관): 불어서 소리 내는 악기

트럼펫

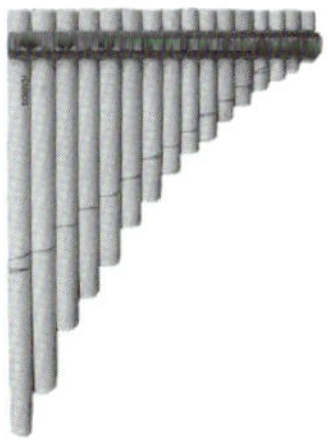

팬플룻

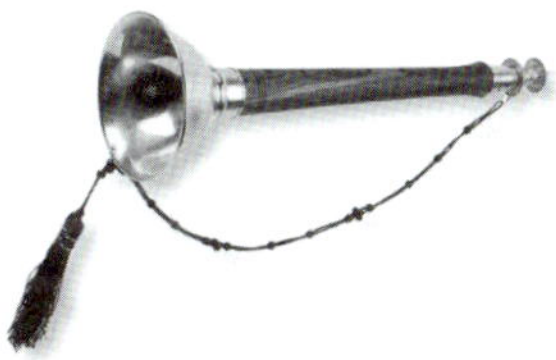

태평소

호른

플룻

나각

그림 1-6 | 관악기

④ 건반악기(keyboard): 건반이 있는 악기, 음정의 높고 낮음을 계명으로 표시한다. 건반이 있는 악기를 선율악기라고 하며 건반이 있으나 치는 악기를 건반타악기라고 한다.

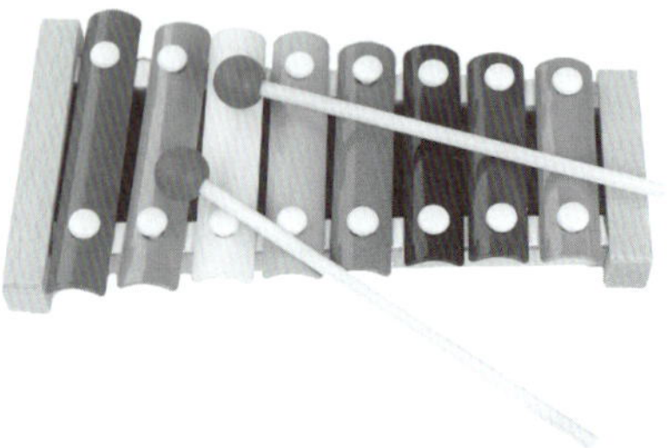

그림 1-7 | 건반타악기

그림 1-8 | 건반악기-업라이트 피아노(UPLITE PIANO)

그림 1-9 | 건반악기-그랜드 피아노(GRAND PIANO)

3 음악의 형식(Form)

음악은 어떠한 계획에 의하여 만들어지며 음악을 만드는 구조를 형식이라고 한다. 음악의 형식이란 음악의 의미를 전달하기 위하여 음악적으로 배열되고 조직되는 것으로 여러 종류의 형식을 따를 수가 있다.

한 도막 형식에서 비로소 완전한 형식(form)이 갖춰지고, 이를 확장한 두 도막 형식이나 3부 형식, 또 론도나 캐논의 형식 등도 사용된다.

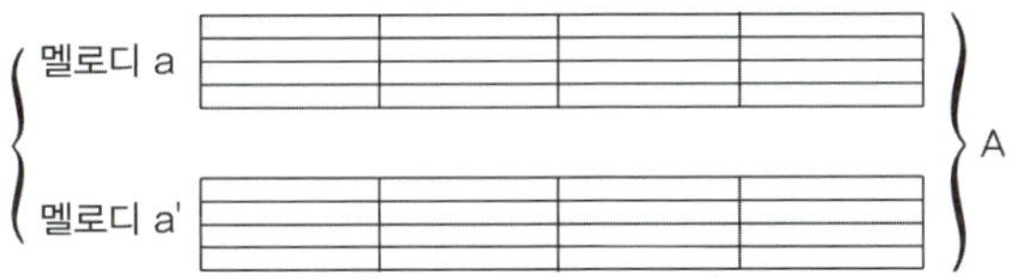

악보 1-3 | 한 도막 형식

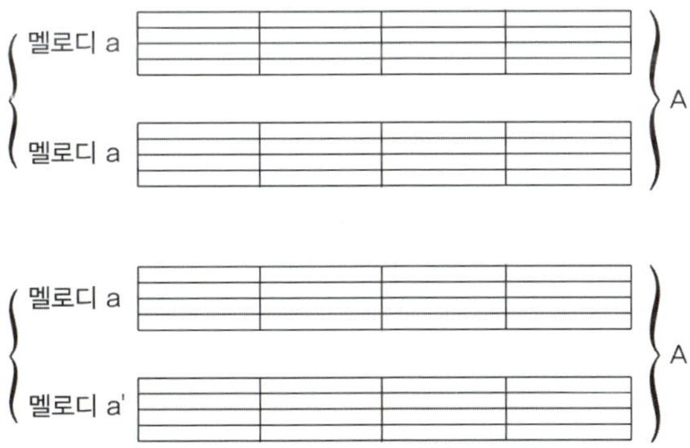

악보 1-4 | 두 도막 형식

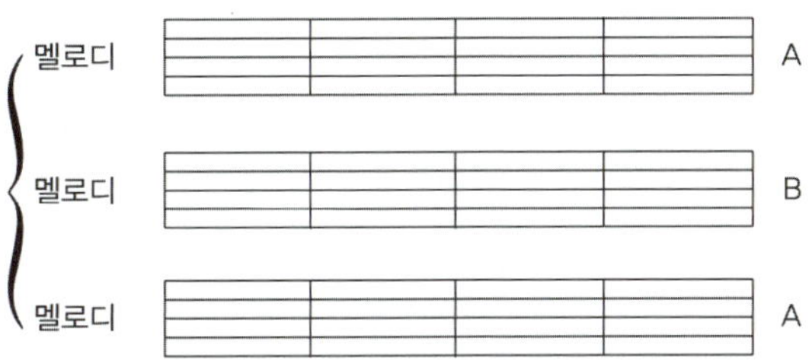

악보 1-5 | 3부 형식(작은 세 도막 형식)

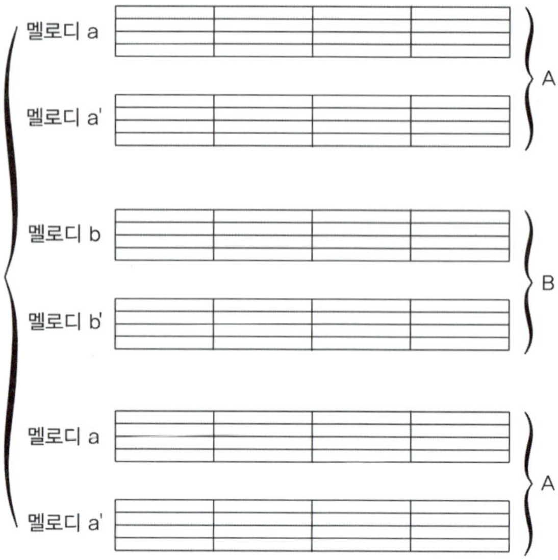

악보 1-6 | **3부 형식(세 도막 형식)**

형식의 구성은 작곡자의 의도에 따라 리듬이나 멜로디의 어떠한 꼴인 동기(motive, 두 마디)로 시작된다. 동기를 두 개 모으면 작은악절(phrase, 네 마디)을 만들 수 있다. 악절을 몇 개 모아 하나의 악곡(form)이 이루어진다. 그러나 이러한 악절의 모임에는 음악적 질서가 있어서 서로 조화를 이루어야 한다.

조화란 악곡을 이루고 있는 구조적 상태로 하나의 주제가 반복, 대조 그리고 변화하는 가운데 확대, 전개됨으로써 형성된다.

반복은 악곡의 통일성을 제공하여 음악 형식에 핵심적인 역할을 하며, 대조는 다양성을 제공해 준다. 변화는 한 음악적 생각을 구성하는 여러 가지 요소 중 몇몇 요소들은 바뀌지만 다른 요소들은 그대로 둠으로써 작품에 통일성과 다양성을 동시에 부여할 수 있다. 따라서 음악형식의 개념은 건축의 구조와 같이 수에 의한 질서와 균형을 갖추어야 한다. 이밖에도 유아를 위한 음악의 형식에는 론도형식, 캐논형식 등이 있다.

캐논(canon)의 원어적 의미는 '뒤를 좇아간다'이다. 바로크시대 바하(Bach, 1965~1750)의 곡에 많이 수록된 캐논 곡들은 모두 성부의 음악으로 다른 성부가 먼저 시작한 성부를 뒤 따라가는 방식의 음악형식이다. 영유아음악교육에서는 하나의 곡을 그룹으로 나누어 시작을 다르게 하는 음악의 형식으로서 우리나라의 돌림노래와 비슷하다. 음악교육에 있어서는 오르프(Orff) 방식에 많이 사용되는데, 그 이유는 각 성부의 겹쳐지는 멜로디로 인하여 다 성부의 화성감을 느낄 수 있기 때문이다.

※ 출처: *Discovering Orff, A Curriculmn for music Teacher*(Jane, F. & Kreuter, K., 1987, Schott Music Coporation)

악보 1-7 | 캐논을 나타내는 악보

<악보 1-7>에서 첫 번째 성부인 소프라노 리코오더(SR)가 먼저 시작하고, 두 번째 성부인 노래(Voice)가 한 마디 이후 첫 번쌔 성부를 뒤따른다.

론도 형식 또한 바로크 시대에 사용된 형식이다. 주 멜로디를 반복하는 사이에 다른 음악이 하나씩 끼워지는 방법의 음악형식으로 유아음악교육에서는 대 그룹의 유아가 주 멜로디를 반복하여 연주하고 각 개인 또는 몇 명이 주 멜로디 사이의 음악(또는 리듬치기, 노래 등)을 발표하게 한다. 음악교육에서 캐논 형식과 론도형식은 현대적 유아음악교육에서 주로 사용되는 주요한 교육의 방법이다.

※ 출처: *Music for fun, Music for Learning*(Birkenshaw, L., 1982, MMB Music)

그림 1-10 | 론도형식을 나타내는 그림

[그림 1-10]에서 빵은 주 멜로디를, 그 밖에 샌드위치의 내용을 채우는 음식들은 각각 다른 내용의 멜로디나 리듬이 주 멜로디인 빵 사이에 끼어들어가는 방식이다. 대표적 론도형식의 음악은 '엘리제를 위하여'이다.

제2장

영유아음악교육의 이해

예술은 인간 경험을 표현하고 인생을 풍요롭게 하며 삶의 특질을 지각할 수 있게 한다(Dewey, 1934).

1 영유아음악교육의 중요성

표 2-1 | 학자별 유아기 음악교육에 대한 중요성

9세까지 음악적성의 성장이 가능하다.

고든
(Gordon, 1927~2015, 미국)

인격형성을 목적으로 두고 의미 있고 재미있는 음악적 경험으로 성인을 준비해야 한다.

오르프
(Orff, 1895~1982, 독일)

인간의 7가지 지능 중 하나이다.

가드너
(Gardner, 1943~, 미국)

음악은 유아에게 최초의 사회적 경험으로서 떼려야 뗄 수 없는 필수적인 부분이다(Greenberg, 1979). 유아의 생활 속에 많은 부분을 차지하는 음악은 유아교육에서도 차지하는 비중이 크다. 유아교육에서 유아는 음악을 듣고, 소리를 탐색하고, 여럿이 함께 노래부르기를 통해 협동심을 배우며, 음악을 통하여 유아의 감성을 발달시킬 수 있다(이미혜, 1995).

또 유아는 음악을 통하여 자신의 감정과 생각을 표현함으로써 정서적으로 안정을 얻고 풍부한 심미적 감각을 소유하게 되므로, 음악은 그들의 생활을 보다 풍요롭게 만든다. 특히 연구자들은 이러한 유아의 음악적 경험 및 교육과 관련하여, 연령이 어릴수록 음악적 자극이 더 크고 중대함을 주장한다(권종애, 2002; 김성균, 2006).

특히 유아기는 음악을 학습하는 데 있어 결정적 시기(김범순, 2009; 안재신, 2004; Chen, 2000; Kodály, 1974; Levinowitz, 1998; Zimmerman, 1975)로 이 시기에 다양한 음악적 경험이 부족하면 음악적 성장에 치명적 손상을 입을 수도 있다고 하며 영유아음악교육의 중요성이 더욱 강조되어야 한다고 다음과 같이 말한다.

고든(Gordon, 1965)은 모든 유아는 음악적 잠재력이 있으므로 9세 이전에 음악적 경험을 많이 한 사람과 그러한 환경을 제공받지 못한 사람과 음악적 능력에 많은 차이가 있다. 또 음악은 모든 유아가 경험하고 교육받아야 하는 것으로, 특히 3~5세의 기간은 음악 적성 형성에 중요한 시기이다. 음악 적성의 성장은 9세까지 가능하지만, 그 이후에는 음악 적성이 거의 고정되어 성장하지 않는다.

PLUS ONE

정상인이라면 누구나 음악적 자질을 가지며, 타고난 음악적 자질은 다르다. 음악적 자질은 환경적 요소의 영향을 받으며, 어릴수록 음악적 자질에 미치는 환경적 요소의 영향을 많이 받는다. 9세 이전에 음악적 자질은 모두 형성된다(Gordon, 1971).

오르프는 음악교육의 목적을 인격형성(하홍표·정혜영, 2009)에 두고 생애초기의 의미있고 즐거운 음악적 경험으로서 유아가 앞으로 성인이 되어서 음악을 향유하며 예술을 사랑하는 문화인으로 살아가도록 하는 데 영향을 준다.

PLUS ONE

음악교육의 목적은 인격형성으로 성격형성의 시기인 유아기 어릴수록 좋다(AOSA, 1997). 유아기의 음악적 경험은 즉흥 연주적 방법으로 학습의 결과보다 과정 자체가 학습으로서 더 가치가 있다.

가드너(Gardner, 1993) 또한 인간의 다중지능 이론에서 인간의 7가지 지능 중 하나로 모든 사람은 태어날 때부터 음악적 지능을 소유하고 있으나, 성장하면서 어떠한 음악적 경험을 하고 훈련을 쌓았느냐에 따라 음악적 능력은 개인차가 매우 크다고 하였다.

> PLUS ONE
> 가드너의 다중지능이란 언어지능, 논리수학지능, 음악지능, 신체감각지능, 시간공간지능, 대인관계지능, 자기성찰지능을 7가지 지능이라 하며, 이 외에도 자연친화지능이 추가되었다.

이 외에도 유아기의 긍정적이고 의미 있는 음악적 경험은 미래의 학교생활이나 사회에서의 경험(Doniels, 1992; Sibenaler, 2006), 또 유아들의 인지, 사회 정서, 신체, 언어 등의 모든 영역에서의 발달(Campbell & Scott-Kassner, 1995; Greata, 2006; Greenberg, 1979; McDonald, 1993; Rauscher, 2003; Wolf, 1992)을 촉진한다. 이러한 기능으로서 또 적기교육으로서 음악교육이 적절하게 실시된다면 다음과 같은 다양한 발달을 도울 수 있다.

① 유아의 **언어 능력 발달**을 도와준다.

유아의 음악적 경험은 유아들이 음악적 경험을 언어화하는 과정에서 언어를 습득하게 해 주고, 노래에 나오는 난어들은 유아의 어휘력을 향상시켜준다. 유아의 음악적 경험은 노래 가사에 사용되는 문장구성 등에 익숙해지도록 하여 유아의 언어 능력을 향상시킨다. 뿐만 아니라 음악소리, 목소리와 환경소리를 변별하여 묘사하는 다양한 음악활동 또한 유아의 언어 능력을 발달시켜준다.

② 유아의 **인지 능력을 향상**시킨다.

유아의 음악적 경험은 소리에 대한 이해력을 높이고 여러 가지 소리를 비교할 수 있도록 자극을 준다. 음의 특성에 대한 이해 및 음의 개념 형성을 통한 음악적 경험은 유아로 하여금 음들을 구별할 수 있는 변별력(discrimination), 정확한 음을 알아내는 인식력(identification), 음을 음악의 개념에 따라 분류할 수 있는 분류 능력(categorization), 음을 차례로 배열할 수 있는 서열 능력(odering), 음을 기억할 수 있는 기억 능력과 들은 음악을 재생할 수 있는 재생 능력(memory and recalling)을 향상시켜준다.

③ 유아의 **정서와 사회성 발달**을 도와준다.

유아의 음악적 경험은 유아의 정서적 느낌을 민감하게 할 수 있는 감수성을 증진시켜주어 유아의 정서 발달을 도모한다. 다양한 체험을 통해 유아는 감정을 조절하는 방법을 배우고, 시대적으로 다른 여러 가지 악곡을 감상하여 다문화적 차원의 정서적 발달을 도와준다.

④ 유아의 **창의력과 표현력의 신장**을 도와준다.

유아의 생각과 느낌을 탐색하고, 실험할 수 있는 자유로운 음악표현은 유아의 상상력과 표현력을 신장시켜 창의력과 표현력의 발달을 도와준다. 또한 가락의 높낮이와 빠르기의 변화와 같은 음악적 개념을 표현하는 신체표현과 악기연주 등의 표현은 유아의 창의력을 기를 수 있다.

⑤ 유아의 **신체 동작 능력의 발달**을 도와준다.

여럿이 몸을 움직이며 노래부르기, 음악에 맞춰 춤추기 등의 음악활동은 유아의 눈과 손의 협응력 뿐만 아니라 소근육과 대근육의 움직임과 조절 능력을 증가시켜주고, 음악의 개념에 따라 움직이는 활동은 동작 능력을 발달시켜준다.

⑥ 유아의 **긍정적인 자아 개념의 형성**을 도와준다.

음악활동은 유아의 호기심을 충족시켜 줄 뿐만 아니라 유아가 자신감 있게 표현할 수 있는 음악활동은 긍정적인 자아 개념을 형성을 도와준다. 즉, 여러 명이 함께 하거나 혼자하는 음악적 표현 활동은 자신감과 자아 존중감을 발달시켜준다. 또한 음악활동에 상상놀이, 협동놀이, 게임 등의 참여는 유아의 긍정적인 자아 개념 형성을 돕는다.

2 영유아음악교육의 목적

'교육의 본질이 무엇인가?', '왜, 무엇을 위하여 음악교육이 필요한가?'에 관한 영유아음악교육의 목적 및 개념에 대하여 알아 보는 것은 현대적 음악교육의 방향에 대한 이론적 기초를 제공한다.

과거에도 음악의 목적에 대한 이론적 기초는 다양한 분야에서 제시되었다. 예로부터 공자(孔子, B.C 551~479)는 "시를 읽음으로써 바른 마음이 일어나고, 예의를 지킴으로써 몸을 세우며 음악을 들으면서 인격을 완성한다(박은영, 2011)."고 하였다. 서양의 고대 그리스에서는 음악을 3대 학문 중 하나로 중요하게 다루었으며, 그 시대 철학자 플라톤(Platon, B.C 427~347)은 그의 저서 『국가론(Poliiteiā)』에서 "음악은 인간의 정서와 행동에 절대적인 영향을 미친다. 음악은 중독성이 있으므로 신중하게 사용하여야 한다(진용섭, 2006)."고 말한다. 그리스 철학자 아리스토텔레스(Aristoteles, B.C 384~322) 또한 그의 저서 『윤리적 교리(A Doctrine of etchos)』에서 음악을 미적 도야의 가장 중요한 수단인 동시에 도덕교육을 위해 필수적인 교과임을 강조하면서 유아기 음악교육의 가치를 중요시하였다(이용일, 2003).

근대에 와서 유아교육자인 코메니우스(Comenius, 1592~1670), 루소(Rousseau, 1712~1778), 페스탈로치(Pestalozzi, 1746~1827), 프뢰벨(Froebel, 1782~1852), 몬테소리(Montessori, 1870~1952) 등은 유아음악교육의 중요성을 강조하면서 유아에게 성인과는 차별화되는 다양한 음악활동을 경험하게 하여야 한다(Greata, 2006)고 말하였다.

이와 같이 음악은 인간의 사상과 감정에 영향을 미치는 강력한 영역이 될 수도 있다. 따라서 유아의 성장발달에 영향을 미치는 음악은 다양한 활동을 통해 전인발달을 돕는 체계적인 활동의 경험에 의해 이루어져야 한다.

유아교육자 몬테소리는 음악교육에 있어서 유아의 자발성을 중시하고 자기표현과 의사소통을 목적으로 유아에게 멜로디와 하모니를 가르쳐야 한다고 하며 다양한 음악교육의 방법을 제시하였다(심성경 외, 2012).

20세기 말~21세기 초에는 유아교육에서 창의성이 강조되면서 현대음악교육가

들 코다이(Kodály, 1882~1967), 달크로즈(Dalcroze, 1865~1950), 오르프(Orff, 1895~1982) 등에 의하여 소리를 통한 탐색활동으로서 음악에서의 발견학습과 같은 초기 수준의 즉흥연주적 방법이 제시되었다. 음악에서의 발견학습은 어떤 음악이든 그 속에 있는 음악의 구성요소를 발견하고, 그것을 이용한 소리 만들기의 즉흥적 연주하기의 음악경험을 제공할 수 있는 환경을 준비하고, 학습자가 먼저 음악과 친숙해지는 기회를 제공하는 것이다.

이 외에도 음악교육의 목적은 인간의 민감한 감정을 계발하고 더 나은 삶의 방법을 제공하기 위해, 심미적인 자각 능력을 계발하기 위하여 지식이나 기능이 아니라 내면을 표현하는 수단으로서, 통합된 학생 중심의 경험적이고 창의적이고 능동적인 음악교육이 되어야 한다(성경희, 1988).

MMCP(Mantanttanville Music Curriculum Project, 1965)에서도 기술보다 음악적 의미와 창의적 잠재력, 심미적 감수성 계발을 중시하고, "악보보다 소리를 강조하고, 개념을 학습하는 인지적 목표, 그리고 현실과 조화되고, 창의적 잠재력을 계발하여 삶에 통찰력을 주도록 교육한다."라고 하는 음악교육의 목적을 제시한다.

최근 발표된 누리과정 예술경험영역에서는 "유아가 아름다움에 관심을 가지고 예술경험을 즐기며, 창의적으로 표현하는 능력을 기르는 것"으로서(보건복지부, 2010) 창의성을 중시하는 현대적 음악교육에서의 음악교육의 목적과 맥락이 같다.

이와 같이 음악교육의 목적을 시대별로 살펴보면, 고대에서는 감정, 인격형성, 평온한 마음과 같은 정서교육으로서, 근대에서는 성인과 다른 교육에 있어서 차별성이 강조되어 음악교육에 있어서 분리된 교육, 신체적 반응을 동반한 리듬교육 등이 제시되었고, 현대에서는 창의적 표현력을 위하여 창작, 연주, 분석, 해석, 평가 등의 유아가 직접 실천할 수 있는 행위 위주의 음악하기로서 초기 수준의 즉흥연주적 음악활동이 음악교육의 목적을 위한 음악교육의 철학을 요약하면 〈표 2-2〉와 같다.

표 2-2 | 시대별 영유아음악교육철학

시 대	고 대	근 대	현 대
교육가	• 공자 • 아리스토텔레스 • 플라톤	• 루소 • 페스탈로치 • 프뢰벨 • 몬테소리	• 오르프 • 달크로즈 • 코다이
특징	• 음악을 3대 학문 중 하나로 중요하게 다룸 • 감정, 인격형성, 평온한 마음, 정서교육	• 음악은 인간의 사상과 감정에 영향을 미치는 강력한 영역 • 성인과 다른 교육에 있어서 차별성 • 분리된 교육, 신체적 반응을 동반한 다양한 리듬교육	• 창의성 강조 • 발견학습과 초기 수준의 즉흥 연주적 지도를 위한 다양한 교수 방안이 생겨남 • 창작, 연주, 분석, 해석, 평가

3 영유아음악교육의 개념

리머(Reimer, 1970)는 교사가 스스로 '음악교육이란 무엇인가?' 혹은 '음악적 아름다움이란 무엇인가?'라는 질문에 대한 답을 아는 것이 무엇을 중요하게 하고 무엇을 토대로 수업을 계획하고 진행시켜 나아가야 하는지 파악할 수 있는 근거를 제공한다고 한다(권덕원, 1999 재인용).

이와 같은 예술의 가치와 본질에 대한 문제를 설명하는 '미학'에서는 음악을 표현상의 두 가지, 즉 '절대음악'과 '표제음악'으로 분류한다. '절대음악'에서 '절대'의 의미는 미의 대상을 음악 고유의 형식성이나 아름다운 소리의 본질을 이상적인 아름다움으로 본다면, '표제음악'에서 '표제'의 의미는 인간 생활에서 어떤 대상을 묘사하기 위한 표현의 수단으로 음악을 사용하는 것이다.

PLUS ONE

- 절대음악의 예곡: 바흐 바이올린 소나타와 파르티타 2번, 모차르트 피아노 소나타 K.330, 베토벤 피아노 소나타 제3번
- 표제음악의 예곡: 비발디 합주협주곡 〈사계〉, 시벨리우스 교향시 〈핀란디아〉, 드뷔시 〈목신의 오후에의 전주곡〉

- 절대음악(absolute music): 순 음악이라고도 하며 표제음악의 대립된 관념으로서 시와 회화 등의 다른 예술과 음악회의 표상이나 관념과 직접 연결되지 않고 음의 구성면에 집중하려는 음악이다.
- 표제음악(programme music): 곡의 내용을 암시하는 제목과 대략의 줄거리가 암시 또는 설명되어 있어 문화적·회화적·극적 내용을 지니는 음악으로서 절대음악과 구별된다. 표제음악의 수법은 성악곡에서도 사용되지만 원칙적으로 기악곡에 관해 사용된다(Graut, 2007).

※ 기악곡은 절대음악과 표제음악의 양분야가 확연히 구분되는 것은 아니다. 왜냐하면 절대음악이라 해서 결코 내용 없는 음의 희롱은 아니며 표제음악 또한 음의 구성면을 소유하여서 소나타 형식이나 변주곡 형식을 취하는 것이 있기 때문이다.

또 '절대주의(absolutism)'는 '절대형식주의'와 '절대표현주의'로 나눈다. '절대형식주의'는 소수의 음악전문가를 양성하는 것을 목표로 한다면 '절대표현주의(absolute expressionism)'에서 '절대(absolute)란 아름다운 소리를 통한 심성계발'과 '표현(expression)이란 일반 대중이 자신을 음악으로 표현할 수 있는 능력을 기르는 것'이 음악교육이 목적이라는 것이다.

따라서 절대표현주의 교육에서는 유아가 학습의 능동적인 주체자로서 자발적이고 자율적이며, 발견하고, 창조하고 표현할 수 있도록 유아의 음악적 능력이 음악교육에서 가장 고려되어야 한다. 즉, 유아가 쉽게 참여할 수 있는 음악활동으로 유아의 음악적 발달을 고려하여 수립되어야 하는 것이다(〈표 2-3〉).

그러나 우리나라에는 생활 주제와 관련된 학습을 하고 주제와 관련된 노래를 골라 수업의 시작 또는 마지막에 노래를 부르는 방법을 사용하는데, 이러한 방법은 노래를 통하여 음악을 가르치는 목적이 아니라 음악을 보조물로 사용하는 경우에 해당된다. 즉 음악 외적인 내용을 가르치기 위하여 동기를 주거나 또는 음악외적 활동의 몰입을 위한 용도로 음악을 이용하는 것으로서, 음악을 통한 교육(박은영, 2009)이라고 할 수 있다. 이러한 음악을 통한 학습은 '미학'에서 관련주의(refertialism) 또는 지시주의로 유아음악에서 지향하는 절대표현주의와는 다르다.

표 2-3 | 음악교육의 개념

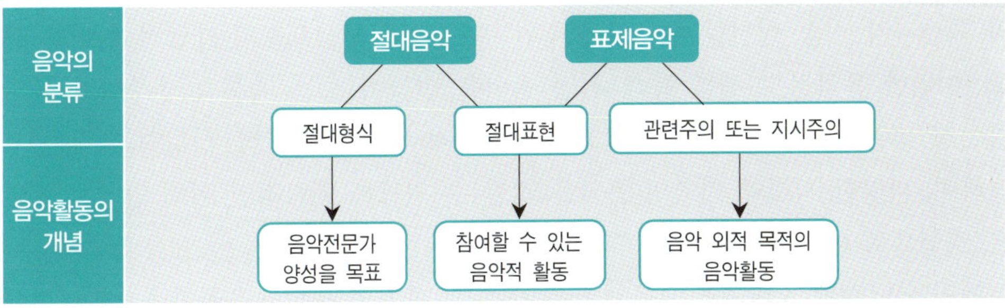

4 영유아음악교육의 목표

음악을 유아에게 어떤 목표를 가지고 어떻게 교육하느냐 하는 것은 교수자가 교육을 수행할 때 교육의 접근방법을 제시해 주는 것이다.

음악교육의 목표는 다른 예술의 분야와 마찬가지로 시대적 흐름에 따라 변화한다. 시대적 변화에 따른 유아음악교육의 접근방법을 재조명하기 위하여 음악교육의 목표에 영향을 주는 음악교육철학을 살펴보도록 하자.

리머의 심미적 음악교육(music education as aesthetic)은 지난 30년간 미국뿐 아니라 전 세계의 학교음악교육에 지대한 영향을 끼쳤다(장은주, 2006).

심미적 음악교육에서는 음악 작품에 내재한 느낌의 세계를 감지하고, 그 질을 판단하는 것을 목적으로 한다(최은식, 2006 재인용; Reimer, 2003). 따라서 심미적 음악교육에서는 음악작품을 어떻게 잘 표현할 수 있는가에 중점을 두어 노래부르기와 악기연주와 같은 음악의 기능적 연주하기가 강조되었다. 또 이러한 생각은 지금까지도 재롱잔치에서 흔히 볼 수 있는 노래와 율동, 합주활동 등에서 볼 수 있는 내용이다.

반면 엘리엇(Elliott, 1995)은 자신의 저서 『음악은 중요하다』를 통해 리머의 심미적 음악교육은 음악의 맥락성을 경시하고 미적 특질만을 강조하며, 다양한 음악 만들기를 포기하고, 음악작품을 감상하는 데 지나치게 치우쳐 있음을 비판하였다. 그리고 이를 바로잡기 위해 자신의 실천주의 음악교육철학을 선보인다.

그의 실천주의 음악교육철학에서는 음악의 본질을 '행위'와 '맥락'으로 파악하고 강조하게 된다. 여기서 '행위'란 음악교육의 목표가 음악작품에 있는 것이 아니라 학습자가 직접 실천할 수 있는 '행위'로서 음악 구성요소의 개념적 의미를 알고, 이러한 음악적 이해를 통해 직접 음악을 만들어 보는 즉흥적 연주하기 등의 참여적 행위이다. 또 이러한 음악교육의 실천적 경험은 사회적·상황적 맥락을 고려하여, 다양한 시대와 지역의 음악을 접할 수 있도록 맥락적인 이해 안에서 폭넓은 경험으로 이루어져야 한다.

엘리엇의 실천주의 음악교육철학은 기존의 심미적 음악교육철학을 넘어 현재의 음악교육에 새로운 시사점을 제공하는 데(김수진, 2007), 실천주의 음악교육철학적 입장에서는 단순한 음악적 숙달이나 새로운 노래부르기의 반복, 그리고 유아중심 교육이라 하여 미리 갖추어진 형태의 놀이로 진행하는 음악게임도 진정한 음악적 이해를 위한 활동이 아니라는 것이다(이은화·김영희, 1995 재인용; ames, 1993). 또한 생활과 관련 주제에 연관된 이야기 나누기 후 관련된 노래를 부르거나 음악 감상을 하는 것도 단순히 음악을 제시하는 활동일 뿐이다. 또 이마저도 한번 노래부르거나 음악을 감상한다는 것은 유아의 음악적 이해를 위한 맥락적 활동이라고 보기 어렵다.

이러한 실천적 음악교육철학은 최근 국가가 공시한 누리과정의 표준보육과정과 미국의 MENC(Music Educators National Conference, 1992)에서 제시한 음악교육과정에서도 다음과 같이 살펴볼 수 있다.

가. 누리과정 예술경험

교육자들은 모두 유아가 행복하고 건강하게 교육 받을 수 있는 환경을 제공하기 위하여 노력한다. 이를 위하여 교육과학기술부는 유아교육에 대한 국가 투자의 중요성을 핵심으로 하는 "유아교육 선진화 추진계획"을 발표하였다(교육과학기술부, 2013). 「3~5세 연령별 누리과정」의 예술경험영역에서는, 만 3~4세를 위한 교육과정도 만 5세의 교육과정과 내용면에서 큰 차이 없으며, 학습원리로 발달의 원리, 생활중심, 나선형으로 진행되고 있는 점이 특징이다.

누리과정은 만 3~5세 유아의 심신의 건강과 조화로운 발달을 도와 민주 시민의 기초를 형성하는 것을 목적으로 하며, 다음과 같은 다섯 가지 하위 목표로 구성되었다.

① 기본 운동 능력과 건강하고 안전한 생활 습관을 기른다.

② 일상생활에 필요한 의사소통 능력과 바른 언어 사용 습관을 기른다.

③ 자신을 존중하고 다른 사람과 더불어 생활하는 능력과 태도를 기른다.

④ 아름다움에 관심을 가지고 예술경험을 즐기며, 창의적으로 표현하는 능력을 기른다.

⑤ 호기심을 가지고 주변세계를 탐구하며, 일상생활에서 수학적·과학적으로 생각하는 능력과 태도를 기른다.

이 중 네 번째 영역인 예술경험영역의 목표는 '아름다움에 관심을 가지고 예술경험을 즐기며, 창의적으로 표현하는 능력을 기른다'라는 목표 아래, "유아가 자신의 친근한 주변 환경에서 발생하는 소리, 음악, 움직임과 춤, 형태와 색 등에서 아름다움을 느끼고, 또래와 교사, 부모, 지역사회 사람이나 작가들이 표현한 다양한 예술작품을 가까이 접하면서 탐색하고, 창의적인 표현을 즐기며 감상하도록 하기 위한 영역"이다.

3~5세 누리과정(교육과학기술부, 2013)에는 예술경험과 신체운동·건강 영역에서 음악교육의 내용을 다음과 같이 진술하고 있다.

누리과정의 예술경험 영역의 내용은 〈아름다움 찾아 보기〉 중 '음악요소 탐색하기'와 '움직임과 춤 요소 탐색하기'의 두 가지 내용, 〈예술적 표현하기〉 중 '음악으로 표현하기', '움직임과 춤으로 표현하기', '극 놀이로 표현하기', '통합적으로 표현하기'의 네 가지 내용, 〈예술 감상하기〉 중 다양한 예술 감상하기, 전통예술 감상하기의 두 가지 내용으로 〈표 2-4〉와 같다.

표 2-4 | 음악교육과 관련된 누리교육과정의 예술경험영역

내용범주	내 용
아름다움 찾아 보기	• 음악적 요소 탐색하기 • 움직임과 춤 요소 탐색하기
예술적 표현하기	• 음악으로 표현하기 • 움직임과 춤으로 표현하기 • 통합적으로 표현하기
예술 감상하기	• 다양한 예술 감상하기 • 전통예술 감상하기

유치원 일과 중 자연스럽게 다양한 탐색 및 감상활동의 기회를 제공하는 것을 통해 대·소집단 활동과 자유선택 활동에서 골고루 음악을 경험하며 유아들에게 풍부하고도 다양한 음악 탐색의 기회를 제공해 줄 것을 강조하고 있다.

유아음악과 관련된 신체운동·건강 영역에서는 〈신체인식하기〉 중 '감각 능력 기르고 활용하기', '신체 인식하고 움직이기'의 두 가지 내용과 〈신체 조절과 기본 운동하기〉 중 '신체 조절하기', '기본운동 하기'의 두 가지 내용으로 구성되어 있으며, 〈신체 활동에 참여하기〉에서는 '자발적으로 신체 활동에 참여하기', '바깥에서 신체 활동하기', '기구를 이용하여 신체 활동하기'의 세 가지 내용으로 〈표 2-5〉와 같다.

표 2-5 | 음악교육과 관련된 누리과정과의 신체운동·건강 영역

내용범주	내 용
신체인식하기	• 감각 능력을 기르고 활용하기 • 신체를 인식하고 움직이기
신체 조절과 기본 운동하기	• 신체 조절하기 • 기본운동 하기
신체 활동에 참여하기	• 자발적으로 신체 활동에 참여하기 • 바깥에서 신체 활동하기 • 기구를 이용하여 신체 활동하기

나. 표준보육과정 예술경험영역

표준보육과정에서의 예술경험영역 목표는(여성가족부, 2007) '영유아가 주변 환경 및 생활 속에서 다양한 예술적 요소들을 흥미롭게 경험하고 즐기도록 한다'이다.

표준보육과정에서의 예술경험영역 목표는 '자연과 예술작품의 아름다움에 관심을 가지고 창의적으로 표현한다'로 제시되어 있다. 표현생활영역은 예술적 표현 즐기기와 감상하기를 경험함으로써 유아들로 하여금 음악적 요소 및 개념들에 대한 인식과 지각력을 높여주기 위해 직접 듣고, 만져보며, 움직이고, 느껴보는 등의 능동적이고 직접적인 음악 경험이어야 함을 강조하고 있다.

음악교육과 관련된 표준보육과정의 예술경험의 내용은 〈심미적 탐색〉, 〈예술적 표현〉, 〈예술 감상〉의 내용으로 구성되어 있으며, 신체운동영역의 내용에서는 〈감각과 신체 인식〉, 〈신체 조절과 기본 운동〉, 〈신체 활동의 참여〉의 내용으로 구성되어 있다. 영유아음악교육 관련된 표준보육과정의 내용은 〈표 2-6〉, 〈표 2-7〉과 같다.

표 2-6 | 음악교육과 관련된 표준보육과정의 예술경험영역

내용 범주	만 2세 미만	만 2세
심미적 탐색	• 소리, 움직임, 시각적 자료에 호기심 가지기	• 주변 환경의 예술적 요소 탐색하기
예술적 표현	• 리듬 있는 소리로 반응하기 • 몸동작으로 반응하기 • 모방행동 즐기기	• 리듬 있는 소리, 노래, 춤으로 표현하기 • 모방과 간단한 가작놀이하기
예술 감상	• 소리나 노래 즐겨듣기 • 주변의 아름다움 경험하기	• 주변 환경의 예술적 요소에 관심 갖고 즐기기

표 2-7 | 음악교육과 관련된 표준보육과정의 신체운동경험영역

내용 범주	만 2세 미만	만 2세
감각과 신체 인식	• 감각적 자극에 반응하기 • 감각기관으로 탐색하기 • 신체 탐색하기	• 감각 능력 기르기 • 감각기관 활용하기 • 신체를 인식하고 움직이기
신체 조절과 기본 운동	• 대근육 조절하기 • 소근육 조절하기 • 협응력 기르기 • 균형감 기르기 • 이동 운동 시도하기 • 비이동 운동 시도하기	• 신체조절력 기르기 • 신체균형감 기르기 • 이동 운동하기 • 비이동 운동하기 • 조작 운동하기
신체 활동 참여	• 몸 움직임 즐기기 • 기구를 이용하여 신체 활동 시도하기	• 신체 활동에 참여하기 • 기구를 이용하여 신체 활동하기 • 안전하게 신체 활동하기

이밖에 미국 음악교육협회 MENC(The National Association for Music Education, 1992)에서는 음악교육의 목표를 좋은 소리, 좋은 활동, 좋은 교구에 의하여 수업을 진행하였을 때 달성될 수 있다고 한다.

① **좋은 소리**란, 음악은 청각적 아름다움에 의하여 유아에게 전달되며 미적 가치를 가진다. 그러므로 심미감을 위한 음악은 소리 자체가 미적인 가치가 있어야 한다. 너무 시끄러운 소리나 음악을 잘한다고 자랑을 하듯이 마음대로 격하게 부르는 노래는 좋지 않다. 좋은 소리란 소리를 낼 때 남의 소리가 들릴 정도의 크기를 유지하며, 또 자신의 소리도 자신이 느끼고 들어야 한다. 또 소리를 내기 전에 먼저 호흡을 크게 하고 자세나 표정도 밝게 하는 것이 좋다.

② **좋은 활동**이란, 유아발달적 특성을 고려하여 교사가 활동을 계획하는 것이다. 유아는 자신의 학습을 스스로 조정하므로, 어떤 목표를 달성하기 위하여 음악교육을 실시하는 것보다 하나의 과정 자체를 음악활동으로 생각하고, 음악적 행동에 동기를 주고 문제를 해결할 수 있도록 교사가 적절히 개입하는 것이 학습에 효과적이다. 예를 들어 "이렇게 노래를 불러 보자."라는 것보다 "이렇게 부를 수 있겠니?", "또 다르게 부른다면 어떤 방법이 있을까?", "노래를 부르면서 음악요소(크고 작게, 빠르게, 다른 소리로)로 노래를 바꾸어서 한다면 어디를 바꾸어 볼까?"와 같은 탐색적 질문으로 기초 감각 능력을 기르도록 하는 것이다.

③ **좋은 교구**란, 유아는 놀이 속에서 교구(교수자료)를 다루면서 자신의 생각을 나타낸다. 음악활동을 하나의 놀이로 보며 다양한 학습 자료를 통하여 유아의 감정을 몰입시키는 것이다. 예를 들어, 봄노래나 봄의 시를 통한 음악활동에 실제 화분이나 꽃병을 교실에서 보여주거나 시에 관한 느낌을 그림으로 그려보고 악기로도 연주해 보는 것도 놀이에서 자신의 생각을 음악적으로 연상시킬 수 있는 방법에 해당된다.

제3장

영유아음악교육의 내용에 대한 이해

만일 모든 것이 완전무결한 상태라면 즐거움의 추구나 만족은 있지 않을 것이다. 다양한 인생의 경험을 예술가나 음악가는 표현 매체를 통하여 인간에게 명상과 만족의 즐거움을 갖도록 한다(Dewey, 1934).

1 영유아음악교육의 내용

※ 출처: *Music for fun, Music for Learning*(Birkenshaw, L., 1982, MMB Music)

영유아음악교육에서 유아가 학습의 능동적인 주체자로서 자발적이고, 자율적이며, 발견하고, 창조하고, 표현할 수 있도록 유아에게 무엇을 가르쳐야 하는지 가르쳐야 할 음악적 내용이 준비되어야 할 것이다.

음악의 가치는 다른 영역에 대한 기여도 뿐만 아니라 음악 그 자체에 목적을 가지고(Kenny, 1997) 이해영역과 활동영역 간의 균형과 통합을 위한 교수·학습의 방법이 체계적으로 설정되어야 한다.

균형과 통합을 위한 영유아음악교육의 이해영역에서는 음악의 구성요소인 가락, 고저, 리듬, 빠르기, 셈여림, 음색, 형식, 화성 등이 있다. 유아는 이러한 음악의 구성요소들을 분리하여 경험함으로써 모든 종류의 감정을 수용할 수 있는 음악적 표현 능력을 기를 수 있다(Ronald, 1965).

영유아음악교육에서는 이러한 음악의 구성요소를 다양한 활동영역인 음악 감상하기, 노래부르기, 악기연주하기, 신체로 표현하기, 음악을 창조하기 등을 통하여 경험하여야 한다(김법순, 2009).

또 이러한 활동은 음악의 형성 원리를 탐색하고 발견하는 과정을 거칠 때 교육적으로 더 유용한 것으로서 어떤 악곡을 정확하게, 창의적으로 노래 부를 수 있는 것보다 더 가치가 있다(Reimer, 2003). 즉 어떤 노래를 정확하게 잘 부를 수 있게 되었다고 할지라도 그 가창력의 결과보다는 악곡에 대한 이해, 즉 창의적으로 부를 수 있는 음악의 구성요소에 대한 개념적 인지의 과정이 더 중요하다는 것이다(백재선, 2006).

누리과정에서도 유아에게 스스로 음악적 요소를 탐색할 수 있는 충분한 시간과 기회를 제공하고, 음악학습의 경험을 위하여 교사의 음악적 요소에 대한 이해가 선행되어야 한다. 그리고 이러한 활동은 아름다움을 느끼고 찾는 것에 중점을 두지만 전반적으로는 심미적 체험이어야 한다고 강조한다(교육과학기술부, 2009).

이와 같이 음악의 구성요소에 대한 개념적 인지가 중요함에도 현장의 음악교육에서는 음악적 개념 학습에 관한 이해영역의 활동은 거의 실행이 되지 않고 있으며(권중애, 2002; 김광자, 2004; 이영옥, 1999), 음악의 활동영역에서도 노래부르기 활동 위주로 편중되어 실시되고 있다(나정, 2005).

유아음악교육에서 다루어져야 할 음악의 이해영역에 대한 중요성은 표준을 제시하는 국가 수준의 교육과정에서도 다음과 같이 제시하고 있다.

첫째, 누리과정에서는 다양한 소리, 음악의 셈여림, 빠르기, 자연의 소리, 목소리 등과 같은 음색과 리듬 등을 제시하였다.

둘째, 2007 개정 유치원 교육과정은 유아가 경험해야 하는 이해영역으로 빠르기, 세기, 리듬, 음색, 가락, 화음, 형식을 제시하였다.

셋째, 표준보육과정은 리듬, 선율, 셈여림, 빠르기, 장단을 이해영역으로 제시하였다.

넷째, 이밖에 다양한 연구에서 제시한 음악교육의 이해영역으로 음악의 구성요소는 가락(멜로디, 선율), 고저(음감, 음고, 음높이, 음정 패턴), 리듬(리듬 꼴, 리듬 패턴, 박, 박자), 박과 박자, 빠르기(속도), 셈여림(강세, 강약, 다이나믹스, 음 강도, 음량), 스타일, 아티큘레이션, 음색(소리의 질, 음질), 음색의 조합, 장단(음길이), 짜임새(조직, 텍스처), 표현의 질, 프레이즈, 형식(구조, 악구, 악곡의 구조), 화성(화음), 기타(악보, 악기의 종류와 음색, 악곡의 특징, 악곡의 종류, 조성, 흐름 결) 등이 있다.

이 밖에 MENC(1994)에서는 음악교육의 내용을 전체적으로 '음악 본질의 체험과 음악적 능력의 향상, 음악적 심성의 계발'로 집약된다고 다음과 같이 설명한다(〈표 3-1〉).

음악 본질에 대한 체험이란 빠르기, 높이, 크기, 음색, 화음, 리듬, 형식 등과 같은 것이며, **음악적 능력의 향상**을 위해서는 노래부르기, 악기연주하기, 신체표현하기, 감상하기, 음악만들기 등을 실천해야 하고, **음악적 심성**은 예술적 안목을 기르며 창의적으로 생각하고 느낄 수 있도록 다양한 음악적 환경을 제공하고 다양한 문화권의 음악을 들려주는 것을 강조한다.

표 3-1 | MENC(1994)의 유아음악교육의 내용

음악 본질 체험	음악적 능력 향상	음악적 심성 계발
• 음악의 이해영역(음악의 개념) — 빠르기 — 높이 — 크기 — 음색 — 화음 — 리듬 — 형식	• 음악적 활동영역 — 노래부르기 — 악기연주하기 — 신체표현하기 — 감상하기 — 음악만들기	• 창의적으로 생각할 수 있는 심성 — 예술적 안목 — 창의적 안목

2 유아발달과 영유아음악교육

유아의 음악적 발달에 관하여 슈엔(Schoen)은 여러 가지 용어로 음악성(음악적 감수성), 음악적 표현력(음악적 재능), 음악적 자질(생득적인 것), 음악적 능력(ability)으로 구분하였다. 이 네 가지 중 영유아음악교육에 계발되어야 하는 용어는 음악적 능력으로, 음악적 능력이란 후천적인 연습이나 경험에 의하여 길러질 수 있는 가능성(이영·유애열, 1985)으로써 음악적 기초감각 능력에 성악적 표현 능력과 기악연주 능력이 더해지는 것이라고 볼 수 있다(심성경 외, 2012).

음악적 기초감각 능력이란 음표와 같은 상징적 의미의 음악활동보다 여러 가지 소리에 대한 탐구와 발견 등에 의한 탐색활동으로서 유아가 음악에 대한 생각을 키우고 느낄 수 방법으로서의 접근이다.

따라서 초기에 너무 큰소리가 나는 악기의 사용이나 발성기가 지나지 않은 유아에게 무리한 성악적 발성 연습은 발달적 접근으로서는 무리가 있다. 또 바이올린이나 첼로와 같은 악기 연주를 너무 일찍 시작하는 것은 유아의 신체적 균형과 맞지 않으며, 재롱잔치를 위해 반복적 연습은 음악에 대한 선호도를 낮추는 결과를 초래한다.

이를 위하여 현대음악교육가인 오르프는 유아들의 신체적·음악적 능력발달을 위한 유·무 음정 타악기를 사용할 것을 권장한다. 오르프의 악기는 성인과 다른 방식의 유아만을 위한 악기로 유아발달을 고려하여 그들이 말을 배우듯이 말을 이용한 리듬 만들기를 악기로 연주할 수 있도록 만든 것이다.

유아의 음악적 발달적 특징은 현대음악교육가들에 의한 유아음악의 방법을 왜 그렇게 제시되었는가를 설명한다. 특히 4~6세의 음악적 경험은 일생의 음악적 발달에 결정적 영향을 주기 때문에, 유아발달적 특징을 알아 보는 것은 영유아음악교육의 방법을 제시하는 데 중요한 부분일 것이다. 김명순·조경자(2001), 김영연(2002), 김혜경(2002), 상지전문대(1996), 심성경 외(2012), 이영·유애열(1985), Greenberg(1979), Scotts-Kassner(1993) 등의 연구에는 유아의 음악적 발달 특징을 다음과 같이 설명하고 있다.

① 유아기의 본능 중에는 음을 만들어내는 본능이 있다. 유아는 자기 주변에 있는 모든 물체를 음으로 만들어내는 본능을 갖고 있다.
② 유아는 음향 환경, 즉 소리와 변화에 특히 민감하다. 새로운 소리, 평범하지 않은 소리는 유아의 관심을 끈다. 유아들은 부드러운 고음을 선호하는 것으로 나타났다.
③ 유아는 리듬 패턴의 변화뿐만 아니라 빠르기와 비트의 변화에도 반응을 나타낸다.
④ 자발적인 노래부르기를 좋아한다. 유아는 본능적으로 흥얼거리며 일종의 창작행위로 볼 수 있는 옹알이 내지는 노래 또는 소리 내기를 좋아한다. 자발적인 노래부르기는 5세 이후에 점차 사라진다.
⑤ 유아는 음악에 맞추어 몸을 흔들거나 춤추기를 좋아한다.
⑥ 유아는 모방을 통해 노래를 배우고 기억하게 되며, 선율적·화성적인 것보다는 리드미컬한 곡에 더 관심을 갖는다.
⑦ 너무 높거나 낮거나 빠른 곡도 잘 부르지 못한다. 박자감이나 리듬감, 음정감 등이 확실하지 않다.
⑧ 유아는 단음으로 반주해야 잘 알아들으며, 흥미를 유발하지 않는 노래는 싫어하고 오랜 시간 앉아서 음악을 듣지 못한다.
⑨ 타악기에 대해 흥미가 집중되는 시기이며, 여러 악기의 특징적인 음색 자체에 호기심을 갖는다. 따라서 악기를 만지고 치고 두드려보며 충동적인 악기놀이를 한다.
⑩ 음악을 좋아하고 음악에 대한 소질이 있어도 뚜렷이 나타나지는 않는다.

가. 노래부르기 능력의 발달

인간의 목소리는 아주 훌륭한 악기로 출생 후 울음이나 옹알이를 포함한 모든 발성을 통해 다양한 고저와 강약이 들어간 음조를 이미 만들어 내고 있다. 유아는 2세경부터 노래부르기 놀이를 시작하며, 그들의 노래는 찬트라는 말놀이 식의 즉흥적 언어리듬과 운율이 있는 놀이노래방식이 있다. 이러한 찬트는 언어의 연장으로서 언어에 강세를 주어 이야기하는 방식의 언어리듬(말 리듬) 놀이와 유사하다.

반면에 노래란 가사와 리듬에 선율 가락을 붙인 것이다. 유아는 보통 5~6도 음정의 폭으로 된 선율은 편안하게 부르지만 5~6도를 넘으면 선율을 바꿔 부르는 경향이 있다. 이러한 놀이 속에서 만들어지는 찬트와 노래인 유아의 자발적인 노래부르기는 만 5세가 지나면 서서히 사라진다.

보통 유아들은 여럿이 함께 노래를 부를 때 음정을 다른 사람과 맞추려 하지 않고 제멋대로 부르는 경향이 있으며, 화음을 잘 맞추어야 하는 합창은 어렵다.

그리고 유아는 학습을 위하여 여러 번 노래 부르는 것을 좋아하지 않는 경향이 있다.

PLUS ONE 여럿이 함께 노래를 부를 때 음정을 맞추려 하지 않고 제멋대로 부르는 경향이 있다. 여러 번 부르는 것보다 방법의 변화를 주는 노래부르기를 좋아한다.

유아음악교육자 마빈 그린버그(Greenberg, 1979)는 유아의 노래부르기 능력의 일반적 발달을 다음과 같이 단계화하였다.

유아의 노래부르기 능력의 발달

- 1세 미만: 끊임없이 옹알이를 하는데, 자신에게 들리는 음과는 관계없이 옹알거린다.
- 1~3세: 불규칙적인 리듬유형으로 흥얼거리며, 노래의 선율적 윤곽을 모방하지만 음높이는 정확하지 않다.
- 3~4세: 음높이가 정확해 지고, 리듬과 선율형의 자발적인 노래를 부를 수 있다. 유아 나름의 표현방법대로 운율형식의 라임(rhyme)이나 말놀이 형식의 즉흥적 노래 찬트(chant)를 만들어 낸다.
- 4~6세: 말과 노래하는 목소리의 차이를 구별할 수 있고, 한 옥타브(가운데 '도'에서 높은 '도'까지) 정도의 자발적인 노래를 부를 수 있고, '레'와 '라'의 음정 범위 안에서는 쉽게 노래를 부를 수 있다.

나. 듣기 능력의 발달

듣기 능력은 소리를 듣는 생리적 현상으로 음악에서의 듣기란 귀를 기울여 듣는 것을 의미한다. 듣기는 다른 모든 음악활동영역의 기초가 된다.

유아의 듣기 능력의 발달은 처음에는 소리에 관한 주의집중에서 시작되고 차츰 청각적 변별력인 여러 가지 음색을 구별하는 것이 시작된다. 유아의 듣기 능력은 음악적인 소리를 변별할 수 있는 능력이 생긴 이후 음악적인 소리를 감상할 수 있는 음악 감상하기로 확장되어간다(Kim, 2004).

유아의 청(聽)감각은 일찍부터 발달하지만 유아의 음악듣기 능력은 서서히 발달된다. 듣기 능력 중에 유아기에 가장 뚜렷하게 발달하는 것은 음색 변별력과 음높이 변별력이다. 유아는 생후 2개월만 되어도 엄마의 목소리를 알며, 5, 6개월 정도에는 다른 사물의 소리를 변별할 수 있게 되고, 소리가 어디에서 나는지 음원의 위치도 찾을 수 있게 된다. 유아들의 음색 변별력은 악기나 물체소리를 변별할 정도로 일찍 발달하는 반면에, 유아의 음높이에 대한 변별력은 음높이의 차이가 클 경우에만 변별하고, 미세한 차이는 잘 변별하지 못한다. 유아들은 공통적으로 음높이, 크기, 빠르기에 대해 혼동하는 경향이 있다. 그래서 높은 음은 소리가 크고, 빠르다고 생각하고 반대로 낮은 음은 부드럽고, 느리다고 생각하는 경향이 있다.

PLUS ONE 음색 변별력은 일찍 발달하는 반면에, 유아의 음높이에 대한 변별력은 낮다. 음높이, 크기, 빠르기에 대해 혼동하여 높은 음은 소리가 크고 빠르다고, 반대로 낮은 음은 부드럽고 느리다고 생각하는 경향이 있다.

다. 악기연주하기 능력의 발달

유아는 누구나 악기를 두드리는 것을 좋아한다. 유아는 자신이 만든 소리에 매료되며, 악기를 통해 자기표현하는 것을 좋아한다.

이러한 유아의 연령에 따라 유아들의 악기연주 능력은 발달하는 데, 유아는 리듬에 대한 감각을 먼저 습득할 수 있으며, 기술을 요하는 악기는 이후 눈과 손의 협응력이 발달하면서 연주할 수 있다.

PLUS ONE 리듬에 대한 감각을 먼저 습득하며, 눈과 손의 협응력이 발달되는 약 7세가 되어야 악기를 제대로 연주할 수 있다. 몬테소리는 유아의 손의 크기나 역량에 맞는 것 등으로 간단한 악기를 사용해야 한다고 말한다(심성경 외, 2012).

표 3-2 | 유아의 연령별 신체적 발달에 적합한 악기

연 령	연주형태	악기명
2세	흔들기	• 방울 • 징글벨
2~3세	손으로 치기	• 손북
	치기	• 리듬막대
3~4세	치기	• 나무막대 • 징 • 나무판자 • 탬버린 • 종
	긁기	• 나무판자
	흔들기	• 모래상자 • 마라카스 • 탬버린 • 종
5~6세	치기	• 봉고북 • 팀파니 • 트라이앵글
	한 손으로 치기	• 키보드
7~9세	치기	• 손가락 심벌즈 • 드럼 • 북 • 템플블록 • 키보드
	간단한 음내기	• 실로폰
	코드 연주	• 손 하프

라. 신체표현하기 능력의 발달

음악에 따른 신체표현활동은 공간지각이나 공간관계를 자연스럽게 이해하고 습득하게 할 뿐 아니라 또래들과 한 마음으로 서로 어울려 활동하면서 사회성 발달을 도와준다.

특히 유아의 생각은 감각적인 운동에서부터 개념이 형성되기 때문에 신체적 표현을 함께 할 때 의미 있는 음악적 개념 학습이 이루어진다.

그리고 유아의 신체표현활동은 유아의 정서발달에 중요한 역할을 한다. 유아는 신체표현활동을 통해서 자신의 내적인 감정과 요구를 밖으로 표현할 수 있다.

그 밖에도 신체표현활동은 유아의 인지, 언어, 창의력 등 다양한 능력의 발달을 도모하므로 유아가 음악에 대한 즐거움을 위하여 율동과 함께하는, 음악의 구성요소를 신체표현하는 능력을 길러주는 것이 필요하다.

유아의 리듬적인 반응에 대한 여러 연구결과를 종합해 보면 다음과 같다.

- 2세 유아는 분명한 리듬에는 적극적으로 반응하나 음악의 빠르기에는 자기중심적으로 멋대로 해석하는 경향이 있다.
- 3세경, 대부분의 유아는 리듬적 자극과 동작을 맞출 수 있는 능력이 생기며, 운동 협응력에 따라 리듬을 맞추는 동작 능력이 발달된다. 3세 이후, 성장에 따라 보다 넓은 공간을 사용하는 신체동작도 다양하게 할 수 있다.

마. 음악만들기 능력의 발달

유아는 영아 때부터 환경에서 많은 소리를 경험한다. 처음에는 소리를 듣고, 소리가 나는 발음체를 탐색하며, 점차 여러 물체로 자유롭게 소리를 만들고 탐구하면서 탐색적 능력이 발달된다.

많은 음악교육자에 의하면 유아가 자기 주위에 있는 모든 물건으로 소리를 만드는 본능을 지녔다고 하며, 소리의 가능성과 소리의 음악적 표현력 자체를 유아 스스로가 탐구하는 기회를 가진다는 것은 교육적으로 상당히 중요하다고 말한다.

유아들은 다양한 놀이를 하면서 자신이 곧 소리를 만들 수 있는 창조자가 될 수 있다는 것을 배우게 된다.

간단하게 보이는 소리탐구 과정에서도 유아는 주의 깊게 듣고 비교해서 만드는 소리 만들기 활동을 통해 소리를 발견하려는 창소성이 점차 발달하게 된다.

이러한 유아의 음악만들기 능력은 유아기에만 있는 발달 특징으로서 5세 이후에 유아가 성장하면서 서서히 감소한다. 이러한 유아의 음악만들기의 특징은 대체로 다음과 같다.

① 아이들의 음악만들기와 같은 소리에 대한 능력은 0~2세 옹알이에서 3~5세는 소리의 고저와 강도의 리드미컬한 음조를 내며 2, 3음으로 된 찬트(chant)나 라임(rhyme)과 같은 소리를 만들기 시작한다(김혜경, 2002).
② 18개월의 유아는 종소리나 호루라기 소리에 흥미를 나타내고, 4세가 되면 음정이 있는 조직적인 음군에 관심을 나타내기 시작한다. 이 시기에는 소리의 분류화가 가능하기 때문에 자발적 소리 탐색이 시작되는 시기이다.
③ 유아의 소리 만들기는 어떤 특정 악기만이 아니라 가정에서 흔히 사용되는 주변에 있는 모든 물체를 두드리거나 부딪쳐서 내는 소리에도 관심을 가지고 소리 만들기에 집중한다.
④ 이러한 음악만들기는 유아가 음악의 재료, 즉 음악의 구성요소를 직접 탐색하며 발전된다. 이러한 과정에서 유아는 소리의 가능성을 발견하고, 스스로 실험하며 음악적 표현력을 기를 수 있다.

3 유아발달적 접근에서 본 영유아음악교육의 방향

가. 유아발달적 접근에서 본 영유아음악교육

유아의 다양한 음악활동에서 얻게 되는 음악적 경험은 연령과 경험에 따라 달라진다. 어린 연령의 유아는 단순하게 음과 리듬을 듣는 것으로 시작하지만 점차 악기를 가지고 소리 내어 보기와 같은 음악만들기로 분화된다. 유아의 연령이 증가함에 따라 목소리를 이용한 노래부르기와 악기를 이용한 연주하기, 음악적 율동과 창의적 신체표현하기로 세분화된다(심성경 외, 2013).

그러므로 유아발달적 접근에서 보았을 때 음악활동은 소리에 대한 개념으로 접근하여 탐색, 모방, 실험, 식별, 조직화, 창조, 재조직, 생산, 개념화해 보는 순서로 유도해 나가야 한다(이영·유애열, 1985).

표 3-3 | 유아음악활동의 세분화과정

듣기

소리 만들기

- 노래부르기
- 악기연주하기
- 감상하기
- 신체표현하기

최근 발표된 누리과정 예술경험영역의 세부 목표도 "유아가 아름다움에 관심을 가지고 예술경험을 즐기며, 창의적으로 표현하는 능력을 기르는 것"이다. 여기서 "창의적으로 표현하는 능력"이란 유아발달적 접근에서 보았을 때 유아의 경우, 만들어진 기존의 음악표현을 배우기 전 다양한 소리의 탐색으로 시작하여 소리 만들기와 같은 즉흥적 표현이 주가 되어야 한다는 데 음악활동의 의미를 두는 것으로 설명된다.

이러한 유아발달적 접근은 누리과정에서의 아름다움 찾아 보기, 예술적 표현하기, 예술 감상하기 등으로 다음 표와 같이 대변된다(〈표 3-4〉).

표 3-4 | 누리과정과 유아발달적 접근에서 본 영유아음악교육의 관계

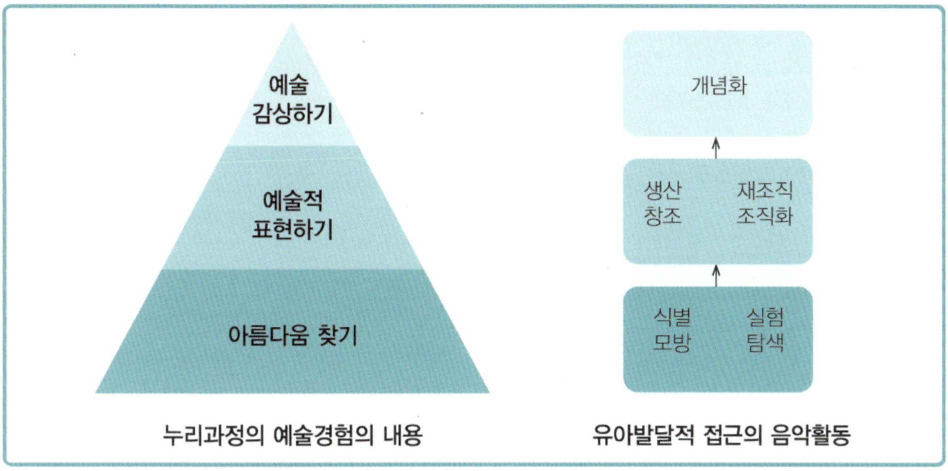

또 같은 맥락에서 MMCP(1965)에서는 유아의 음악적 경험은 음악적 경험이 선행된 이후 그 경험을 상징하는 문자나 음표 등을 제공하여야 한다. 그러므로 음표와 같은 개념을 전달하기 전 다음과 같은 체계적인 도입은 유아가 음악에 친숙하게 되는 동기를 제공한다(이은화·김영희, 1997).

① 자유롭게 소리를 내보는 탐색활동
② 소리 또는 음악자료를 조직적으로 다루어 보는 활동
③ 소리에 관한 생각을 형성하는 활동
④ 소리에 대한 단순한 개념과 관계를 발달시키는 활동
⑤ 매체를 이용해 소리를 다루는 능력을 신장시키는 활동
⑥ 어휘와 상징들로 소리를 정의하는 활동(개념화, 상징화)

이를 종합하여 표로 나타내면 다음 설명과 같다(〈표 3-5〉).

표 3-5 | 유아발달적 접근의 영유아음악활동과 MMCP 프로그램

유아발달적 접근	MMCP(미국 맨해튼 빌 뮤직 프로그램, 1965)	음악활동 설명
탐색	자유롭게 소리를 내보는 탐색활동	소리탐색을 위하여 개방형 질문은 다양한 생각을 유도한다.
모방	소리 또는 음악자료를 조직적으로 다루어 보는 활동	이야기의 상상으로 만드는 소리 또는 들은 소리를 모방한다.
실험	소리에 관한 생각을 형성하는 활동	소리에 대한 생각을 여러 가지 방법(몸으로, 악기연주로, 그림으로)으로 표현해 본다.
식별		소리의 대조(빠른 곡과 느린 곡, 크고 작은, 높고 낮음)를 식별하면서 소리에 대한 생각을 형성한다.
조직화	소리에 대한 단순한 개념과 관계를 발달시키는 활동	점차 빠르게, 점차 크게의 개념과 관계를 이해하면서 이들 관계를 순서화할 수 있다.
창조	매체를 이용해 소리를 다루는 능력을 신장시키는 활동	소리 만들기의 순환적 경험을 통해 매체를 다루는 능력이 신장된다.
재조직		
생산		
개념화	어휘와 상징들로 소리를 정의하는 활동	유아가 활동에서 발견한 음악의 구성요소의 개념적 의미를 음악적 용어와 연관시킨다.

나. 유아발달적 접근에서 본 현대적 유아음악교육의 방향

다양한 음악활동은 유아의 생각과 느낌을 표현할 수 있는 통로로서, 음악교육에서도 영유아에게 음악의 모든 면이 탐구될 수 있는 기회가 주어져야 한다. 특히 9세 이전의 음악적 경험은 유아의 음악적 잠재력을 계발할 수 있는 효과적인 시기로, 예술을 느끼며 문화를 향유하며 살아가기 위하여 영유아기의 음악교육은 매우 중요하다.

현대음악교육가 코다이는 "음악은 모든 사람의 것이다"라고 주장하며, 온 국민의 음악, 즉 문화예술로서 음악교육의 대중화를 시도하였다. 그는 음악을 모르는 것은 글자를 읽고 쓸 수 없는 문맹과 같은 '음맹'이라고 표현하면서 음악전문가뿐만 아니라 전 국민이 음악교육을 받도록 유치원에서부터 초등학교까지 음악교육을 위한 가창학교를 세워 지도하였다. 그는 음악이 대중의 문화교육으로서 다가가기 위하여 과거와는 다른 방법, 즉 학습자 수준의 대중적 음악의 이해를 위하여 노력하였다.

영유아음악교육에서 학습자 수준의 대중적 음악교육이란 유아교육에서 유아가 어떻게 학습하는가를 연구하여 계획적이고 논리적이지 못한 부분들의 수정을 할 수 있는 통찰력을 가지고 더 나은 방향으로 나아가는 것이다.

과거의 음악교육은 음악의 기능적 측면에서 노래를 더 잘 부르고 악기연주를 더 잘 하기 위할 것이라면 현대적 음악교육에서는 노래를 하면서 '노래는 어떻게 만들어지는가?', '노래의 음표나 리듬은 어떻게 조직되었는가?', '무엇을 어떻게 표현하는 것이 음악인가?'라는 음악적 이해를 전제로 '음악에 대해 어떻게 느끼고 이야기하는가?', 그리고 '즐겁게 참여하였는가?' 등과 같은 좀 더 실용적이고 실천적인 음악의 의미를 찾는 것, 즉 행위와 맥락 위주로서의 음악적 사고 능력을 기르는 것이다.

유아가 처음 대하는 음악과의 만남은 어떤 방법의 음악적 경험인가에 따라 음악에 대한 선호도가 달라진다. 또 유아의 경우 음악을 한 번 듣고 기억하기 어렵다. 따라서 다양한 표상방식을 거쳤을 때 음악에 대한 이해가 비로소 이루어진다는 (Bruner, 1960) 것이다.

따라서 유아발달적 접근에서 본 현대음악가의 교육방법은 음악의 개념 학습을 위하여 다양한 표상방식을 사용한다.

코다이(Kodaly)
시각과 음악의 관계

달크로즈(Dalcroze)
동작과 음악의 관계

오르프(Orff)
언어와 음악의 관계

1) 코다이의 표상방법-시각과 음악과의 관계

코다이는 들을 수 있는 것은 볼 수 있어야 하며, 볼 수 있는 것은 들을 수 있어야 한다고 이야기한다. 코다이는 음악에 존재하는 음악의 구성요소를 청각이 아닌 시각적으로 보여 줌으로써 학습자가 음악에 포함되는 개념을 이해하도록 하였다([그림 3-1]).

※ 출처: 나도 작곡가 시리즈(이미혜, 2012, 부흥기획)

그림 3-1 | 음표의 길이를 그림으로 암시

※ 출처: 나도 작곡가 시리즈(이미혜, 2012, 부흥기획)

그림 3-2 | 음의 높이를 그림으로 표시

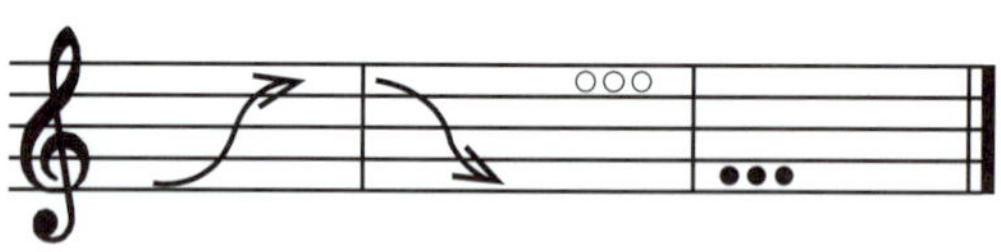

※ 출처: 나도 작곡가 시리즈(이미혜, 2012, 부흥기획)

그림 3-3 | 부호 소리 만들기

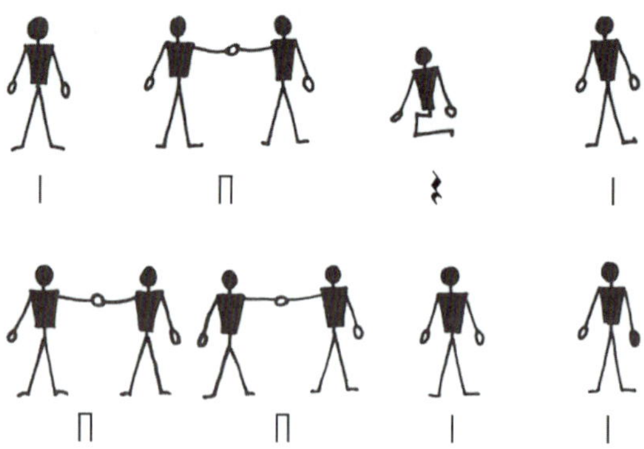

※ 출처: *Music for fun, Music for Learning*(Birkenshaw, L., 1982, MMB Music)

그림 3-4 | 음의 길이를 그림으로 표시

2) 달크로즈–동작과 음악과의 관계

달크로즈는 음악을 듣고 음악 속에 포함되는 음악의 요소를 학습자가 발견하여 신체로 표현하는 유리드믹스로 유명하다. 그는 음악을 동작으로 표현하는 방법의 표상방식([그림 3-5])을 사용하였다.

※ 출처: 유아를 위한 음악교육(이은화·김영희, 1995, 교문사)

그림 3-5 | 소리의 크기를 신체동작으로 나타냄(달크로즈의 유리드믹스)

3) 오르프의 표상방법–언어와 음악과의 관계

오르프는 언어를 이용한 리듬 연습으로 악기연주를 가능하게 하였다. 그의 악기 연주를 하기 위한 과정은 먼저 말에 강약을 붙여 말 리듬으로 만든다. 그리고 창작된 말 리듬을 신체 리듬으로 바꾸어 치다가 악기로 연주하는 것이다.

오르프의 악기연주는 음악과 언어와의 관계를 적절하게 사용하여 말을 가르치듯 음악을 가르치는 방법이다.

다음은 오르프의 말을 이용한 악기연주하기의 예이다.

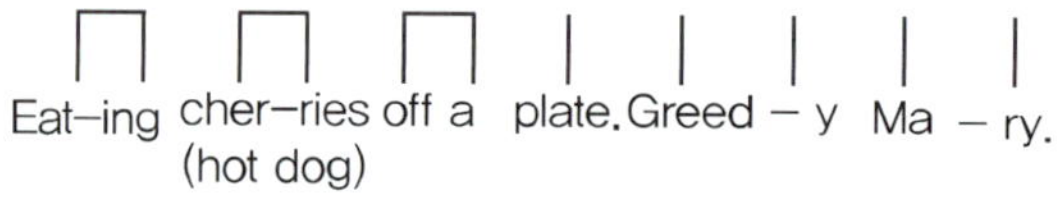

악보 3–1 | **말에 리듬 붙이기**

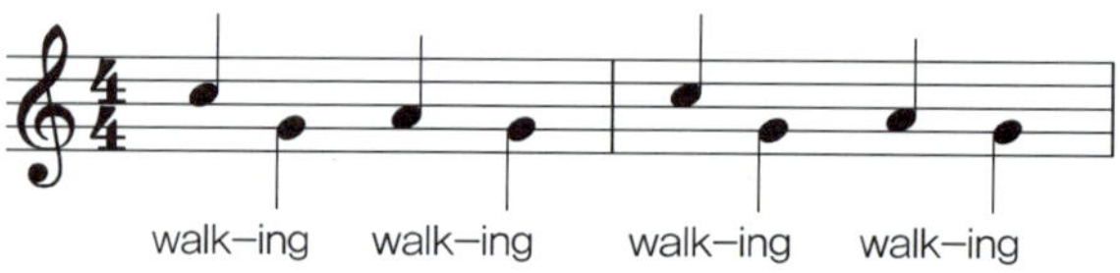

악보 3–2 | **말 리듬에 음정넣기**

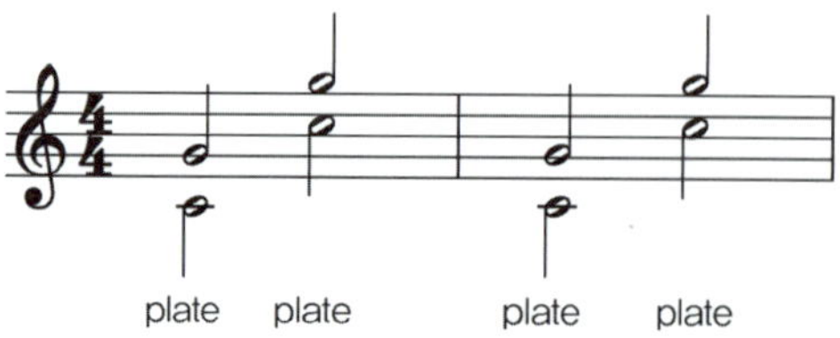

악보 3–3 | **말 리듬에 악기연주하기**

이러한 유아발달적 접근으로서 현대적 음악교육의 방법에서 나타나는 교육의 시사점은 누리과정 예술활동영역의 학습원리인 발달의 원리, 생활중심, 나선형 교육에서 찾을 수 있다.

(1) 발달 원리-유아발달적 접근으로서 음악의 구성요소 학습

영유아음악교육에서 활동을 구성할 때 가장 고려하여야 하는 것이 발달의 원리이다. 발달 원리의 논리에서 보면 유아에게 인식되는 음악의 형태는 음악의 전체가 아니라 음악을 구성하는 일부로, 음악적 개념(musical concept) 중 하나이다(MMCP, 1965). 교사는 이러한 음악의 구성요소를 하나씩 탐색하고, 비교하며, 느끼거나 알게 된 것을 그들이 이해할 수 있는 어휘로 표현하고 정의해 주어야 한다고 한다. 이러한 과정에서 유아는 음악활동에서 소리의 본질인 음악적 개념을 탐색하고 발견하고 재조직을 통하여 음악적으로 성장할 수 있다(이홍수, 1992 재인용).

PLUS ONE **유아발달적 접근으로서 음악의 구성요소**

- 셈여림
- 리듬
- 높이
- 음색
- 빠르기
- 화음

(2) 생활중심의 통합교육

유아의 일상생활과 관련이 있는 경험을 소재로 교육 내용을 선정하면 유아의 흥미로 직접 연결시킬 수 있다. 이러한 교육을 통합교육이라 하며, 통합의 의미에는 주제를 중심으로 관련된 생활영역을 통합하는 방법과 예술영역 내의 통합, 음악활동영역 내의 통합이 있다(임은애, 2007).

생활영역에서의 통합이란 주제를 중심으로 타 교과 간의 통합도 가능하다. 예술영역 간의 통합이란 음악과 미술, 동작이나 신체표현 등 영역에서의 통합을 말하며, 음악영역 내에서의 통합이란 소리탐색 및 듣기, 노래부르기, 악기다루기, 감상하기를 하나의 활동에 통합적으로 다루어는 것을 의미한다. 또 음악활동은 음악의 개념과 음악행위, 음악에 대한 태도가 종합적으로 다루어져야 하는 것이다(이홍수, 1990).

통합의 개념은 한 가지에 치중되는 것이 아닌 유아음악활동이 보다 균형감이 있고 조화가 이루어지는 범위 내에서가 좋다. 그러나 지나친 다양성과 통합성으로 인하여 오히려 활동의 제약을 받기도 하고, 부자연스러울 수도 있다는 점을 고려하여야 한다.

PLUS ONE **통합교육의 개념**

- 교과 간의 통합
- 예술영역 내 통합
- 음악활동영역 내 통합

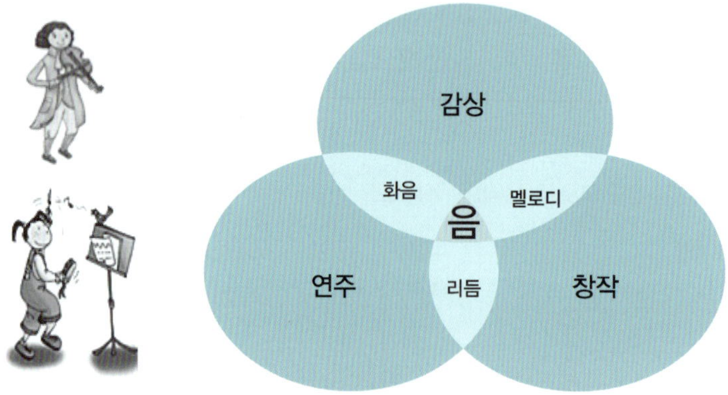

※ 출처: 나도 작곡가 시리즈(이미혜, 2012, 부흥기획)

그림 3-6 | 음악활동영역 내의 통합

(3) 나선형 교육

나선형 교육과정이란 브루너(Bruner, 1960)에 의해서 제창된 것으로 교육과정 조직의 계속성의 원리를 활용하여, 같은 것을 계속적으로 단순히 반복하는 것이 아니라 점진적으로 심화되고 확충된 맥락 속에서 더 강조하여 반복함으로써 완전학습에 이를 수 있다는 교육과정을 말한다.

음악교육에서 음악적 개념의 경험은 시간의 흐름에 따라 계속적이고 반복적으로 되풀이하여 점진적으로 음악의 구조에 대한 원리탐구가 가능하다는 것이다. 음악활동은 유아의 예술경험영역에서도 특히 심화된 반복적 활동을 포함하여야 하는 영역에 해당된다. 이를 도식화한 나선형 교육과정은 [그림 3-7]과 같다.

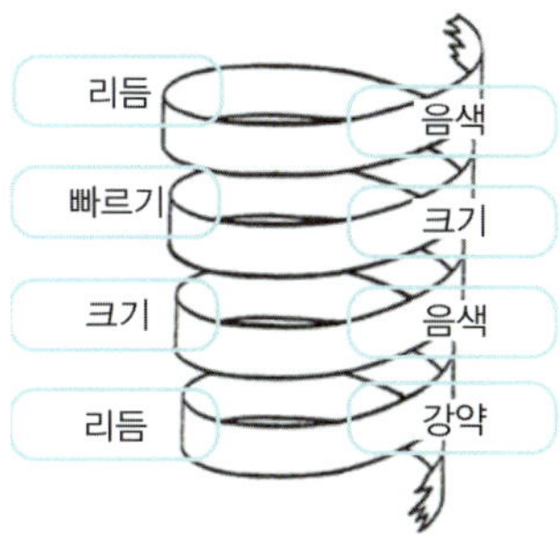

그림 3-7 | 나선형 교육과정

제4장 현대적 유아음악 교수-학습방법

피아제(Piaget, 1962)에 의하면 유아들의 발달은 그들의 환경에 많은 영향을 받으므로, 유아들을 위한 음악활동에서는 그들이 음악의 모든 면을 탐구할 수 있는 기회가 주어져야 한다. 현대적 음악교수법에서는 과거와 같이 단순히 노래를 따라 부르거나 음악 감상곡을 제시하였다고 하여 유아가 음악을 이해한 것은 아니다. 그러므로 현대적 음악교수법은 유아의 음악적 이해를 위하여 다양한 방법을 통한 체험적·경험적 학습이었을 때 비로소 음악적 이해가 동반된다.

이러한 음악활동에는 음악을 듣기, 노래하며 손뼉치기, 음악에 따라 움직이기, 음악만들기, 그리고 악기로 소리 내기 등은 필수적인 활동이며, 또 음악의 형태를 하지 않는 주변의 소리, 목소리 등의 다양한 소리의 듣기를 통해 소리가 음악이 되어가는 과정을 탐구하는 기초 음악 감각 능력을 기르는 것도 도움이 된다.

이 장에서는 기존의 음악활동을 현대음악교육가의 방법을 적용하여 영유아음악교육의 교수·학습 방법의 구체적 실제를 알아 보도록 한다

1 감상하기

유아의 청각지각력은 대략 9세경에 절정에 이르며, 이 시기의 유아는 소리에 대한 관심이 집중된다. 듣기활동은 음악 능력 발달에 있어서 가장 기본이 된다. 왜냐하면 음악을 이해하는 과정이 모두 음을 직접 듣는 경험을 통해서 이루어지기 때문이다.

감상하기 활동은 소리를 듣는 활동 외에 들은 소리를 기억하여 재현하는 활동을 통해 집중력과 기억력을 기를 수 있다. 현대음악교육가 고든의 오디에이션(audiation)은 '듣는 감지력' 또는 '듣는 상상력', '마음속으로 듣기(inner hearing)'와 같이 듣

는다는 의미이지만 구체적으로는 '실제로 들리지 않는 음악을 상상하여 마음속으로 듣고 이해하는 능력(inner hearing)'이다(Gorden, 2000).

오디에이션에서의 듣기와 같이 현대적 음악교수·학습방법에서는 음악을 단순히 듣고 노래하는 것이 아니라 음악 속에 나오는 내용을 변별하거나 추론할 수 있는 능력인 음악적 이해와 음악적 사고력을 함께 기르는 것이다.

이러한 오디에이션을 위한 유아의 감상활동에는 직접감상과 간접감상의 방법이 있다. 직접감상은 직접 음악을 들려주고 유아와 교사가 상호작용을 통하여 오디에이션을 하기 위한 활동이라고 한다면, 간접감상은 TV나 거리에서 들려오는 음악과 유아교육기관의 일상에서 들려오는 음악 또는 생활 속에서 무심히 듣게 되는 음악듣기를 말한다.

직접감상곡으로 표제음악은 필연적으로 제목과 연관된 묘사적 이야기가 있다. 그러므로 표제음악을 이용한 감상활동은 음악의 이야기, 또는 이야기와 관련된 그림 등 시각적 자료를 이용할 수 있기 때문에 유아의 관심을 음악듣기에 지속적으로 유지할 수 있다.

그러나 유아의 음악감상하기는 유아가 음악을 듣고 어떤 감정을 느껴야 한다는 식의 개인적이고 주관적인 감정교육은 바람직하지 못하다(Abeles, Hoffer, & Klotman, 1994). 유아기는 가장 개방적으로 모든 종류의 음악을 선호할 수 있는 시기로(Scotts, 1989) 절대음악 관련 곡, 표제음악 관련 곡, 생활주제와 관련된 동요곡, 기본 스텝을 동작으로 표현할 수 있는 율동곡, 그 밖의 다양한 배경의 음악인 세미클래식 곡이나 아이들이 좋아하는 시대적 유행곡을 다양하게 들려주어야 한다. 또 주변에서 나는 소리뿐만 아니라 독주나 합창으로 이루어진 여러 악기들과 노래와 같이 질 좋은 음악적 소리를 들려주는 것이 좋다. 감상지도를 위하여 교사가 먼저 곡의 내용을 인지하고 어떻게 곡을 들려줄 것인지 다음과 같은 세심한 계획을 세워야 한다.

첫째, 음악 감상곡에 대한 목록을 준비한다.

유아와 함께 할 다양한 음악목록을 파일로 준비하며, 음악목록은 매달 사용할 수 있는 내용의 것과 되도록 최신의 것이 좋으나 심미감을 형성하는 오래된 곡, 또 각 나라의 전통음악도 필요하다. 그리고 유아의 소리나 주변의 소리 등을 직접 녹음하여 들려주는 것도 필요하다. 또한 우리나라 전통음악도 충분히 제공해야 한다. 간단한 체조를 겸한 율동곡을 준비하거나 행진곡과 같은 리듬에 맞춰 걷기와 같은 곡의 레퍼토리를 준비한다.

둘째, 전자기기 사용에 익숙하여야 한다.

유아를 위한 효과적 음악 감상하기를 위해 멀티미디어 자료를 활용(문혜련, 2005; 서현아·김효지, 2006)하는 것도 하나의 교육 방법이다. 따라서 교사는 전자기기를 사용하는 데 익숙하여야 한다. 또 감상할 곡을 미리 준비하여 들어 보고 문제점이 없는지 검토하여야 하며, 수업시간에 당황하는 일을 미연에 방지할 수 있다.

가. 다양한 감상지도

직접감상이란 유아가 감상하기 활동에 직접 참여하는 방법으로 유아교육에서의 다른 영역과 같이 통합적으로 진행된다. 통합적 과정이란 음악을 듣고 그림이나 신체표현 혹은 악기 소리로도 표현할 수 있다 이때 교사는 다른 표현매체를 통하여 재표현한 느낌을 언어로 설명할 수 있도록 하는 것이다.

음악은 듣고 난 후 금방 사라지는 것으로 유아가 한번만 들었을 때 잘 기억하기 어렵다. 또 유아는 가만히 앉아서 긴 곡을 듣기에는 집중력이 길지 않다. 그러므로 다음과 같은 순서를 통한 유아의 음악에 대한 인지적 과정이 선행되어야 가능하다.

먼저 음악을 들려준 후 유아 각각의 생각과 느낌을 말할 수 있는 정도의 인지적 동화가 이루어지도록 하여야 한다. 이를 위하여 음악을 짧게 잘라서 조금씩 들려주고 들은 음악에 대한 느낌을 이야기하게 한다. 이러한 음악과 교사와 유아의 상호적으로 소통할 수 있도록 언어화하는 과정에서 비로소 음악에 대한 느낌을 전달받거나 표현할 수 있게 되는 것이다. 그러므로 감상활동 다음과 같은 탐색적 전개 방법이 도움이 된다.

1) 음악듣기 도입

활동의 도입으로 짧게 편곡된 곡(10초)을 들려주고 알아맞히는 활동을 한다.

- '어떤 소리가 들렸니?'(탐색적 질문) / '무슨 소리인 것 같니?'(발견적 질문) /

'들은 소리를 입으로 흉내 낼 수 있겠니?'(모방적 질문) / '어디에서 들은 것 같니?'(식별적 질문)

2) 음악듣기 회상

이야기 나눈 후 조금 더 길게(20초) 들어 보고 이야기 한 내용 또는 모방한 소리가 맞는지 회상할 기회를 가진다.

- 그러면 한 번 더 들어 보고 어떤 소리가 났는지 이야기해 보자.

3) 두 가지 음악듣기

두 가지 음악을 들려줄 경우, 서로 대조되는 개념의 음악으로 그룹을 나누어 비교하고 각 그룹에서 자기 음악을 랜덤으로 듣도록 한다. 또 어떤 음악이 자신이 속한 그룹의 음악인지 알아맞히는 게임을 하는 등의 활동으로 음악에 대한 인지적 동화과정이 먼저 이루어져야 한다.

표 4-1 | 음악감상하기 수업 세부 지도안

<table>
<tr><td>생활주제</td><td>동식물과 자연</td><td>주 제</td><td>동물</td><td>소주제</td><td>봄의 곤충</td><td>활동일시</td><td></td></tr>
<tr><td>활 동 명</td><td>벌과 나비</td><td>활동형태</td><td>대집단</td><td>유형</td><td>음악 감상</td><td>연 령</td><td>만 5세</td></tr>
<tr><td>활동목표</td><td colspan="7">• 음악을 듣고 다양한 방법으로 느낌을 표현할 수 있다.
• 음악 감상을 통하여 음악의 빠르기를 탐색할 수 있다.</td></tr>
<tr><td>5세
누리과정
관련요소</td><td colspan="7">• 예술경험 〉 예술적 감상하기 〉 다양한 예술 감상하기</td></tr>
<tr><td>활동자료</td><td colspan="7">음원(왕벌의 비행; 림스키코르사코프, 나비; 그리그), 동영상</td></tr>
<tr><td>활동방법</td><td colspan="6">활 동 내 용</td><td>수업 연구</td></tr>
<tr><td>도 입</td><td colspan="4">1. 음악을 소개한다.(탐색)
T: 선생님이 두 가지 음악을 준비했어요, 어떤 곡일지 잘 모르니까 동영상을 보면서 어떤 곡일지 생각해 봐요.
T: (벌 영상, 나비 영상) 영상을 보고나니 오늘은 어떤 음악을 듣게 될까요?
– 그러면 어떤 음악이 나오는지 잘 들어 봅시다.</td><td colspan="2">C: 나비랑 벌이 나오는 음악일 것 같아요.
곤충 소리일 것 같아요.</td><td></td></tr>
</table>

활동방법	활 동 내 용		수업 연구
도 입	2. 음악을 들려주고 이야기를 나눈다.(대그룹) T: (왕벌의 비행을 듣고) 음악을 들어 보니 어떤 곤충의 음악인 것 같나요? 이 음악은 어떤 느낌이 드나요? 그러면 벌의 흉내를 몸으로 하면 어떻게 할까요? 벌 흉내를 내면서 음악을 들어 봅시다. 이 음악은 빠른 곡일까요 느린 곡일까요? 이 음악이 빠른지 느린지 생각하면서 음악을 다시 들어 봅시다. 빠른 곡은 어떤 느낌이었나요?	C: 벌이요. 벌이 날아다니는 소리 같아요. 벌이 화가 나서 공격하는 것 같아요. C: 빨라요. 느려요. 잘 모르겠어요. C: 빨라요.	
	T: (나비 왈츠를 듣고) 그럼 이 곡은 어떤 곤충의 음악일까요? 한번 들어 봅시다. T: 이 음악은 어떤 느낌이 드나요? 그러면 나비의 흉내를 몸으로 하면 어떻게 할까요? 나비의 흉내를 내면서 음악을 들어 봅시다. T: 이 음악은 빠른 곡일까요 느린 곡일까요? 이 음악이 빠른지 느린지 생각하면서 음악을 다시 들어 봅시다. T: 이 음악을 다시 들어 보니 빠른 곡인지 느린 곡인지 알 수 있었나요? T: 이제 어떤 곡인지 말해 보세요.	C: 나비가 살랑살랑 날아다니는 것 같아요. C: 빨라요. 느려요. 잘 모르겠어요. C: 느린 것 같아요.	
	3. 음악을 정해 준다.(기억)(소그룹) T: 몇 개의 음악을 들어 보았나요? 2개의 음악이 나왔으니 2모둠으로 나누어 자기모둠의 음악을 하나씩 맡아 봅시다.		
전 개	4. 음악을 섞어 무작위로 들려준다.(기억, 변별) T: 어떤 음악이 나올까요? 모둠에서 맡은 음악소리가 들리면 알아맞히는 게임을 해 볼까요? 어떤 음악이 나올지 모르니까 우리친구들은 소라처럼 잠을 자는 척하다가 자기 모둠의 음악이 들리면 일어나기를 해보세요. 어떻게 하라고 하는지 이야기할 친구가 있나요?	C: 엎드리고 있다가 우리 음악에 일어나면 되는 것이지요?	
	5. 음악이 나오면 다양한 방법으로 표현한다. T: 이번엔 다른 방법으로 음악 알아맞히기 게임을 해 봐요. 어떤 방법이 좋은지 손을 들고 말해 봅시다.	C: 음악이 나오면 손을 들어보아요. 음악이 나오면 손뼉을 쳐보아요. 음악이 나오면 나비처럼 벌처럼 해봐요. 음악이 나오면 소리를 흉내 내어 봅시다.	
	6. 모둠의 음악으로 다양한 표현을 할 수 있도록 한다. T: 이번엔 음악을 듣고 어떤 느낌이 드는지 이야기해 봅시다. T: 그러면 이야기를 그림으로 그려볼 수도 있을까요? 그러면 모둠에서 음악에 대한 이야기를 어떤 그림을 그릴지 시간을 주도록 할게요. (그림으로 표현한다.) T: 어떤 그림을 그렸는지 앞으로 나와서 이야기해 줄 친구가 있나요?	C: 벌이 날아다니는 그림이에요. 벌이 꽃을 먹고 있어요. 나비가 춤을 추고 있어요. 나비가 왕관을 쓰고 있어요.	

활동방법	활 동 내 용		수업 연구
마무리	7. 활동 소감 이야기 나누기 T: 오늘 ○○ 모둠의 음악은 '나비왈츠'라는 곡이에요. 무슨 곡이라고 했나요? 그러면 음악의 제목을 세 번 크게 이야기해 주세요. T: 또 ○○ 모둠의 음악은 '왕벌의 비행'이라는 곡이에요. 무슨 곡이라고 했나요? T: 나비왈츠와 왕벌의 비행 두 곡에 어떤 차이점이 있는 것 같나요? T: 빠른 곡과 느린 곡의 차이를 알게 되나요?	C: 나비왈츠요. C: 나비왈츠, 나비왈츠, 나비왈츠 C: 왕벌의 비행이요. C: 왕벌의 비행왕벌의 비행왕벌의 비행 C: 왕벌의 비행은 빠르게 느껴졌고 나비왈츠는 느렸어요.	

이밖에 다양한 감상지도를 위한 구체적인 실제는 다음과 같다.

(1) 주변의 소리듣기

플라스틱, 쇠, 나무, 사포, 고무줄과 같이 여러 재질에서 나오는 다양한 소리를 들려준다. 유아가 이러한 소리를 청각적으로 경험하면서 소리를 변별하고, 조용히 소리에 귀를 기울여 듣는 태도를 기르고, 음악소리도 점차적으로 듣게 해 준다. 이 밖에 사람의 목소리 주변의 소리 자연소리 등에 관심을 가지고 변별해 보는 활동도 좋다.

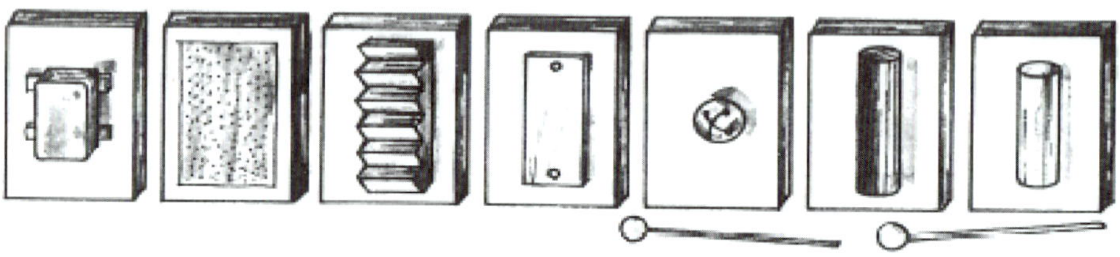

※ 출처: 유아를 위한 음악교육(이은화·김영희, 1995, 교문사)

그림 4-1 | 다양한 소리 듣기

(2) 음악의 개념과 연관된 음악듣기

감상활동에서 박자, 형식, 음악의 질감을 느낄 수 있는 소재의 음악듣기가 필요하다. 음악의 질감은 여러 악기가 소리 내는 화성감과 같은 것으로 처음부터 음악의 질감을 알아내는 것은 어렵다. 그러므로 음악에서 어떤 특정 악기의 소리 찾아내기, 어떤 부분의 연주만 따라하는 시늉해 보기 등으로 시작한다.

음악을 들으면서 음악의 구성요소 알아내기 또는 음악의 구성요소를 듣고 이야기하기에서는 서로 대조되는 개념을 골라서 비교해 보는 활동은 변별학습에 도움이 된다. 예를 들면, 느린 곡과 빠른 곡의 비교해 보기, 같은 곡 내에서도 높은 곳과 낮은 곳 비교해 보기, 음악을 듣고 크고 작은 소리 내어 보기 등과 같은 것이다.

(3) 신체표현하며 음악듣기

박자에 맞춰 손으로 바닥치기, 네 박자 점 찍어 보기, 공으로 리듬에 맞춰 옆 사람에게 전달하기와 같이 음악을 들으며 신체로 표현하기이다. 이러한 신체표현하며 음악을 듣는 것은 소리를 통하여 인간의 감정을 표현하고, 다시 들은 소리를 몸으로 표현함으로써 소리가 인간 감정과 연결되게 한다는 달크로즈의 유리드믹스 교육방법이다. 달크로즈의 유리드믹스의 신체표현하기는 크고 작은 소리를 신체로 크고 작게 표현하는 것과 같이 음악의 개념에 따라야 한다.

> 달크로즈의 유리드믹스(좋은 리듬의 반응)에서는 아름다운 음악을 통해 몸과 마음의 일체감을 느껴야 한다고 하며, 학습방법으로 듣고 동작으로 표현하는 방법을 주요하게 다룬다.

(4) 그림 그리며 음악듣기

유아 개인이나 그룹으로 음악을 듣고 이야기 나눈 후의 느낌을 그림으로 그려보게 한다. 또 그림을 그린 후에도 음악의 느낌은 어떠하였는지, 무엇을 그렸는지 언어화하여 보는 경험은 유아의 상상력을 확장시키는 데 효과적이다.

(5) 악기로 연주하며 음악듣기

음악을 구성하는 형식을 분석하여 음악의 형식에 따라 각각 음색이 다른 악기로 연주하며 듣는다. 예를 들어, 2부(2도막, AB형식) 형식의 B부분에 악기 소리 내며 듣기, 또는 3부(3도막) 형식, ABA 형식에 맞춰 A와 B에 각각 다른 음색의 악기로 연주하며 들음으로써 유아에게 자연스럽게 음악의 형식의 개념을 제공받게 하는 것이다.

2 노래부르기

유아는 끊임없이 노래를 흥얼거리며 생활한다. 유아의 노래부르기는 유아에게 있어 거의 일상이라고 해도 지나치지 않다. 유아는 많은 노래를 듣고 모방해 보고 표현하면서 자신의 악기인 목소리를 발전시키고 노래부르기 능력을 키워 나간다(민경훈, 2003).

유아교육기관에서 가장 많이 활용하는 노래부르기 방법은 주제에 따른 노래부르기로 유아는 이러한 활동을 통하여 바르고 건강한 일상생활에 필요한 개념과 지식을 전달 받는다. 또한 유아들을 위한 동요는 여러 가지 노랫말로 유아의 기분을 나타내주는 근본적인 감정의 표현(Gembris, 2002)의 수단이기도 하며, 정보나 지식을 받아들이거나 전달하는 수단이 되기도 한다.

유아들은 많은 곡을 알고 즐기고 있음에도 나아가 더욱더 새롭고 많은 곡을 듣고 배우고 부르기를 원하며, 언제나 노래부르기를 즐거워한다. 그러므로 유아의 노래부르기에 사용되는 동요나 학습 제재곡은 유아에게 매우 중요한 의미를 갖는다.

노래부르기의 또 다른 중요한 의미에는 다양한 목소리를 경험하면서 다양한 감정으로 노래부르기와 반복적 노래부르기를 통해 다양한 감성을 표현할 수 있다.

코다이는 목소리가 하늘이 모든 사람에게 준 가장 간편한 악기로서 음악교육에 널리 사용할 수 있는 보편적인 방법이라고 보았다. 또 그는 노래부르기는 음악을 이해하고, 적용하고, 창작하는 모든 과정에 필요하므로 솔페이지(Solfege, 노래부르기) 교육이 모든 음악교육의 기초이며 궁극적으로 합창 음악은 노래부르기의 목표라고 하면서 전 국민 노래부르기를 권장하였다.

유아는 노래를 부르면서 음정을 이해하고 각 음정들의 상호 연관성을 배울 수도 있다. 코다이의 노래부르기에서는 '솔미', '솔미라'에서 시작하는 손기호를 사용하며, 노래를 불러 보는 것은 음정관계를 이해하는 데 효과적이다. 코다이의 노래부르기에서 손기호는 이동도법을 사용하는 데 이동도법은 조성이 바뀜에 따라 으뜸음이 '도' 음으로 바뀌어 시작한다. 이동도법에서는 조성이 달라도 〈악보 4-1〉과 같이 솔, 미의 음정 관계는 같다. 그러므로 조에서도 이동도법으로 노래하면 음정관계를 이해할 수 있다.

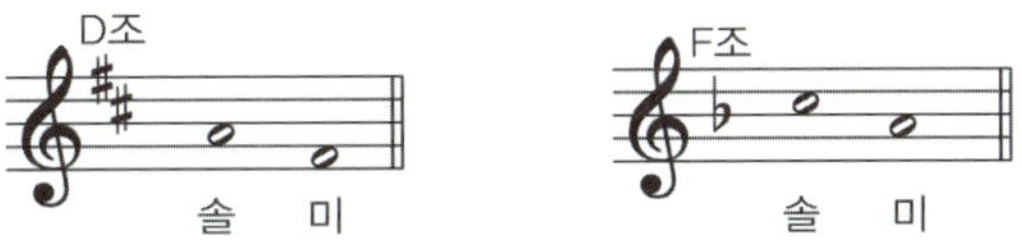

악보 4-1 | 각 조성에서의 솔미 음정관계

음정을 손으로 나타내는 코다이의 손기호는 원래 코웬(J. Curwen)에서 유래한 것으로 초보자가 손 모양을 보고 악보를 알 수 있도록 한 것이다. 손기호는 음의 고저를 손의 모양을 통해 나타내는 것으로 높은 음은 손의 높이가 높다. [그림 4-2]는 높은 '도'음을 손기호로 표시하며 노래 부르는 어린이의 사진이다.

※ 출처: http://google.co.kr/searc

그림 4-2 | 높은 도음을 손으로 나타내며 노래 부르는 어린이

코다이의 효과적인 선율지도, 리듬지도 등은 당시 음악교육에서 혁신적인 변화로 그의 고국 헝가리뿐만 아니라 주변국가로 널리 알려지게 되었다.

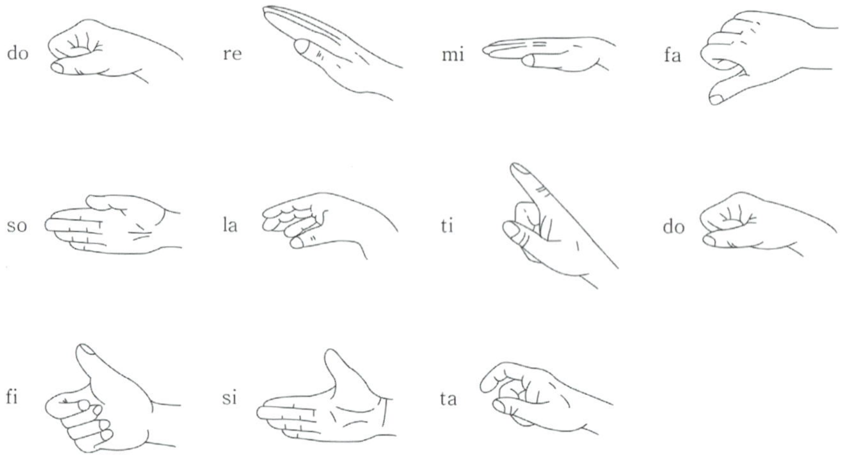

그림 4-3 | 코다이의 손기호

일반적으로 유아의 노래부르기는 전체 노래부르기, 부분 노래부르기, 결합 노래부르기가 있다. '전체 노래부르기'는 노래 전체를 불러 보는 방법이고, '부분 노래부르기'는 어느 특정 부분만을 따로 떼어서 부르는 방법이다. '결합 노래부르기'는 전체 노래와 부분 노래부르기를 통합하여 노래를 부르는 방법이다. '부분 노래부르기'는 음정이나 가사를 소개하기 위하여 새 노래부르기에 주로 사용하며, 유아가 교사의 노래를 부분적으로 듣고 잠시 후 모방하는 에코모방의 방법을 주로 사용한다. 노래를 부분적으로 나누는 단위의 대부분은 숨을 쉬는 단위인 두 마디(동기) 또는 네 마디(작은 악절) 간격이다.

유아의 동요를 선택할 때는 생활주제와 연관된 노래, 반복적인 멜로디나 가사가 있는 노래는 유아가 쉽게 따라 부를 수 있다. 또한 유아의 최대 음역 범위의 노래로 저음이 a음보다 낮지 않도록 하며, 너무 높거나 낮은 노래일 경우 이동도법으로 바꾸어 부르는 것이 좋다. 반주 없이 하는 교사의 노래가 더욱 친근하며 단선율 멜로디(반주가 없는)일 때 인식이 빠르다.

노래부르기는 듣고 노래부르기, 창의적으로 노래부르기, 노래의 가사를 바꾸어 노래부르기 등이 있다. 듣고 노래부르기는 대부분의 노래부르기에 흔히 사용되고 있으며, 노래의 가사 바꾸어 부르기는 익숙한 노래의 경우에만 가능하다. 어려운 노래의 경우 간접감상활동으로 노래를 가르치기 전 여러 번 반복하여 들려주는 것이 좋다.

노래부르기 활동의 의미는 유아에게 심미적 체험과 음악에의 이해와 참여를 위하여 반복적 노래부르기가 필요하다. 그러나 유아는 같은 방법의 반복적 노래부르기를 좋아하지 않는다. 그러므로 다음에 소개되는 창의적인 노래부르기 활동으로 유아의 흥미를 지속시키는 것이 바람직하다.

가. 창의적인 노래부르기 지도방법

친근하고 익숙한 동요는 매일, 수시로 노래를 부를 수 있다. 그러나 유아에게 새 노래를 소개할 경우 짧은 곡의 동요는 몇 번 듣고도 함께 부를 수 있지만 긴 곡일 경우는 다르다. 노래지도에서 긴 곡의 동요곡은 다음과 같은 방법의 창의적인 노래부르기를 지도하는 것이 좋다.

1) 유아들에게 노래를 지도할 때 먼저 동기유발을 한다

교사는 가르치려는 노래에 관련된 이야기와 개념에 대해서 유아들과 토의하고 여러 가지 관련 자료를 실물이나 그림 자료 등으로 보여준다. 노랫말의 내용을 동화로 들려주거나 수수께끼, 노래의 특정부분 또는 노래의 전체를 들려주며 호기심을 유발한다.

2) 노래의 내용을 귀납적으로 소개한다

노래의 가사는 언어와 같이 기승전결의 문장으로 되어 있다(〈악보 4-2〉). 노래를 듣고 노래에 나오는 내용에 대해 다음과 같은 질문을 한다. 질문은 “누가 나왔니?”, “무엇을 하고 있니?”, “주인공은 어디에 있니?” 등의 육하원칙에 따른다.

3) 분리된 가사를 소개한다

가사를 동시처럼 읽어본다. 가사 전체가 융판에 부쳐진 다음 그것을 떼어서 그룹으로 나누어 가진다. 그 후 한 소절(4마디) 또는 한 도막(8마디)으로 끊겨진 가삿말을 차례로 연결하여 시퀀스로 불러 볼 수 있다([그림 4-4]).

고양이와 새앙쥐

외국곡

악보 4-2 | 기승전결이 있는 가사의 노래

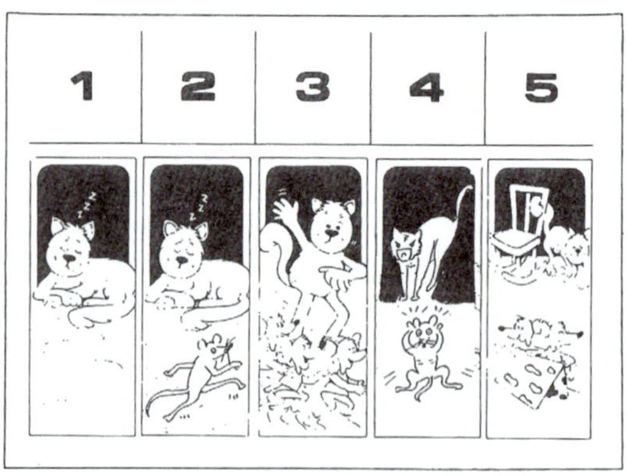

그림 4-4 | 노랫말의 내용을 나타내는 그림

4) 노래의 특정부분을 먼저 노래한다

노래의 가사 중 특징적인 부분인 명사, 후렴부, 의태어, 의성어, 끝 부분 등을 따로 소개한다. 이때 교사는 이러한 부분을 따로 노래로 들려주면서 유아에게도 노래의 일부를 미리 불러 보게 함으로써 전체 노래를 소개할 때 친근감을 가지게 할 수 있다. 또는 어려운 부분을 미리 부분적으로 부르게 하여 전체 노래부르기를 효과적으로 이끌 수 있다.

5) 음의 강약에 맞추어 신체 리듬을 치며 노래를 듣는다

전체 노래를 들을 때는 노래의 강약 리듬을 신체 리듬으로 치면서 노래를 들어본다. 이때 그룹을 나누어 강박과 약박을 표현하기도 하고 그룹을 바꾸어 반복함으로써 활동을 심화시킬 수도 있다. 이러한 방법은 고든의 노래부르기를 위한 오디에이션 방법으로 노래의 중간에 수시로 숨을 쉬며 으뜸음과 준비음을 노래 부르게 하여 음정의 관계를 파악하도록 한다. 고든의 노래부르기를 위한 오디에이션은 다음과 같다.

PLUS ONE **고든의 노래부르기를 위한 오디에이션**

① 유아는 오디에이션을 하기 위하여 눈을 감고 듣는다.
② 다양한 신체활동을 동반하여 들어 본다(예를 들어, '큰 박에 맞춰 발 앞꿈치를 두드린다' 또는 '작은 박에 손으로 무릎 위를 가볍게 친다').
③ 노래를 부를 때 일정부분 속으로 부른다(내청). 속으로 부르는 부분을 늘려간다.
④ 속으로 부르는 부분에서 교사는 손동작을 한다. 유아는 교사를 모방한다.
⑤ 노래를 부르는 중간에 멈추어 교사의 손짓에 맞추어 숨을 쉬고 노래의 으뜸음을 불러본다.
⑥ 노래나 음악을 듣고 자주 사용되는 리듬 패턴을 알아본다. 리듬 패턴을 신체 리듬으로 연습해 본다.
⑦ 음악을 듣고 음악의 고저에 따라 손동작을 한다.

6) 음악의 개념에 맞춰 노래 부른다

노래부르기에 음악의 개념을 대입시켜 표현해 보는 활동으로 음악의 내용에 맞추어 어느 일정 부분만 빠르기, 강약, 음색 등에 변화를 주는 방법이다. 이러한 활동에서 노래 제재곡이 너무 길면 한번 부르는 데 시간이 많이 소요되기 때문에 짧고 익숙한 노래에 적용하는 것이 좋다. 그러나 너무 경쟁하듯이 큰소리를 내거나 소리를 함부로 다루는 것은 자제하는 것이 좋다.

7) 허밍 또는 내청하며 노래 부른다

허밍은 한 가지 소리로 노래를 부르는 것이며, 소리를 내지 않고 속으로만 부르는 것을 내청법이라고 한다. 허밍으로 노래를 부를 땐 주로 모음을 사용한다. 내청법으로 노래를 부르면 유아는 마음속으로도 부를 수 있다는 것을 알고 또한 내청법은 함께 박자를 맞추지 않으면 마음대로 노래를 부르는 것처럼 보이기 때문에 박자를 저어가며 내청하여야 한다. 이러한 활동은 박자감을 기르는 데 효과적인 활동이다.

8) 유아를 보면서 노래 부른다

피아노를 사용할 경우, 전자 피아노는 유아를 보면서 활동할 수 있으나 일반 피아노는 유아가 교사의 등을 보며 노래를 해야 하는 부담이 있다. 이때 교사는 자일로폰이나 메탈로폰, 우쿨렐레 등으로 간단한 화음을 넣어 노래를 하면 유아를 보면서 노래하는 것으로서 효과적이다.

9) 노래의 내용에 맞는 목소리와 표정을 한다

노래의 가사에 나오는 어떤 상황, 예를 들어 기쁜, 화난, 아픈 등에 맞추어 그와 유사한 소리나 표정, 제스처를 넣어 불러봄으로써 활동의 변화를 줄 수 있다. 또 이러한 음악활동은 항상 유아에게 무리한 노래부르기를 권하지 않는 수준이어야 한다.

표 4-2 | 노래부르기 수업 세부 지도안

<table>
<tr><td>생활주제</td><td>우리나라와 세계여러나라</td><td>주 제</td><td>세계여러나라</td><td>소주제</td><td>세계여러나라의 인사법</td><td>활동일시</td><td></td></tr>
<tr><td>활동명</td><td>세계의 아침인사</td><td>활동형태</td><td>새 노래부르기</td><td>유형</td><td>대집단</td><td>연 령</td><td>만 5세</td></tr>
<tr><td>활동목표</td><td colspan="7">• 박자와 음을 익힐 수 있다.
• 가사에 맞는 율동을 할 수 있다.
• 다른 나라의 인사말에 대해 안다.</td></tr>
<tr><td>5세 누리과정 관련요소</td><td colspan="7">• 표현생활: 표현 - 노래부르기 - 동작으로 표현하기
• 언어생활: 말하기 - 경험, 생각, 느낌 말하기 - 상황에 맞게 말하기</td></tr>
<tr><td>활동자료</td><td colspan="7">노래자료(세계의 아침인사 노래음원), 가사 판, 다른 나라의 국기와 인삿말 카드</td></tr>
</table>

<table>
<tr><td rowspan="2">활동방법</td><td colspan="2">활 동 내 용</td><td>수업 연구</td></tr>
<tr><td>선생님</td><td>유 아</td><td></td></tr>
<tr><td>도 입</td><td>1. 세계의 인사법에 대해 이야기 나눈다.
— 우리가 사는 나라의 이름이 무엇인지 알고 있나요?
— 우리나라에서는 인사를 할 때 어떻게 하지요?
— 지난 시간에 배웠는데 우리나라 말고도 기억나는 나라들이 있나요?
— 다른 나라의 인사법들 중에 기억나는 것이 있나요?
— 어떻게 하는지 친구들에게 이야기해 줄 수 있는 친구 있나요?</td><td>— 한국이요.
— "안녕하세요."라고 해요.
— 미국/일본/독일/프랑스..요.

— 굿모닝/오하이오/봉쥬르 ..</td><td>그림 카드
(나라와 나라별 인삿말이 적힌 카드)
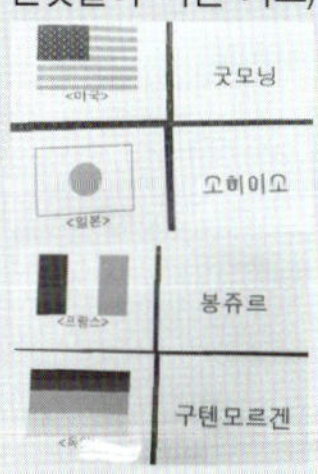
</td></tr>
<tr><td rowspan="2">전 개</td><td>2. 다른나라 말로 인사하는 노래를 부분적으로 들려준다.
— 우리가 배운 인사들이 들어간 노래가 있는데 다 같이 들어 볼까요?
— 어떤 나라들이 나와 있나요?
— 선생님이 이제 나라와 인사말이 들어간 부분을 들려줄 거예요. 우리 다 같이 잘 듣고 따라 불러 보도록 해요.
— 미국친구는 굿모닝 / 일본친구는 오하이오 / 프랑스친구는 봉쥬르/ 독일친구는 구텐모르겐</td><td>— 네

— 미국이요/일본/프랑스/독일이요

(부분 노래부르기)</td><td>그림 카드
(나라와 나라별 인삿말이 적힌 카드)
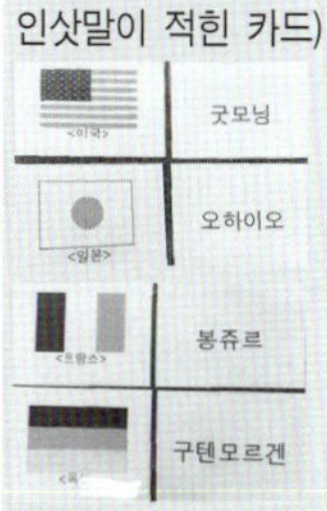
</td></tr>
<tr><td>3. 노래에 나오는 국가의 국기를 알아본다.
— 모두들 잘 해 주었네요. 이제 친구들이 앞으로 나와서 여기 상자 안에 있는 국기를 뽑을 거예요.
— 국기를 뽑은 친구들은 국기그림이 그려진 나라에 맞는 인사를 해 보도록 해요.
— 선생님이 먼저 시범을 보여줄게요.
선생님이 뽑은 국기는 ○○이에요. ○○은 ○○○~ 이렇게 부르고 자리로 돌아가면 되요. 잘할 수 있나요?</td><td>— 미국친구는~ 굿모닝/ 일본친구는 오하이오/ 프랑스친구는 봉쥬르~/ 독일친구는 구텐모르겐</td><td></td></tr>
</table>

활동방법	활 동 내 용		수업 연구
전 개	4. 각 국가의 인사법에 맞는 인사동작을 만들어 본다. – 그런데 선생님은 그냥 미국친구는 굿모닝~ 이렇게 노래를 부르는 것도 재밌지만 인사에 맞는 동작들도 만들어 보면 더 재밌을 것 같아요. – 어떻게 해 볼 수 있을까요? – 그렇게도 해 볼 수 있겠네요. 우리 다 같이 해 볼까요?	– 미국친구는 굿모닝할 때는 손을 흔들어요. 일본친구는 오하이오할 때는 배꼽인사를 해요.~~~ – 네(전체 노래부르기)	가사 판 "세계의 아침인사" 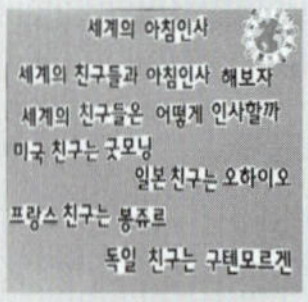 국기그림 카드 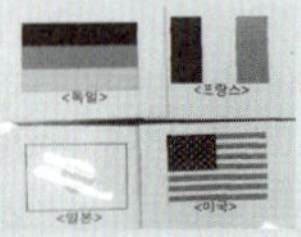
	5. 다 같이 노래를 들어본다. – 이제 선생님이 전체적으로 노래를 들려줄 거예요. 노래를 들을 때 박자에 맞추어 손뼉을 치면서 들어 보도록 할까요?	– 네 (오디에이션하며 노래듣기)	
	6. 노래의 내용에 대하여 질문한다. – 어떤 노래였니? – 기억나는 다른 나라의 인삿말이 있니? – 다른 나라의 인사는 모두 다르구나! 다른 나라 인삿말로 노래를 불러 볼 친구가 있니?		
	7. 한 가지 소리(아, 오, 랄라 등)를 넣어 불러본다. – 가사를 모두 넣어서 부르기 전에 '아'를 넣어서 불러 볼까요? – 이번에는 어떤 음을 넣어서 불러 볼 수 있을까요?	– ○○을 넣어서 불러봐요.	
	8. 가사를 넣어 불러본다. – 그럼 이제 가사를 한 소절씩 따라 불러 볼까요? – 다 같이 불러 보도록 할까요?		
	9. 율동을 하면서 불러본다. – 이번에는 인사에 맞게 율동을 하면서 불러 보아요.		
마무리	10. 활동에 대해 평가해 본다. – 노래를 부르고 나니 어땠나요? – 아침인사 때 다른 나라 인사말로 인사하는 것도 재미있겠네요.	– 재밌었어요./아침에 유치원에 오면 다른 나라 인사법으로 인사하고 싶어요.	
활동평가	아이들이 노래부르기에 잘 참여하고 있는지의 상황에 따라 지도안의 내용 전개를 조절한다.		
확장활동	특정 국가의 국기 뽑은 친구가 노래부르기		

나. 말 리듬과 손 유희

1) 말 리듬

말과 노래하는 것의 차이는 리듬이 있고 없음이다. 유아발달상 노래하기 전 말 리듬으로 리듬감을 익히는 것은 박자감각을 기르는 데 유용하게 사용된다. 말 리듬은 노래부르기와 같이 목소리를 주요 악기로 사용하는 것으로 오르프의 방법 중의 하나이다(AOSA, 1997).

말 리듬의 유의점으로 강박에 악센트를 넣어서 리드미컬한 억양이 되도록 하여야 하며 음악의 특징인 소리의 반동(bouncing, 바운싱)을 충분히 넣어서 일반적인 말과는 구별되도록 하여야 한다.

예) 나무 목각 아저씨

나무 목각 나무 목각

예쁜 소리가 나네

나무 목각 아저씨

더 큰 소리 내 주렴

※ 출처: 기악합주곡집(이미혜, 2011, 양서원).

2) 손 유희

손 유희는 노래부르기와 마찬가지로 유아에게는 일상과 같이 매일 사용되는 활동이다. 또 손 유희는 수업을 도입하기 위하여 유아를 집중시킬 수 있으며, 수업에서 집중력이 흐트러질 경우 손 유희를 통해 분위기를 전이시킬 수 있다. 또 여럿이 행진할 때도 리듬에 발동작을 맞추어 걸을 수 있다.

따라서 교사는 계절에 따른 손 유희 목록을 가지고 있어야 하며, 손 유희를 도입할 때는 미리 충분히 연습을 한 후 사용한다. 또 다른 방법은 유아와 새로운 손

유희를 같이 해보자고 하며 손 유희를 연습시키는 과정에서 만들어지는 유아와의 공유감을 증진시킬 수 있다.

다음은 손 유희 선택 시 유의점이다.

① 쉽고 짧은 것이 좋다.

② 유아 개인이 돌아가며 참여할 수 있는 내용(예곡 〈악보 4-3〉, 코끼리와 거미줄 : 한 마리 코끼리, 두 마리 코끼리, 세 마리 코끼리 등)이 좋다.

코끼리와 거미줄

강소천 작사
한용희 작곡

악보 4-3 | 코끼리와 거미줄

3 악기연주하기

유아는 항상 새로운 것에 자극받는다. 특히 자신이 만든 소리에는 더욱 감명 받는다(이미혜, 2011). 유아는 소리가 나는 악기가 있으면 소리를 듣고, 만져보고, 자유롭게 소리를 내어 보지만 시간이 흐를수록 악기들의 소리를 구별하며 적절한 방법으로 소리를 만들 수 있다는 것을 알게 된다.

유아가 다룰 수 있는 악기들은 리듬 타악기가 가장 많이 사용되며, 리듬악기의 종류는 두드리는 악기, 흔드는 악기, 긁는 악기, 효과음 악기 등으로 분류된다. 그

외, 생활 주변에서 쉽게 찾을 수 있는 도구, 예를 들어 병에 서로 다른 높이의 물을 채워 넣거나 유아가 직접 만든 악기 등으로도 연주를 할 수 있다.

악기연주하기에서도 다른 음악활동영역과 같이 소리의 의미를 느끼고 이해할 수 있도록 곡의 구조(structure)에 따라 소리를 내어야 하며, 또 단지 악기로 소리 내기가 아니라 음악의 내용을 표현할 수 있어야 한다.

악기연주하기 경험은 다음과 같은 효과를 기대할 수 있다.

1) 다양한 음악적 개념을 탐색할 수 있다

유아는 악기로 음의 높고 낮음, 크고 작음, 리듬 등을 소리 내어 볼 수 있다([그림 4-5]). 유아는 이러한 음악적 개념을 이용하여 스스로 만든 소리에 집중하면서 음악적 개념을 탐색할 수 있으며, 이 과정에서 음악적 능력 또한 증진된다(Schickedanz, York, Stwart, & White, 1990).

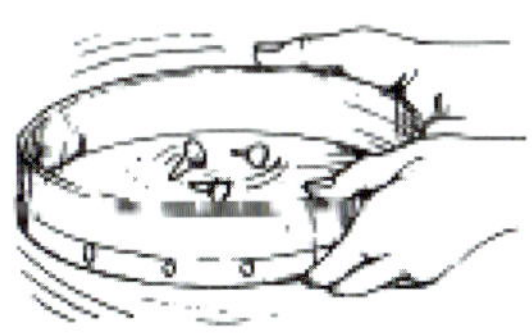

※ 출처: 유아를 위한 음악교육(이은화·김영희, 1995, 교문사)

그림 4-5 | 큰소리 작은소리 만들어 연주하기

2) 연주하면서 음정을 보기도 하고 들을 수도 있다

악기를 연주하는 것은 노래를 부르는 것과 달리 음이 정확하기 때문에 연주를 하면서 음정을 보고 또 들을 수도 있다. 그러나 악보를 보지 않는 즉흥적 연주하기 또한 음악을 만들며 연주를 할 수도 있기 때문에 노래부르기 만큼 많이 활용된다.

3) 사회성과 협동심을 기를 수 있다

악기연주하기는 여럿이 함께 소리를 만들고 만든 소리의 느낌을 이야기로 표현할 수 있다. 이러한 과정은 그룹 안에서 진정한 공감과 소속감을 고무시킬 수 있다(Goldberg, 1989). 그리고 만든 소리의 느낌을 이야기로 표현하면서 타인의 생각과 나의 생각이 다를 수 있다는 것을 알게 되므로 타인 간의 관계증진에 효과적이다(Slotoroff, 1994).

4) 다양한 소리의 악기로 다양한 생각과 느낌을 표현하면서 정서를 조절할 수 있다

악기는 만들어진 재질에 따라 다양한 음색을 가진다. 이러한 음색은 다양한 감정을 표현하기에 적당하다. 쇠로 만든 소리를 들으면 겨울이 연상되며, 둔탁한 나무소리들은 여름을, 또 북소리를 들으면 아프리카의 춤도 연상된다. 이러한 소리의 느낌을 알고 또 소리를 내어 보는 경험에서 자신의 느낌과 생각을 표현함으로써 정서교육이 가능하다.

악기연주하기 활동의 효과는 처음부터 연주를 위한 활동이기보다 즉흥적 연주하기 경험에서 기대되는 것이라고 하여도 무방하다. 즉흥적 연주하기의 과정은 오르프 음악교육의 특징으로 유아가 쉽게 또 자연스럽게 즉흥적 연주하기 활동에 접근하도록 하게 한다. 그의 즉흥적 연주하기의 방법은 언어에 리듬을 붙여 말 리듬을 만들고, 또 말 리듬은 신체 리듬치기 등의 다양한 방법으로 바꾸어 연습한다. 마지막으로 만든 말 리듬을 악기로 연주하게 되는데, 이러한 음악활동들은 일련의 과정(process)으로 오르프 음악에서는 음악탐험(Music Exploration)이라고 한다.

오르프 '슐베르크(Schulwerk)'란 오르프 교육의 대명사이자 오르프 악곡들의 교수법으로 이러한 기초적이고 즉흥적인 연주곡들을 수록한 5권의 모음곡이다. 슐베르크의 가치는 악보를 보고 연주하는 방법을 배우는 것이 아니라 이미 창작된 곡을 수록한 것으로서 의미가 있다.

오르프는 음악가이며 작곡가이지만, 코다이와 달크로즈 같이 현대음악교육가로 더욱 더 잘 알려져 있다. 그의 악기연주하기의 방법은 다음과 같다.

가. 오르프 진행의 악기연주하기 방법

악기연주하기 지도에는 조심스러운 계획이 필요하다. 왜냐하면 유아는 소리가 나는 물건을 마음대로 치고 싶어 하기 때문에 자칫 수업에 혼란을 줄 수 있다. 그러므로 처음부터 리듬을 맞추려는 시도보다는 악기 자체를 탐색하고 소리를 발견하는 것과 같은 즉흥적 연주하기 활동의 형태가 더 바람직하다. 다음은 영유아음악교육에서 악기를 다양한 방법으로 사용한 오르프 방법을 활용하여 지도방법을 소개하고자 한다.

① 처음 도입을 위하여 소리의 질감을 느낄 수 있는 활동부터 계획한다. 소리를 듣고 어떤 소리가 나는지 알아 보는 활동이다. 이러한 활동은 소리를 변별하기 위한 시도이다.

※ 출처: 유아를 위한 음악교육(이은화·김영희, 1995, 교문사)

그림 4–6 | 그림과 어울리는 소리 만들어 보기 1

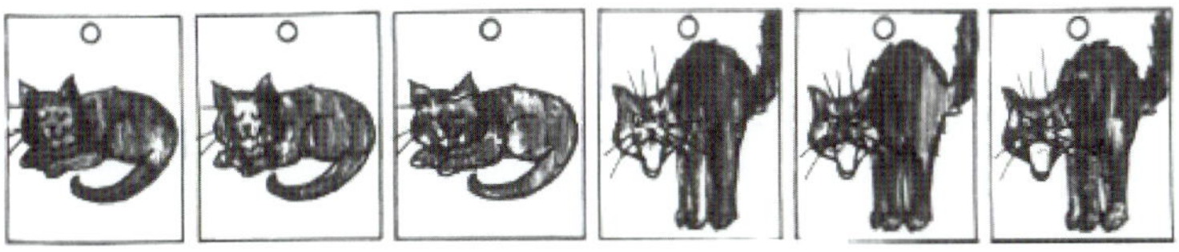

※ 출처: 유아를 위한 음악교육(이은화·김영희, 1995, 교문사)

그림 4–7 | 그림과 어울리는 소리 만들어 보기 2

② 소리를 변별할 수 있을 정도였을 때 순차적으로 다양한 악기의 이름과 특징을 알아본다.

③ 오르프의 주된 활동인 음악탐험(악기연주하기 프로세스)은 다음과 같다(Orff, 1952).

PLUS ONE **오르프의 말 리듬을 이용한 악기연주하기 과정**

① 네 마디 정도의 짧은 제재곡을 노래나 말 리듬으로 익힌다.

② 한 마디(4박자)씩 나누어 각 부분을 손가락 튕기기, 손뼉치기, 무릎치기, 발 구르기 등과 같은 신체 리듬으로 연습한다.

③ 네 그룹으로 나누어 신체 리듬치기의 각 부분을 맡는다.

④ 네 그룹이 쇳소리, 나무소리, 가죽소리, 큰 악기나 흔드는 악기로 바꾸어 연주한다.

나. 음악활동으로서 악기연주하기 방법

그 외 일반적인 음악활동으로서 악기연주하기는 음악의 형식에 대입하거나 특정한 낱말에 맞추어 악기연주하기 등을 대체로 사용하며 방법은 다음과 같다.

① 짧은 노래의 어느 부분을 악기그림으로 표시하고 그 부분을 악기로 연주한다.

② 부분 악기연주하기의 경우 노래는 속으로 부르며 대신 악기 소리만 나도록 하여 유아가 자신의 악기연주 소리가 어떠한지 들을 수 있도록 한다.

③ 긴 노래나 음악의 경우 ABA 형식에 따라 음색이 다른 악기로 표현해 본다. 이 경우 음악의 각 악장을 서로 다른 음색의 악기로 연주하게 한다. 그리고 각 부분의 연주를 한 느낌을 이야기하여 보게 한다면 자연스럽게 음악의 형식을 경험할 수 있다.

다. 악기연주하기 지도 시 유의점

① 한 번에 한 가지의 악기를 사용하거나 악기를 돌려가며 사용하면 전체적으로 연주할 때 생기는 소음을 최소화할 수 있다(이미혜, 2011).

② 악기를 바닥에 두고 유아가 돌아가며 소리 내어 보는 활동 또한 필요하다. 이러한 과정을 통해 유아는 악기연주에는 순서가 있다는 것을 알게 된다.

③ 유아에게 적당한 악기는 소리가 좋으며 모양 또한 예쁜 것으로 선택하는 것이 좋다.

④ 음정이 있는 악기를 다루어 보는 것은 6세 이후에 실시하는 것이 바람직하며 오르프 악기 적용 방법처럼 오스티나토(악보)에 의한 단순한 보르둔을 연주

한다면 이보다 빠른 시기에도 가능하다.

오스티나토는 계속 반복되는 리듬이나 멜로디 패턴으로 오르프 방법의 악기연주하기에 주로 사용되는 방법이다. 다음은 오스티나토 악보의 예이며, 아래 악보의 둘째 줄부터 오스티나토 연주를 위한 악보이다. 그 중 넷째 줄은 계속 반복되는 오스티나토의 단순한 보르둔 연주를 나타낸다(〈악보 4-4〉).

수다쟁이 요정

att. JF

악보 4-4 | 오스티나토와 보르둔 합주

라. 오르프 악기

오르프 악기는 유아를 위하여 모양이 작게 개발되었으며, 심미적인 소리를 가지므로 감수성 계발에 효과가 있다. 그의 악기는 오스티나토를 통해 처음부터 다성음악과 같은 음악의 질감, 즉 다양한 소리의 함께 어우러지는 아름다운 앙상블 소리를 체험할 수 있다.

오르프의 방법은 오스티나토와 같은 유아 수준의 단순한 연주를 하지만 심미적인 경험을 하게 되는 이유는 아프리카의 원시적 음향을 가진 오르프 악기의 소리 때문이다.

이 악기들의 특징은 어린이들의 연주기능을 최소화하여 누구나 연주할 수 있도록 고안되어 있다는 점이다. 특히 음판 악기들은 불필요한 음들은 제거하고 사용한다.

1) 악기의 분류

오르프는 특별히 어린이들의 리듬교육을 위해 계발한 오르프 악기는 무음정 타악기, 유음정 타악기, 선율악기로 세 가지로 구분된다.

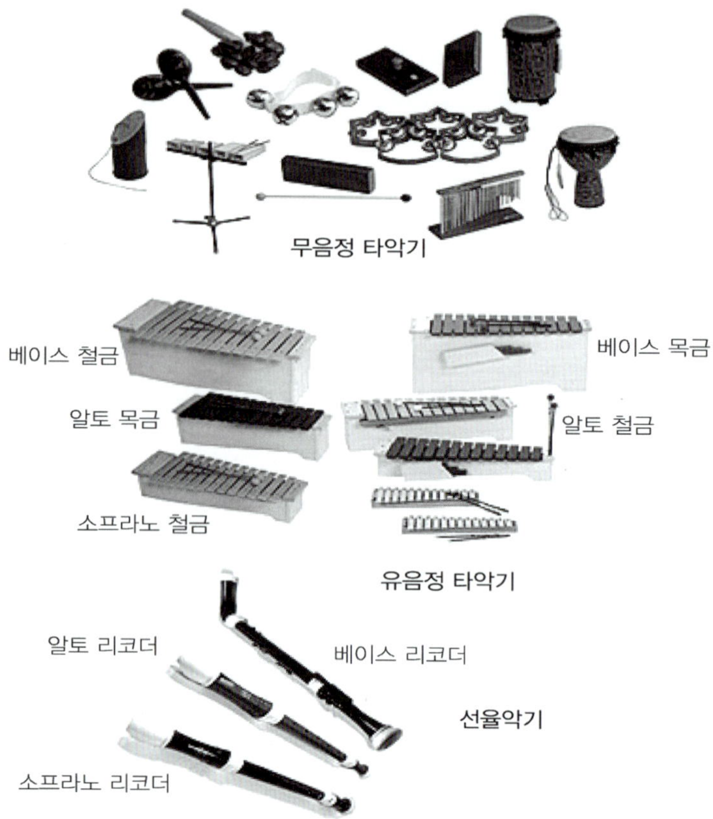

※ 출처: 오르프악기에 대한 이해(이미혜, 2003, Muse 202)

그림 4-8 | 오르프 악기

2) 악기 약자표

무음정 타악기는 음색과 소리의 크기에 따라 쇠소리, 나무소리, 가죽소리, 저음 악기의 네 가지 군으로 나누어 사용한다([그림 4-9]). 또 유음정 타악기는 음색과 소리의 높이에 따라 나누어 사용하며(〈악보 4-5〉), 선율악기는 어린이가 다루기 쉽고 모양이 예쁜 악기를 선호한다.

오르프 악기는 특별히 악보에 사용하기 용이하도록 모든 악기에 약자(〈표 4-3〉)나 그림을 사용하여 표시한다([그림 4-9]).

표 4-3 | 오르프 악기 약자표

1	B. P.: Body Percussion	신체악기
2	U. P.: Unipitched Percussion	무선율 타악기 혹은 리듬 타악기
3	P. P.: Ptched	선율 타악기
4	SX: Soprano Xylophone	소프라노 목금
5	AX: Alto Xylophone	알토 목금
6	BX: Bass Xylophone	베이스 목금
7	SM: Soprano Metallophone	소프라노 철금
8	AM: Alto Metallophone	알토 철금
9	BM: Bass Metallophone	베이스 철금
10	G: Glokenspiels	종금
11	S: Soprano	소프라노 악기
12	A: Alto	알토 악기
13	B: Bass	베이스 악기
14	M: Metallophone	금속 악기 전체
15	X: Xylophone	목금 악기 전체

3) 그림이 있는 악기 약어표

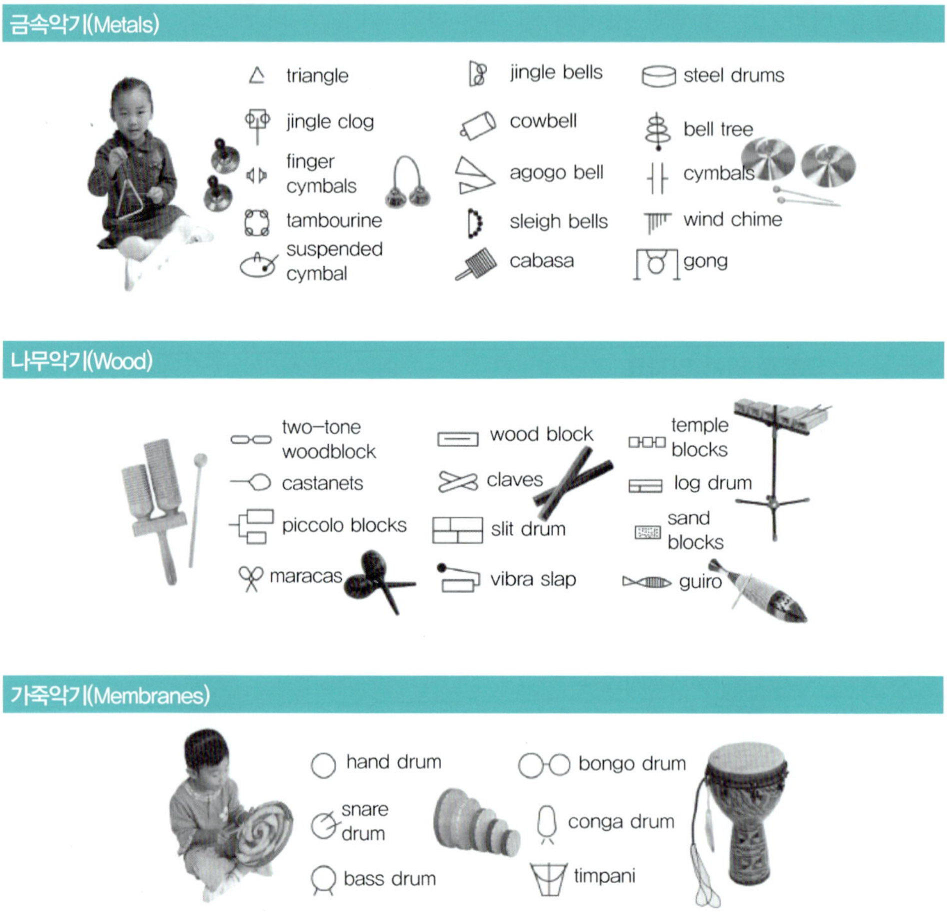

※ 출처: 오르프악기활용 기악합주곡집(이미혜, 2011, 양서원)

그림 4-9 | 3가지 음색의 무음정 타악기

4) 오르프 유음정 타악기의 음역

오르프 유음정 타악기는 8가지 종류이며, 음역이 낮은 순서로 Bass(베이스), Alto(알토), Soprano(소프라노)가 있다. 각 악기는 철금(Metallophone)과 목금(Xylophone)으로 나뉘며, 높은 음역 소리가 나는 종금(Glokenspiel)은 알토(Alto)와 소프라노(Soprano)의 두 종류가 있다.

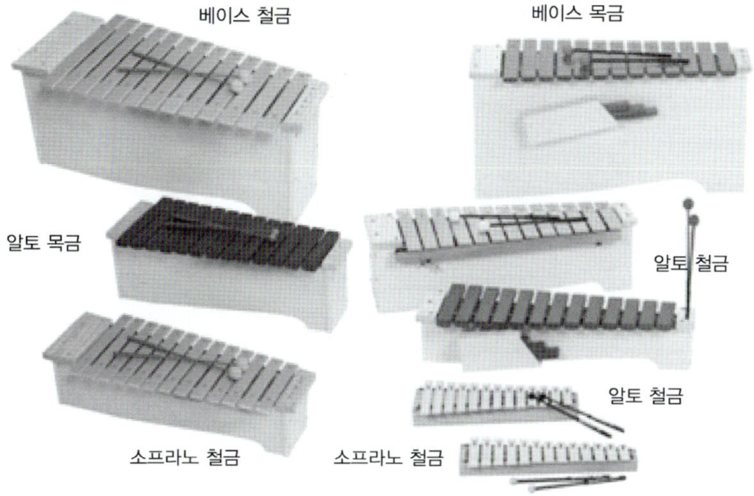

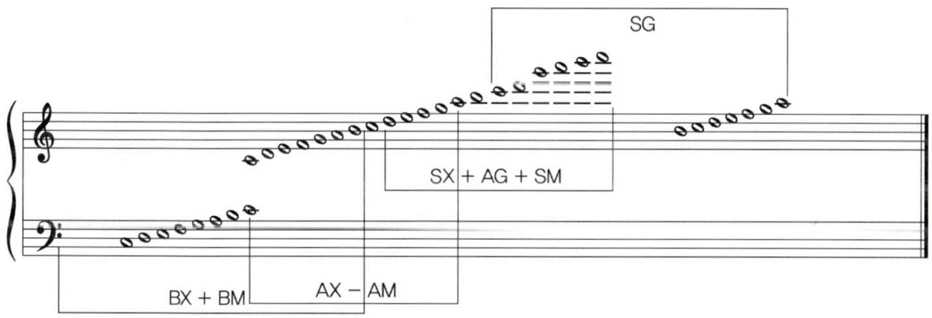

※ 출처: 오르프악기활용 기악합주곡집(이미혜, 2011, 양서원)

악보 4-5 | 유음정 타악기의 음역

5) 오르프 악기 세팅방법

오르프 악기는 음색과 음역에 따라 분류하여 세팅한다. 다음 [그림 4-10]은 일반 교실에서의 세팅방법이며, [그림 4-11], [그림 4-12]는 같은 음색영역의 악기로 분류한 연주 시 자리배치이다.

평소에 교실에서 수업 시 악기를 세팅할 경우는 [그림 4-10]과 같이 하며 발표 시에는 연주할 공간의 배치에 따라 다르게 세팅한다. 만약 세로 넓이가 긴 공간에서 악기를 세팅할 경우 [그림 4-11]과 같이 배치하며 가로 면적이 넓은 공간에서는 [그림 4-12]와 같이 악기를 세팅한다.

※ 출처: 오르프악기에 대한 이해(이미혜, 2003, Muse 202)

그림 4-10 | 수업 시 오르프 악기 세팅

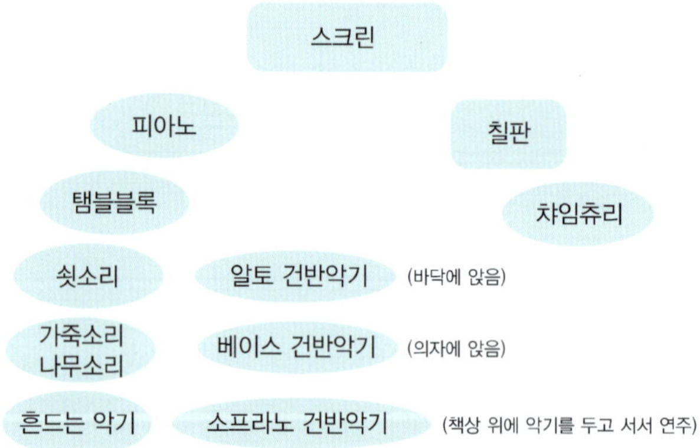

※ 출처: 오르프악기에 대한 이해(이미혜, 2003, Muse 202)

그림 4-11 | 연주 시 오르프 악기 자리배치 1

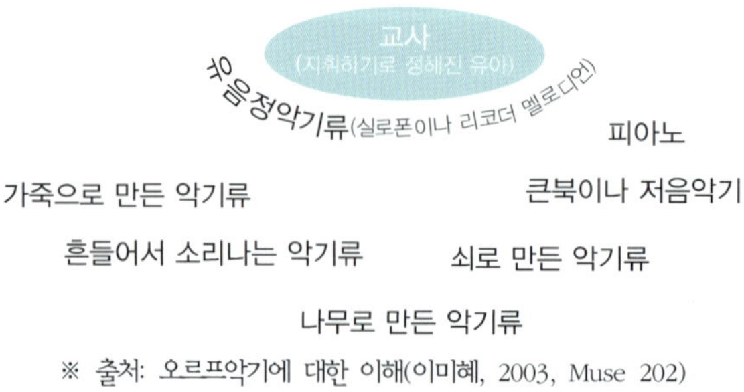

※ 출처: 오르프악기에 대한 이해(이미혜, 2003, Muse 202)

그림 4-12 | 연주 시 오르프 악기 자리배치 2

4 신체표현하기

동작이란 행동을 통하여 언어를 대신하는 많은 의미를 내포한다. 예를 들어 우리나라는 인사를 할 때 두 손을 모아 절을 한다면, 서양에서는 무릎을 굽히는 것이 인사하는 동작이다. 또 알래스카에서는 코를 맞추는 것으로 인사를 대신하는 전통이 있다. 동작은 다른 예술과 마찬가지로 시대를 거듭하면서 각 문화권에서 다르게 형성되어왔다. 각 문화권에서 전통적으로 내려오는 인간 표현의 수단인 동작은 인간의 정서를 표현하며, 각 시대의 문화전달자 역할을 해왔다.

유아는 끊임없이 움직이며 성장한다. 이러한 유아의 움직임의 이유는 유아발달적으로 보았을 때 감각운동기의 단계로서 유아는 몸을 통하여 자신의 의사를 표현하는 것이 언어적인 것보다 더 수월하기 때문이다.

따라서 유아에게 동작은 하나의 의사소통의 수단이 되며 자신과 외부세계를 지각하고 신체와 공간에 대한 기본 이미지를 발달시킬 수 있는 수단이기도 하다(황순각, 2003).

유아의 움직임에 대한 즐거움은 출생 이전부터 있었기 때문에 동작 자체만으로도 의미가 있으나 음악에 맞추어 활동을 하는 것은 성장에 더욱 더 큰 의미를 가진다.

전통적인 동작교육에서는 모두 똑같은 움직임과 춤을 요구하여 왔으나 최근에 와서 신체 역학에 대한 연구가 발전되면서 신체의 움직임이 정신과 감정의 상호관계로 인식되었고, 이러한 가운데 자유로운 창조적·탐색적 동작과 음악에서의 신체표현은 분리되어 발전되었다.

음악의 관계에서 신체표현하기 교육은 달크로즈(Dalcroze, 1865~1950)의 방법에서 극대화되었다. 달크로즈의 유리드믹스(Eurythmics)는 어떤 형식화된 춤곡과는 달리 음악 속에 내포된 리듬에서 느껴지는 이미지나 아이디어를 몸짓으로 표현하는 것이다. 예를 들어, 음의 고저를 동작으로 표현하기 위하여 높은 음은 팔을 위로 들고, 낮은 음은 팔을 아래로 내리는 식으로 즐겁게 율동을 하다 보면 음감을 깨치게 된다는 것이다. 유리드믹스의 신체표현은 음악의 구성요소인 템포, 리듬, 다이나믹스, 음색 등을 통합하여 어린이들이 음악 속에 나오는 음악의 구성요소를 발견하여 몸짓으로 표현할 수 있도록 수업을 유도하여야 한다.

달크로즈의 유리드믹스에서 '유(Eu)'는 '좋다(Good)'라는 의미로서 좋은 리듬을 말하며, 음악 리듬을 몸놀림으로 표현하는 독특한 리듬교육법이다. 그는 음악에 있어서 가장 중요한 것이 리듬이라고 보고, 리듬 또한 동작으로 표현하였을 때 가장 효과적으로 표현할 수 있다고 한다.

이러한 과정은 코다이와 같이 학생들로 하여금 보이지 않는 소리(invisible sound)를 보이는 소리(visible sound)로 바꾸어 보게 하는 과정으로서 현대음악교육가에 의한 신체활동을 통하여 음악을 발견하는 중요한 교육방법이다.

달크로즈의 철학은 교사의 모방을 통한 교육보다 어린이들의 상상력을 자극할 수 있는 창의적인 행위가 우선시 되어야 한다고 말한다. 따라서 달크로즈의 유리드믹스는 그의 세 가지 핵심적 교육방법인 즉흥연주, 솔페이지에서 제일 중요한 요소라고 할 수 있는 것이 유리드믹스이다.

따라서 이 장에서의 설명하는 신체표현하기는 동작교육과는 다르다. 동작교육은 음악을 보조적으로 사용하거나 아예 사용하지 않는 걷기, 뛰기, 도구를 사용하는 체육과 가까운 활동이라고 한다면, 음악교육 내에서 신체표현하기는 "음악에 맞추어 신체로 표현하기"로 이해되어야 한다.

음악에 맞춘 신체표현의 방법은 음악의 구조에 정확하게 맞추는 구조적 방법, 음악에서 음악을 발견하여 표현하는 반구조적 방법, 음악의 느낌을 자유롭게 표현하는 비구조적 방법 등으로 나뉜다.

가. 구조적 신체표현

구조적 신체표현은 음악에 정확하게 맞춘 신체표현을 요구한다. 노랫말을 몸짓으로 표현하는 수화, 율동, 손 유희, 포크댄스 등은 음악에 맞춘 구조적 방법의 예이다. 구조적 신체표현하기는 주로 교사의 모방으로 이루어지는 직접교수법에 의한다. 이러한 신체표현에서는 아이들이 춤을 추면서 즐겁고 흥겨운 리듬을 경험할 수 있는 장점이 있으나, 오랜 기간 반복할 경우 자칫 유아의 관심이 활동에서 멀어질 우려도 있다.

1) 춤, 율동, 수화

춤, 율동, 수화를 위한 곡은 물론 교육적인 곡을 구하는 것이 좋지만 실제 그 시기에 유행하는 곡을 선정하기도 한다. 그러한 곡을 가르치기 위하여 동영상을 이용하기도 하고 여러 장의 그림 카드를 준비하여 넘겨가며 활동을 하게 할 수도 있다.

2) 포크댄스

포크댄스는 부모 모임이나 가을 운동회 때 또는 겨울에 지루한 시간을 보낼 때와 같은 시기에 활용하면 유익하다. 포크댄스를 쉽게 유도하기 위하여 다음과 같은 순서로 진행하면 유익하게 사용할 수 있다.

먼저 음악을 듣고 리듬에 손뼉치기, 지휘하기, 리듬에 점찍기 등과 같은 리듬 익히기 활동을 먼저 한다. 그 다음으로 포크댄스에 사용하는 음악은 주로 8박자 혹은 16박자 단위로 움직이기 때문에 8박자 혹은 16박자 단위로 끊어진 동작 그림을 패턴으로 넘기면서 소개하고 유아는 동작패턴을 그림으로 보면서 동작을 하는 것이 좋다.

나. 반구조적 신체표현

반구조적 신체표현이란 음악 속에 공통적으로 나타나는 음악의 구성요소를 발견하고 그것을 생각과 느낌을 통해 몸으로 표현하는 것이다. 여기서 반구조적이라고 하는 이유는 음악 속에 있는 나타나는 음악의 구성요소를 듣고 전체가 똑같이 움직이는 것이 아니라 개인의 생각대로 비교적 자유롭게 움직임을 표현하기 때문이다.

반구조적 신체표현의 전형적인 예는 달크로즈의 유리드믹스에서 찾을 수 있다. 달크로즈의 유리드믹스는 음악의 개념인 리듬, 멜로디, 크기, 높이 등과 같은 음악을 이루는 구성요소를 발견하여 몸으로 표현하는 것이다.

달크로즈의 기본적인 신체표현활동은 현대적 음악교육에서 중요하게 여기는 '음악하기' 활동인 지휘하기, 걷기, 뛰기, 달리기 등을 통합하여 움직임으로 표현하는데,

처음에는 교사의 모방으로 시작되므로 비교적 교사의 전문성이 요구되는 활동이다.

그러나 이러한 지식은 조금만 학습하게 되면 누구나 쉽게 응용할 수 있는 기초적인 활동이다. 처음에 학습자는 교사를 모방하면서 음악의 구성요소인 빠르기, 셈여림, 리듬, 강약 등을 자연스럽게 습득하게 되고, 음색이나 극적인 상황까지 몸으로 연출할 수 있다.

반구조적 신체표현하기는 항상 몸을 어떻게 움직일 수 있을 것인가의 다양한 방법을 생각하게 하므로 음악적 이해를 동반한 음악적 사고의 기회를 제공하기도 한다.

다음은 달크로즈 유리드믹스의 리듬반응 진행순서이다.

① 기본 박에 반응하기

> 기본 리듬이란 한 박자라는 개념을 가진 음표로 용어로는 4분음표에 해당한다. 처음에 기본 박에 반응하기 위한 방법으로 먼저 앉은 상태로 다양한 신체 리듬으로 반응하게 하는 데, 먼저 한 유아에게 선생님의 악기소리에 맞춰 걸을 수 있는지 질문하고 아이가 리듬을 맞추어 걸을 수 있도록 교사가 돕는 활동을 한다.

② 분할이나 합친 리듬에 반응하기

③ 리듬에 따라 걷다가 특정한 신호에 멈추기

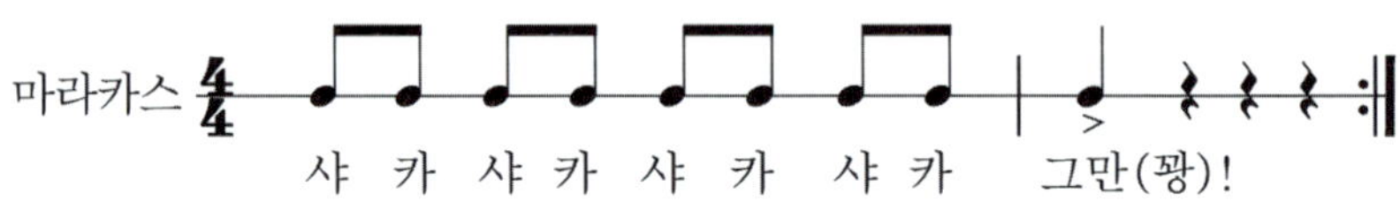

이것이 끝나면 다음과 같은 게임을 해 본다.

※ 출처: 유아를 위한 음악교육(이은화·김영희, 1995, 교문사)

④ 리듬에 따라 걷다가 특정한 신호에 방향 바꾸기
⑤ 리듬에 따라 걷다가 악센트에 방향 바꾸기
⑥ 리듬에 따라 걷다가 다른 악기 소리에 멈추어 팔 동작하기

다. 비구조적 신체표현

비구조적이란 음악을 듣고 또는 음악에 대한 이야기와 느낌을 제공 받은 후 유아가 자유롭게 상상하여 신체로 표현하는 것이다. 이러한 비구조적 활동에는 스카프로 표현하기, 음악의 느낌에 대한 자유로운 행위적 표현, 이야기에서 제시되는 다양한 느낌 등을 묘사하는 역할놀이 등이 있다.

비구조적 신체표현이란 음악에 맞추지 않고 음악의 느낌 또는 음악을 제시하기만하고 개인의 생각을 자유롭게 표현하는 것이므로, 비구조적 신체표현은 음악의 요소를 발견하여 표현하는 반구조적 신체표현과는 차이가 있다.

따라서 비구조적 신체표현은 과거와 같이 보고 따라하는 움식임은 서의 읺고 창의적인 신체표현활동의 중심이 된다. 또한 다양한 문화권의 춤도 연습 없이 이미지를 모방하여 개인의 생각대로 자유롭게 신체표현을 한다면 비구조적 신체표현이라고 할 수 있다.

5 창작하기

유아의 창작하기 활동은 작곡과 같이 기보를 하지 않는 즉흥적인 연주하기로서 악기로 소리 내기 활동과 즉흥적 노래 만들기 활동이 있다. 유아의 창작하기 활동에서는 이를 모두 즉흥연주하기라고 하는데, 즉흥연주는 미리 만들어주지 않는 상태에서 유아가 음악을 만들면서 함께 소리까지 만드는 음악활동을 의미한다.

따라서 유아의 음악 창작하기 활동에는 소리 만들기, 음악만들기 모두 즉흥적 연주하기에 해당되는 것이다.

넬리(Neelly, 2001)는 이러한 음악만들기 활동이 유아의 듣기, 묘사, 문제해결력을

비롯한 다른 학습영역에 영향을 주며, 유아의 음악 표현과 해석에 있어서도 자연스러운 방법이 될 수 있다고 하였다. 힐데브란트(Hildebrandt, 1998)는 처음에는 들었던 소리를 변형하여 소리 만들기가 시작되지만 유아의 연령이 증가함에 따라 음악적 발달 수준에 적합한 음악적 이해를 형성하고, 음악적 개념이나 지식을 능동적으로 구성하면서 더욱 더 창의적인 음악만들기가 가능하게 된다고 한다.

또 음악만들기는 유아기부터 경험되어야 하는 것으로 놀이를 통한 음악활동이나 자유로운 유아의 라임이나 찬트 같은 음악만들기 경험은 유아의 창의성과 높은 상관관계가 있다(김영연, 2002).

그러나 현장의 교사는 음악만들기 활동을 가장 지도하기 어려우며, 또한 음악만들기 활동을 거의 하지 않는다고 보고하기도 하였다(김광자, 2004; 김법순, 2009; 장은주, 2006).

그러나 본 교재에서 소개되는 현대적 음악교수법은 노래부르기, 악기 연주하기, 감상하기, 신체표현하기 등에서 소개되는 내용에서 이미 즉흥적 연주하기와 같은 음악만들기 활동이 대체로 많은 비중을 차지하고 있다.

음악만들기, 음악창작하기, 즉흥적 연주하기의 활동은 같은 의미로 유아에게는 대체로 다음의 세 가지 활동으로 즉흥적 연주하기를 나누어 설명할 수 있다(이미혜, 2012).

표 4-4 | 즉흥적 연주하기 방법

구 분	내 용	설 명
탐색적 방법	시, 이야기, 움직임, 그림 등의 느낌을 다양한 도구를 사용하여 소리로 묘사하는 방법이다.	음악에 대한 이야기로 상호작용
음악의 개념	박자, 음길이, 빠르기 등과 같은 음악의 구성 요소를 알아 보고 이것을 악기나 신체표현 등으로 나타내는 방법이다.	제재곡이나 이야기에서 음악의 요소를 발췌
문 답 창 만들기	교사가 즉흥적으로 연주하면 유아는 교사가 사용한 음악의 길이만큼 자유롭고 또 유사한 방법으로 즉흥연주를 하는 방법이다	짧은 네 마디 정도의 리듬이나 멜로디 패턴 이용

그러나 이러한 구분을 넘어서 음악창작하기를 위하여 교사는 MMCP 교수법(1965)에서 소개하는 다음과 같은 과정의 탐색적 방법이 장려되어야 한다.

① "자유로운 탐색": 모든 유아들은 창의적인 활동을 할 수 있는 능력이 있기 때문에, 다양한 매체들을 조작하여 소리를 만들어 보기

② "안내된 탐색": 자유로운 탐색을 확장시켜, 새로운 소리를 찾을 수 있도록 안내하며, 소리의 근원이 무엇인지를 탐색하기
③ "실험적 즉흥연주": 소리들의 관계들을 발견하고 다양한 조합과 패턴을 구성하면서, 유아들 서로의 창의적인 상호작용하기
④ "계획된 즉흥연주": 유아들이 새로이 발견한 소리의 패턴과 조합을 표현하면서 더 나은 방향의 음악만들기
⑤ "재적응": 서로 다른 다양한 느낌을 나타내는 방법을 모색하기 위해 음악 자료를 조작할 수 있음을 알기

6 음악극

유아교육의 현대적 접근은 통합적 접근이다. 통합교육과정 운영의 목표는 유아의 전인적 성장을 위하여 유아가 모두 학습에 적극적이고 능동적으로 참여하기 위함인데, 유아가 능동적으로 참여하게 하기 위해서 유아의 흥미영역에서 교과가 분리되지 않음으로써 유아의 현재 경험과 밀접한 관계를 맺어야 한다는 것이다. 또한 교육내용은 구체적이고 직접적인 경험과의 관계 속에서 해석되고 이해되어야 한다(Dewey, 1916). 따라서 유아교육과정에서도 제1차부터 지금까지 통합교육을 강조하여 왔으며, 음악교육에서도 통합교육과정의 운영은 인지가 가시적인 범위의 '지금–여기'에 제한되어 있는 유아의 경험이 통합되어 경험이 계속적으로 성장할 수 있어야 한다는 것이다(임은애, 2007).

음악극에 나오는 이야기, 노래, 몸짓, 무대 등은 음악과 미술과 결부되고 또 무대에 나오는 여러 가지 대사는 동작으로 극의 전달이 이루어진다(ames, 1993). 또한 악기연주나 감상까지 추가되는 음악극은 모든 예술의 장르인 음악, 미술, 동작, 문학이 통합적으로 구성되어 통합적 접근으로서 가장 밀접한 관계가 있다.

스피커(Speake, 1993)는 음악극을 무대준비나 의상을 준비하며, 배역과 스텝 활동까지 포함되는 통합적 활동이라 말한다. 밀러(Miller, 1984) 또한 음악극은 통합적 활동으

로 상상력을 기르고 통합적인 삶에 다가가게 된다고 한다.

그러나 음악극을 준비하기 위해서는 교사의 다음과 같은 세심한 계획과 체계적인 지도가 필요하다.

① 음악극에 사용할 이야기 듣기
② 들었던 이야기 회상하기
③ 들었던 이야기를 막으로 나누어 상징화하고 기억하기
④ 기억한 내용을 그림으로 그리기
⑤ 음악극을 위한 역할 나누기
⑥ 음악극 진행사항 토의하기
⑦ 무대연습해 보기

교사는 일 년에 한 번 정도 세심한 계획과 체계적인 지도로 음악극을 실행해 보도록 하자. 본 교재에서의 음악극 예곡은 실제편에 수록되어 있다.

제5장

영유아음악교육을 위한 환경

1 교사

시펠트(Seefeldt, 1987)는 교육에 있어서 교사의 역할은 유아의 학습과 발달에 커다란 영향을 미치고 있으므로 최상의 교육을 위한 시도는 결국 교사로부터 시작된다고 한다.

음악교육에서도 가장 중요한 것은 유아들이 최대한 즐겁고 체계적으로 계획된 환경 속에서 음악적 능력의 발달과 성숙을 지원받는 것이며, 이 과정의 중요한 연계 고리는 바로 유아교사이다(Miche, 2002).

교사는 교육 활동을 직접 수행하는 존재로서 교사의 능력과 자질은 교육 전반에 있어서 가장 중요한 문제가 되는데(이윤식·최상근·허병기, 1994), 특히 교사의 교과에 대한 내용지식 능력수준은 학생들의 수행을 예견하는 가장 중요한 요소라고 본다(Cassidy, 1989; Muijs & Reynolds, 2002).

박은혜·김소혜(2003)는 우리나라 유아교육 현장의 교사들이 근본적인 학습의 내용지식에 관한 탐구보다는 가르치는 방법이나 현장에 손쉽게 활용할 수 있는 다양한 활동들에 더 관심을 집중하고 있음을 지적하였다. 즉, 교수과정에 있어서 '아는 것'은 '하는 것' 만큼이나 핵심적인 역할을 수행함에도 불구하고, '행동'에 대한 지나친 관심으로 유아교사의 '지식' 측면이 소홀히 여겨져 왔다는 것이다(장은주, 2006). 그러므로 교수할 내용에 대한 지식적인 측면은 교사의 실천적 행동의 당위성으로 행동만큼 중요한 것이다.

또 교사의 역할은 교사가 유아들로 하여금 음악예술 체험에 적극 참여하도록 하기 위해서는 교사 자신의 음악예술에 대한 높은 안목 또한 필요하다. 그리고 무엇보다도 활동에 자신감을 가지고, 음악적 기술을 가르치는 것이 아니라 심미적 체험으로서 느낌을 중요하게 생각하여야 할 것이다.

음악을 기피하는 교사는 음악활동을 하는 것을 두려워하거나, 음향기기를 통해서 노래를 따라하는 것, 또는 교사가 선호하는 음악을 들려주는 것, 그리고 자신이 알고 있는 노래나 손 유희 목록이 음악활동의 전부라고 생각할 수 있다.

그러나 음악을 선호하는 교사라면 항상 소리에 관심을 가지고 소리와 음악의 차이점을 이야기하고, 음악을 듣고 음악에 대해 이야기하고, 또 유아에게 생각하게 하고, 다양한 악기로 소리의 차이를 비교하며 탐색할 수 있는 음악적 환경을 조성할 것이다.

다음은 좋은 음악활동을 실시하기 위하여 교육을 계획할 때 점검할 유의 사항에 대하여 알아 보도록 한다.

① 유아가 이해할 수 있는 수준의 어휘를 사용한다.

교사가 사용하는 언어에서 유아가 모르는 단어가 있는지 점검을 하고 그 부분에 대하여 유아의 언어로 한 번 더 설명할 수 있도록 한다.

② 유아가 참여할 수 있는 수준의 활동인지 점검한다.

음악을 제시하였다고 유아가 음악을 이해한 것은 아니다. 음악을 감상할 때 여러 번 나누어 듣고 이야기로 회상하는 과정이 필요하며, 유아의 음악적 이해를 위하여 노래를 부를 때도 분절된 가사, 분절된 그림을 이용하여 창의적인 방법으로 다양하게 부를 수 있도록 하여야 한다.

③ 대·소그룹으로 참여를 유도하는 것이 좋다.

대그룹의 활동을 할 경우 관심을 오래 지속하기 어려움이 있다. 따라서 교사의 역할을 유아에게 맡겨보기도 하고, 그룹을 나누어 활동해 봄으로써 소리를 낼 때와 소리를 들을 때의 차이를 경험할 수 있다(이영진, 2013).

④ 음악에 사용할 교구(악기)를 미리 준비한다.

악기활동에서는 악기를 준비할 공간을 미리 계획하여 수업 시 교사의 불필요한 움직임이 없도록 미리 준비한다. 활동의 주제와 연관된 교구를 이용하여 유아의 감정을 활동에 몰입시킬 수 있도록 준비한다. 가사가 적힌 가사 판을 준비할 때, 융판자료와 가삿말을 떼었다 붙였다 할 수 있는 자료, 가사에 나오는 명사는 그림으로 표시하는 등의 세심한 준비가 필요하다.

⑤ 선정한 노래는 미리 연습한다.

노래부르기 활동에서는 교사가 미리 연습을 통하여 교사의 목소리로 들려주는 것이 좋다. 이때, 유아의 음역을 고려하여 이동도법으로 노래를 부를 수 있도록 충분히 연습하여 준비한다.

⑥ 음악적 설명은 짧게 한다.

교사는 말을 너무 길게 하여 집중력이 짧은 유아를 지루하게 하지 않는다. 이를 위하여 한 번의 말에 하나의 활동을 유도할 수 있도록 문장을 잘라서 이야기를 한다.

⑦ 활동을 바꾸어 변화를 준다.

같은 활동을 계속적으로 반복하지 않고 나선형 심화학습을 진행한다. 활동을 반복하되 좀 더 심화하기 위한 변화가 필요하다.

⑧ 한 번에 한 가지 음악적 개념을 소개한다.

음악교육의 목표에 한 번에 한 가지의 음악개념으로 소개할 수 있도록 구성한다. 그러나 음악 속에 포함된 음악의 내용적 요소를 이해하여야 하지만 전체적으로는 음악적 자세와 태도가 종합적으로 나타나므로 어느 한 가지에 너무 치중되지 않도록 균형 있게 운영하여야 한다.

2 유아의 음악환경

유아기에 음악성은 급속도로 발달한다. 음악에 반응하는 유아의 음악적 잠재능력은 어떤 음악환경을 제공하느냐에 따라 달라진다. 그러므로 적절한 환경과 좋은 음악교육이 제공된다면 유아의 음악성 발달은 주어진 음악적 소질 이상으로 계발될 수 있다.

그러나 다양한 음악적 경험이 통제되는 환경은 유아의 음악적 성장을 억제시킬 수 있다. 무엇보다 유아의 타고난 음악적 소질을 발견할 수 있는 좋은 음악적 환경을 조성하는 것은 중요하다.

음악적 공간은 음악적 행동과 소리로 꽉 채워져서 좋은 느낌이 드는 장소이다. 이 공간에서는 강압적이거나 엄격하지 않고 부모나 교사가 유아들과 함께 음악을 느끼고 반응하도록 미리 준비된 곳을 말한다.

미리 준비된 음악활동영역에는 전축, 녹음기, 피아노를 포함한 여러 악기들과 음악활동을 할 수 있는 다양한 종류의 음악교육 교재교구가 제공되고 이러한 악기와 음악교육에 필요한 교재교구들은 알맞은 장소에 적절하게 배치되어 있어야 한다.

가. 음악활동영역의 환경 구성

유아교육기관 내의 음악활동영역은 유아들을 음악에 참여시킬 수 있는 음악적인 흥미영역으로서 인접한 다른 흥미영역과 분리시켜 유아들이 음악을 듣고 소리를 만들어 탐색해 보는 특별한 장소라는 것을 인식하는 것이 중요하다.

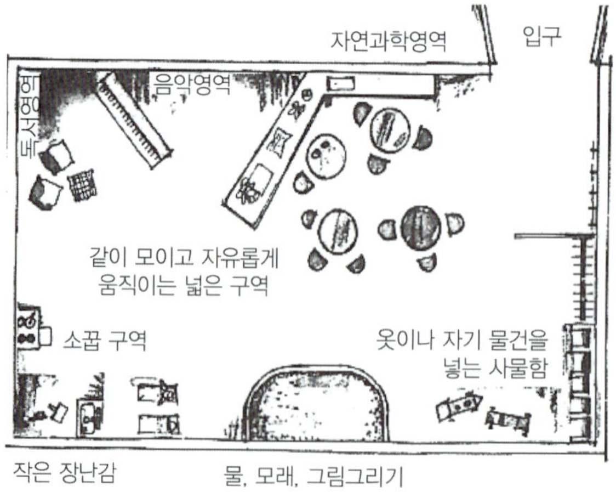

※ 출처: 유아를 위한 음악교육(이은화·김영희, 1995, 교문사)

그러나 음악활동영역은 반드시 이렇게 만들어져야 한다는 규칙이 있는 것은 아니므로 교실공간의 활동영역의 공간적 조건에 따라 다양해질 수 있다. 만일 교실 내에 음악활동영역으로 정할 공간이 없을 때는 다른 활동영역을 다음과 같이 활용해 보는 것도 필요하다. 다음은 음악활동영역을 만들 수 있는 몇 가지 공간구성의 예를 살펴보자(이미혜 1995 재인용; ames, 1993).

1) 소리상자

소리상자는 그림처럼 합판이나 두꺼운 판자로 만든 상자 속에 실로폰, 북 등의 다양한 악기를 부착한 소리벽을 설치한 것이다. 소리상자는 음악영역 중 영구적 교구로서, 만들 때 여러 재료가 가능하지만 나무로 만들면 견고하고 공명이 잘된다. 소리상자는 유아들이 소리 학습을 할 수 있도록 좁은 공간에 특정한 음악환경을 제공할 수 있다. 그림처럼 유아들이 관심 있고 흥미로워하는 악기가 달린 소리벽을 바꾸어 넣어가면서 다양한 소리를 탐색하면서 소리와 음악학습을 다양하게 할 수 있다.

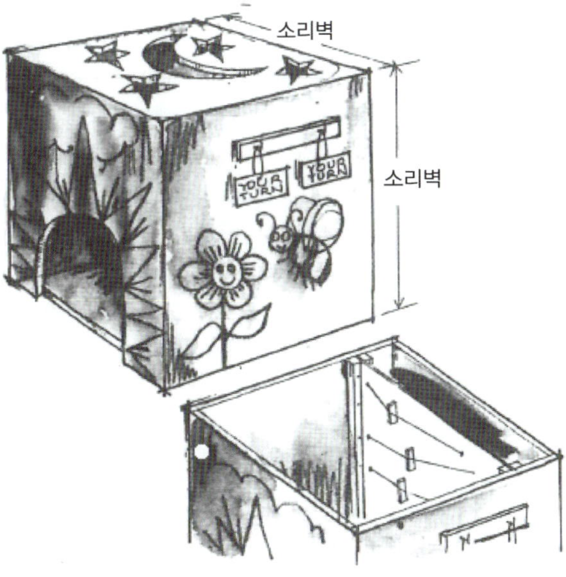

※ 출처: 화성과 악기놀이지도법(이미혜, 1995, 양서원)

2) 소리화면

소리화면은 소리상자를 다르게 이용한 것이다. 합판으로 만든 소리벽을 끼웠다 뺐다 할 수 있게 만들어서 음악활동영역의 한 코너나 벽에 붙여 사용할 수 있게 한다. 화면은 두 면으로 되어 있고, 이때 벽과 화면 사이는 약 15 cm 정도 떼어놓아야 공명이 잘된다. 소리화면의 밑은 흔들리지 않도록 넓은 합판으로 안전하게 받쳐서 만든다. 소리화면의 장점은 소리상자와 마찬가지로 다양한 방법으로 소리를 탐색하면서 특정한 음악학습을 할 수 있다는 점이다. 또 다른 장점의 한 가지는 소리상자보다 좀 더 공간을 많이 차지하지 않고서도 여러 명이 함께 소리화면을 이용하여 소리맞추기 놀이활동을 할 수 있다는 점이다.

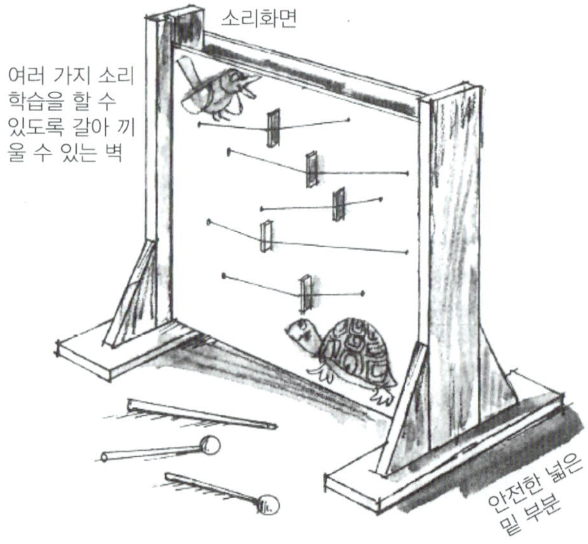

※ 출처: 유아를 위한 음악교육(이은화·김영희, 1995, 교문사)

3) 소리놀이를 위한 동그라미

소리상자나 소리화면 이외에도 교실 바닥에 색 테이프를 원형으로 붙여 놓고 원 안에 교사가 연주하는 음악에 맞춰서 움직여보는 식의 소리놀이를 위한 동그라미도 일종의 음악활동을 위한 공간구성이 된다.

4) 내부가 보이는 피아노

내부가 훤히 보이는 피아노를 설치하여 피아노가 소리를 만드는 장면을 유아들이 직접 볼 수 있게 하는 것도 소리와 음악학습을 위한 좋은 방법이 된다.

나. 음악활동영역 공간구성의 유의점

① 2~3주일마다 음악활동영역의 악기를 바꾸어 놓는 것이 중요하다. 그리고 집단으로 하는 음악시간에 대비하여 가능한 한 다양한 종류의 충분한 수량의 악기와 CD 등을 비치해 둔다.

② 악기류를 정리해 둘 때는 음악활동영역의 탁자나 선반 위에 두꺼운 종이를 씌운 후 탁자 위에 놓을 악기의 형태를 그려 놓아 악기를 사용하지 않을 때는 그려진 그림에 맞게 악기를 정리해 놓아야 한다는 것을 유아에게 가르쳐 준다.

③ 집단 음악활동을 할 때에는 색 테이프로 원을 표시해서 붙여 주어 원형 또는 반원형으로 유아들이 앉아야 할 위치를 알려 준다.

④ 음악활동영역의 활용 시간을 정한다.

음악활동영역의 공간을 구성하고 교재교구를 준비한 다음 이 곳을 활용할 좋은 시기를 찾는 것도 중요하다. 하루 일과 중 다양한 활동을 하는 중에 음악시간을 가지기도 하고, 정해진 실내놀이 시간이나 자유놀이활동시간에도 음악시간으로 활용되어야 한다. 정해진 계획시간에 따라 계획된 집단 음악시간을 가질 수 있는데, 처음엔 10~15분 정도를 계획해서 지속적으로 진행하는 것이 중요하다.

다. 가정 내 음악교육환경

좋은 음악환경을 이루는 데 가장 중요한 것은 음악환경을 제공하는 다양한 환경 간에 상호협조가 이루어지게 하는 것이다. 다음에서 유아의 음악성 발달을 촉진시킬 수 있는 가정 내 음악적 환경요인을 살펴보면 다음과 같다.

① 가정환경이 즐겁고 명랑하며 음악에 관심을 갖는 분위기가 중요하다.
② 음악기자재와 시설이 잘 갖춰진 가정이나 교육환경이 좋다.
③ 다양하고 폭넓은 음악활동이 격려되는 환경이 좋다.

가정 내 음악교육환경은 유아음악교육의 기초 환경이라 할 수 있다. 가정은 유아가 많은 시간을 보내는 곳이다. 그러므로 유아가 가정환경에서 다양한 음악을 자주 들을 기회를 제공받는다면 이후의 음악적인 성장기반이 된다.

그러므로 유아의 창의적인 음악교육환경을 위해서는 영아기부터 실내에 유아만의 공간 마련이 필요하다. 유아가 집 안의 어디서나 소리를 만들어 볼 수 있게 하고 가능하면 시끄러운 소리도 만들어 보고 악기로 소리 내며 음악에 맞추어 춤을 추고 움직일 수 있는 장소를 마련하는 것이 적합하다. 이런 공간은 꼭 넓어야 하는 것은 아니고 음악적 경험이 자발적으로 일어날 수 있는 공간이면 충분하다.

① 가정 내에서 음악의 즐거움을 위해 라디오, 텔레비전, 음향기기를 사용해서 여러 나라의 다양한 음악을 듣는 기회를 제공하는 것이 좋다.
② 유아들은 듣기, 노래부르기, 악기연주하기, 창작표현, 신체표현하기의 다섯 가지 음악영역을 고루 발달할 수 있는 음악교육환경을 조성해 주는 것이 중요하다.
③ 자연과 주위 환경의 소리를 들어 보게 하고, 소리가 나는 물체나 악기로 소리를 내 보거나, 악기로 멜로디와 리듬을 만들어 보게 한다.
④ 움직이는 사물과 동물을 관찰하고 모방해 보고 음악에 맞춰서 움직여 보는 등 다양한 영역의 음악활동을 해 보는 기회를 제공하는 것도 좋다.

라. 실외 음악교육환경

실내에서 활발하지 못하던 유아들도 실외에서는 자발적으로 재잘대거나 종알대고 흥얼거리는 걸 종종 볼 수 있다. 유아가 그네를 타고 아래·위로 움직일 때 높고 낮은 감각이 발달되어 음의 높낮이에 대한 개념 발달을 위한 음악적 경험의 기초를 마련해 준다.

유아들에게는 자기의 집 주변의 거리, 가까운 놀이터나 공원, 유아교육기관의 운동장 등의 실외환경은 음악학습에 중요한 장소가 된다. 교통기관 소리, 동물소리, 사람들의 목소리, 자연의 소리 그리고 유아교육기관의 놀이를 하면서 부르는 노랫소리 등 이러한 다양한 소리들이 계속 유아들의 귀를 자극하는 실외 음악교육환경이 된다.

이러한 실외 음악교육환경이 유아에게 미치는 영향은 상당히 광범위하다. 실외 음악교육환경은 유아의 다섯 가지 감각을 사용하고 발달하게 하는 많은 기회를 제공한다.

실외에서의 보다 넓은 공간은 유아의 다양한 창의력과 자유롭고 자발적인 음악적 반응을 이끌어내는 공간이 될 수 있다. 예를 들면, 유아들은 실외공간에서 또래들과 어울려 놀면서 노래게임이나 찬트를 하며 서로에게 음악적 상호작용을 할 수 있는 환경은 유아에게 음악학습의 좋은 기회를 제공하는 음악적 경험의 장소로서 자주 활용되어야 할 것이다.

PLUS ONE

지역사회의 음악교육환경

① 지역사회의 거리를 유아들과 함께 걸어 보면서 여러 가지 소리를 들어본다. 자동차 소리, 기계 아주머니나 공사장이나 자동차와 같은 기계나 도구 소리 등을 들어본다.

② 동물의 소리를 들어 보거나 공원을 산책하면서 새소리와 바람소리, 나뭇잎 소리, 시냇물 소리, 작은 동물의 소리도 들어 보자.

③ 악기나 레코드를 파는 상점에 방문하여 다양한 종류의 악기를 직접 보며 각 악기의 다른 음색을 들어 볼 수도 있다.

④ 가능한 한 유아들에게 음악공연에 참석할 수 있는 기회를 가지는 것이 좋다. 앞좌석에 앉혀서 잘 보고 들을 수 있게 하고, 들을 때는 주의를 집중시켜 듣도록 한다. 때로 음악회의 리허설, 총연습에 참석해 보기도 한다.

⑤ 유아들이 자기보다 조금 나이가 많은 어린이가 노래하거나 연주하는 것을 지켜보는 것도 좋다.

PLUS ONE

환경 간 상호협조

영유아음악교육에서는 환경 간의 상호협조가 중요하다. 특히 가정과 유아교육기관과의 협조가 중요하다. 유아교육기관에서 음악 교육이 단독으로 행해질 경우에는 효과적일 수 없다.

또한 환경 간 상호협조의 방법으로 많은 문화권의 다양한 음악을 제공하고 개방된 공간과 분위기가 조성되는 것이 필요하다. 유아들이 어려서부터 다양한 종류의 음악을 친근하게 자연스럽게 받아들일 수 있도록 시대별, 문화권별로 다양한 음악을 들려주는 것도 환경 간 상호협조의 방법이 된다.

제6장

음악교육의 실제

1 유치원과 친구

안녕 친구

■ 활동목표
- 노래로 인사할 수 있음을 안다.
- 다양한 방법으로 노래를 부를 수 있음을 안다.

■ 음악적 관련요소
- 리듬반응, 신체표현(달크로즈 유리드믹스 적용)

■ 교육과정 관련요소
- 예술경험: 음악으로 표현하기, 움직임과 춤으로 표현하기

■ 준비
- 원형

■ 활동방법

1. 노래를 탐색한다.
   — 친구들, 유치원에 오면 인사하나요? 어떻게 인사하나요? 그러면 친구에게 인사하는 노래를 한번 들어 볼까요?

2. 노래의 '안녕' 부분을 인지한다.
   — 노래를 들으니 어떤 노래인 것 같나요? 누구에게 인사를 하지요? 그러면 노래에서 '안녕'이라고 인사하는 부분이 어디에 있는지 다시 들어 볼까요?

3. '안녕' 부분에 다양한 방법으로 활동한다.
   — '안녕' 부분에 손뼉 말고 손을 흔들면서 음악을 들어 볼까요?

— 안녕 부분에 선생님처럼 손뼉을 치며 노래를 들어 봅시다.
— 또 다른 방법으로 활동을 할 수 있을까요?

4. 노래에 맞춰 서로 인사한다.
   — 원으로 앉은 친구들과 노래에 맞춰 인사를 해 보도록 해요. 선생님 옆에 누가 앉아있나요? 이름을 알아 볼까요? 선생님 옆에 앉은 친구부터 두 명씩 일어나 서로 인사해 봅시다(또는 노래에 맞춰 서로 인사해 볼까요?).

[참고]
— 첫째 줄에 두 명의 유아가 일어서고 둘째 줄에 맞춰 서로 인사한다.

5. 평가

안녕 친구

이미혜 작사 · 작곡

※ 출처: 교육과학기술부(2013). 4세 누리과정 교사용 지도서. 그림자료.

살금 살금

- **활동목표**
  - 소리의 크기에 관심을 가진다.
  - 노래부르기를 통하여 음악의 구성요소를 탐색할 수 있다.
- **음악적 관련요소**
  - 소리의 크기(달크로즈 유리드믹스 적용)
- **누리과정 관련요소**
  - 예술경험: 음악적 요소 탐색하기, 음악으로 표현하기, 움직임과 춤으로 표현하기
- **준비**
  - 유치원(어린이집) 공간 그림

- **활동방법**

1. 유치원(어린이집)에 어떤 방이 있는지 알아본다.
   — 유치원(어린이집)에는 어떤 방이 있는지 알고 있나요? 아는 장소가 있으면 손들어 말해 주세요. 그 방에서는 어떤 소리가 나는지 흉내 내어 볼까요?

2. 노래를 듣는다.
   — 유치원에서 어떻게 걸어가야 할까요? 먼저 음악을 듣고 알아 보도록 해요.

3. (가사 판을 보며) 노래에 나오는 지시 말을 알아본다.
   - 어떻게 가야 한다고 하나요?
     살금살금 (소리 없이 걸어요. 줄을 서서 걸어요. 교실로 걸어가고 있어요.)

4. 문 답 창으로 부른다.
   - 선생님이 “하양반이 걸어요” 하면 우리친구는 작은 소리로 ‘살금살금’ 해 주세요. 작은 소리로 ‘살금살금’ 부분을 먼저 소리를 내어 볼까요?
   - 이제 음악을 들으면서 선생님과 함께 ‘살금살금’하면서 노래를 불러 볼까요?

5. 작은 소리 큰소리에 관하여 이야기한다.
   - ‘살금살금’은 큰소리였나요? 작은 소리였나요? 우리친구들 복도에서 크게 소리 내면 될까요? 이번에는 노래에 맞춰 큰소리로 ‘살금살금’ 소리를 내어 볼까요?

6. 동작으로 표현한다.
   - 음악을 들으면서 ‘살금살금’ 부분을 몸으로 표현해 볼까요? 작은 소리일 경우 몸으로 어떻게 표현하면 좋을까요?

7. 평가

살금살금

김지혜 작사 · 작곡

※ 출처: 3~5세용 누리과정 교사용 지도서

유치원에 갑니다

■ **활동목표**
- 날씨에 관심을 가진다.
- 신체로 리듬을 칠 수 있다.

■ **음악적 관련요소**
- 신체 리듬(오르프 방법 적용)

■ **누리과정 관련요소**
- 예술경험: 음악적 요소 탐색하기, 음악으로 표현하기, 움직임과 춤으로 표현하기

■ **준비**
- 날씨 그림, 가사 판(의성어 부분을 따로 붙일 수 있도록 준비)

■ **활동방법**

1. 날씨에 관하여 이야기 나눈다.
 — 오늘 유치원에 올 때 날씨가 어땠나요?
  ~ 오늘 날씨는 ○○했죠? 또 다른 날씨들은 무엇이 있을까요?
 — (그림을 보며) 이 그림의 날씨는 어떤 날씨인가요?
 — 비가 오는 날에는 어떤 소리를 들을 수 있나요?

2. 노래를 듣고 어떤 노래인지 이야기 나눈다.
 — 오늘은 새 노래를 배울 거예요. 어떤 노래인지 한번 들어 볼까요?
 — (노래의 1절을 듣고) 노래를 듣고 생각나는 소리를 말해 보세요.

3. 전체 노래를 부른다.
   — (2~4절을 같은 방법으로 가사말의 이야기를 나눈다) 전체 노래를 들어 보아요.

4. 의성어 부분은 손동작을 하고 나머지는 함께 노래 부른다.
   — 의성어 '쨍쨍' 부분은 소리는 내지 말고 마음속으로 노래를 부르면서 선생님의 동작을 따라 하세요. 그리고 나머지 부분을 노래불러 봅시다.

5. 노래에 나오는 의성어 부분에 신체 리듬으로 연주해 본다.
   — 여기 악기들이 있어요. 우리가 소리 내지 않았던 부분이 있지요. 그 부분에 손뼉을 쳐 봅시다.

6. 평가

[확장활동]
— 신체 리듬: 손뼉치기, 손가락 튕기기(유아의 경우 혀 소리가 용이함), 무릎치기, 발구르기 등으로 바꾸어 활동한다.
— 신체 리듬을 악기로 바꾸어 연주한다.

유치원에 갑니다

김성균 작사 · 작곡

친구야 쉿

■ **활동목표**
- 노래를 통하여 유아교육기관의 생활규칙을 안다.
- 즐거운 노래부르기를 통하여 음악의 구성요소를 탐색할 수 있다.

■ **음악적 관련요소**
- 리듬(오르프 방법 적용)

■ **누리과정 관련요소**
- 예술경험: 음악적 요소 탐색하기, 음악으로 표현하기, 움직임과 춤으로 표현하기

■ **준비**
- 가사 판

■ **활동방법**

1. 신체 리듬치기를 하며 음악을 듣는다.
   - 옆 친구와 짝이 되어 손뼉을 치며 노래를 들어봐요. 노래를 듣기 전에 선생님과 손뼉치기 연습을 먼저 해 볼까요? 선생님의 구령에 맞춰 '하나'에 자기 손뼉 '둘'에 친구의 손뼉을 칠 거예요.
   - 이번에는 짝의 어깨를 치면서 노래를 들어 볼까요?
   - 이번에는 어깨 말고 신체의 어느 부분을 치며 음악을 들어 보는 것이 좋을까요?

2. 노래의 내용에 대하여 이야기 나눈다.
   - 노래를 듣고 친구들이 어떻게 해야 하는 것들이 있었나요?
     (선생님 이야기 듣기요, 계단 올라갈 때 한 칸씩 올라가는 거요,
     친구들이랑 싸웠을 때는 한 번 더 생각하고 말로 하는 거요.)
   - 정말 맞는지 한 번 더 들어 볼까요?

3. 허밍으로 노래를 부른다.
   - 이번에는 노래를 들을 때 허밍을 하면서 들어 봅시다. 허밍은 노랫말 대신에 한 가지 소리를 넣어서 불러 보는 거예요. 어떤 소리를 넣어서 불러 볼까요?
   - 이번에는 허밍으로 하지만 아까 우리가 했던 신체 리듬과 함께 해 볼까요? 자기 손뼉치고 친구 손뼉치는 걸로 해 봅시다.

4. 가사 판으로 노래를 부른다.
   — 선생님이 한 소절을 부르면 따라서 노래를 불러 보세요.
   (부분 노래부르기: 한 소절 부르면 아이들이 한 소절을 부르는 방식으로 노래를 가르친다.)

5. '친구야 쉿' 부분에 소리 내지 않고 손뼉을 친다.
   — 이번에는 '친구야 쉿' 부분에 소리를 내지 않고 손뼉을 치며 노래를 불러 볼까요?

6. 두 모둠으로 나누어 '친구야 쉿' 부분, 나머지 부분을 부른다.
   — 이 모둠 친구들이 '친구야 쉿'이라는 부분에 손뼉을 치고 이 모둠 친구들은 나머지 부분을 불러 보도록 할 거예요.

7. 가사를 바꾸어 부른다.
   — 친구야 대신에 '동생아'라고 바꾸어 불러 봅시다.

8. 평가

친구야 쉿!

양이슬 작사 · 작곡

※ 출처: 3~5세용 누리과정 교사용 지도서

너와 함께라면

■ **활동목표**
- 노래를 통하여 친구의 관계의 의미를 경험한다.
- 노래부르기를 통하여 음악의 구성요소를 탐색할 수 있다.

■ **음악적 관련요소**
- 음악의 형식

■ **누리과정 관련요소**
- 예술경험: 음악적 요소 탐색하기, 음악으로 표현하기, 움직임과 춤으로 표현하기

■ **준비**
- 가사 판(ABA 형식으로 나누어진)

친구야 너와 함께라면 난 항상 즐거워 친구야 너와 함께라면 난 항상 행복해

A부분 가사

다툴 때도 있고 웃을 때도 있지만

B부분 가사

친구야 너와 함께라면 난 항상 즐거워 친구야 너와 함께라면 난 항상 행복해

반복되는 A부분 가사

■ **활동방법**

1. 친구가 좋았던 점을 이야기한다.
   — 유치원에 오니까 선생님도 있고, 또 누가 있나요?

2. ABA 형식의 A부분의 가삿말을 시처럼 읽어본다.
   — 친구가 얼마나 좋을까요? 선생님이 노래를 동시로 들려 줄 거예요. 다 함께 따라해 봐요.

3. 친구와 싫었던 점에 관하여 이야기한다.
   — 그래도 친구가 싫을 때도 있지요? 언제 그랬나요?

4. 노래 B부분(셋째 줄)의 가삿말을 시처럼 읽어본다.
   — 그래서 친구와 안 좋을 때의 마음을 동시로 읽어 줄 거예요.

5. 노래의 A부분에 신체 리듬을 치며 노래를 듣는다.
   — 가삿말을 동시로 먼저 알아 보았는데 이제 어떤 노래가 나올까요? 함께 들어 보도록 해요. 그런데 선생님이 언제 무릎을 치며 노래를 듣는지 친구들도 따라하도록 해요

6. B부분을 조금 더 크게 노래한다.
   — 선생님이 B부분(셋째 줄)에는 무릎을 치지 않았어요. 이 부분을 좀 더 크게 노래 불러 볼까요?

7. 크고 작은 부분을 이야기한다.
   — 노래를 크게 불러 보니 어떤 마음이 들었나요?

8 평가
   — 유치원에 큰소리가 날 때가 있었나요? 노래도 크고 작게 부를 수 있어요.

너와 함께라면

방은영 작사 · 작곡

※ 출처: 3~5세용 누리과정 교사용 지도서

무슨 소리가 날까(소리 만들기)

■ **활동목표**
- 다양한 방법으로 소리 만들기를 즐긴다.
- 소리 만들기로 음악의 구성요소를 탐색할 수 있다.

■ **음악적 관련요소**
- 소리 만들기

■ **누리과정 관련요소**
- 예술경험: 음악적 요소 탐색하기, 음악으로 표현하기

■ **준비**
- 원형, 신체그림 카드, 종이

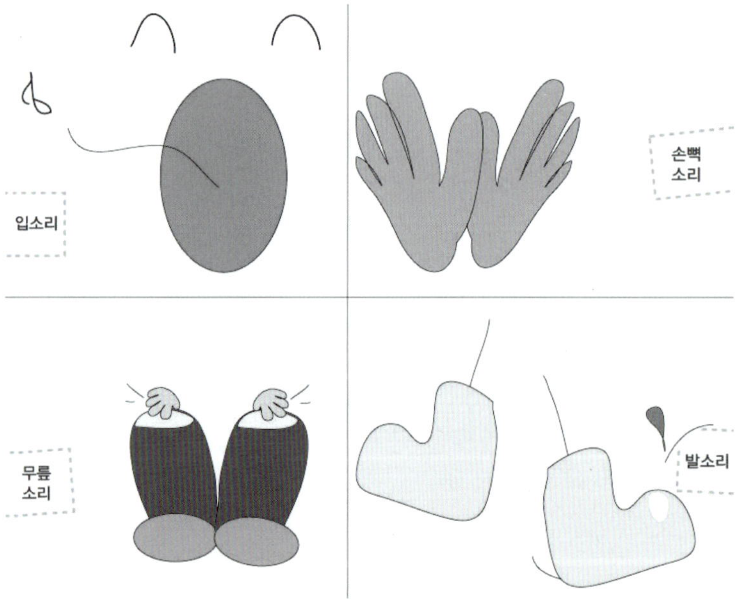

■ **활동방법**

1. 노래를 탐색한다.
   — 선생님이 노래를 들려 줄 거예요. 그런데 노래를 들으면 말이 없는 부분이 나와요. 어디에 말이 없는 부분이 나오는지 잘 들어 보세요.
   — 노래를 듣다가 말이 없는 부분이 나오면 손을 들어 보세요.

2. 신체 소리를 알아본다.
   — 이제 선생님이 노래에서 말이 없는 빈 곳에 소리를 만들어 들려줄 건데 소리를 듣고 친구가 어떤 소리인지 알아 보는 게임을 해 봐요. 노래를 듣기 위해 눈을 감아 볼까요?

3. 신체그림 카드로 소리를 만든다.
   — 이것은 무슨 카드인가요? 이 카드를 보고 소리를 만들 수 있을까요?

4. 음악 듣고 소리를 만든다.
   — '무슨 소리가 날까?' 노래에 맞추어 선생님이 그림 카드 보여주면 친구들이 소리를 만들어 보도록 해요.

5. 종이로 소리를 만든다.
   — 이제 다른 물건으로 소리를 만들 수 있을까요? 선생님이 종이를 가지고 왔는데 종이를 가지고 어떻게 소리를 낼 수 있을까요?
   — 친구들이 만든 종이 소리를 가지고 노래에 맞춰 소리를 내어 볼까요?

6. 평가

무슨 소리가 날까?

이미혜 작사 · 작곡

긴소리 짧은소리

■ **활동목표**
- 음률영역에 관심을 가진다.
- 즐거운 소리 만들기로 음악의 구성요소를 탐색할 수 있다.

■ **음악적 관련요소**
- 긴 소리, 짧은 소리(고든 방법 적용)

■ **누리과정 관련요소**
- 예술경험: 음악적 요소 탐색하기, 음악으로 표현하기, 움직임과 춤으로 표현하기

■ **준비**
- 길고 짧은 그림, 긴 소리(쇠로 된 타악기) 악기와 짧은 소리(나무로 만든 타악기) 악기 종류

■ **활동방법**

1. 길고 짧은 그림을 탐색한다.
   — 여기 두 장의 그림을 가져왔어요. 두 장의 그림 중 어떤 것이 더 긴 것을 나타내나요.

2. 나무악기와 금속소리 악기를 소개한다.
   — 선생님이 악기를 가지고 왔는지 어떤 악기인지 궁금하지요.
   — 여기 상자 안에서 어떤 악기가 나오는지 알아 봅시다.

3. 악기의 모양과 소리를 비교한다.
 - 이 악기는 모양이 어떤가요?
 - 소리는 어떨까요? 앞으로 나와서 소리를 내어 볼 친구?
 - 어떤 소리가 더 길게 나는지 들어 봅시다.

4. 길고 짧은 그림, 긴 소리와 짧은 소리를 식별한다.
 - 그림에서 길고 짧은 것이 있었지요. 긴 소리 악기의 그림과 어울리는 소리를 찾아 봅시다.

5. 악기로 식별한다.
 - 친구들을 두 그룹으로 나누어 한 가지씩 악기를 나누어 줄 거예요.
 - 친구가 가진 악기의 소리와 어울리는 그림을 찾아 봅시다.
 - 다른 악기들은 어떤 소리가 날까요? 긴 소리가 나는 악기 짧은 소리가 나는 악기가 더 있는지 찾아 봅시다. 두 그룹에서 한 명씩 나와서 악기 소리를 들어 봅시다.
 - 악기소리를 구분하면 긴 소리 악기는 오른쪽 훌라후프에 짧은 소리 악기는 왼쪽 훌라후프에 넣어두세요.

6. 평가

[확장활동]
 - 음률영역에서 긴 소리와 짧은 소리 악기로 배치를 해 둔다.

[참고]
 - 나무로 만든 악기는 짧은 소리가 나며, 쇠로 만든 악기는 긴 소리가 난다. 나무악기와 금속악기의 종류를 알아 봅시다.

쇠로 만든 긴 소리 악기

나무로 만든 짧은 소리 악기

우리 모두 다같이

■ 활동목표
- 악기를 연주할 때 예쁜 소리가 있음을 안다.
- 음악의 형식에 대입하여 소리를 만들기를 즐긴다.

■ 음악적 관련요소
- 소리 만들기(오르프 방법 적용)

■ 누리과정 관련요소
- 예술경험: 음악적 요소 탐색하기, 음악으로 표현하기, 움직임과 춤으로 표현하기

■ 준비
- 타악기

■ 활동방법

1. 노래를 탐색한다.
   — 선생님이 놀이에 사용할 음악을 가지고 왔는데 한번 들어 볼까요?
   — 노래에서 '손뼉을' 하는 곳이 있는데 그 부분에 손뼉(손 튕겨)을 치면서 노래를 다 함께 들어 봅시다.

2. 악기를 탐색한다.
   — 선생님이 보여주는 악기(3~4종)를 노래에 넣어서 부르고 싶어요.
   — 노래에 악기를 연주할 때 좋은 소리를 내어야 하겠지요. 노래에 악기를 넣어 부르기 전 악기를 어떻게 연주하는지 알아 봅시다.
     * 악기 하나를 골라 유아가 앉은 순서에 따라 돌아가며 소리를 내고 좋은 소리를 내려면 어떻게 하는지 약속을 정한다.

3. 악기소리 내는 방법을 알아본다.
   — 소리를 어떻게 내었을 때 좋은 소리가 날까요?
     * 유아와 교사가 의논하여 좋은 소리를 찾아낸다.
   — 이제 친구들에게 악기를 나누어 줄 거예요. 노래에 맞춰 악기로 연주할 수 있을까요? 어디에서 연주할까요? 선생님이 시범을 보여주겠어요.

4. 평가

우리 모두 다같이

외국곡

[확장활동]

* 일반 타악기를 오르프 보드눈으로 바꾸어 소리를 내어본다.

2 나와 가족

내 몸

■ **활동목표**
- 노래를 통하여 나의 몸에 관심을 갖는다.
- 즐거운 노래부르기로 음악의 구성요소를 탐색할 수 있다.

■ **음악적 관련요소**
- 노래부르기, 신체표현하기

■ **누리과정 관련요소**
- 예술경험: 음악적 요소 탐색하기, 음악으로 표현하기, 움직임과 춤으로 표현하기

■ **준비**
- 내 몸 부분을 나타내는 그림, 가사 판

※ 출처: 다음 블로그 http://m.blog.daum.net/solglobal/318#

■ **활동방법**

1. 그림 보며 신체 소리를 만든다.
   - (그림을 보며) 우리 몸에는 어떤 것이 있는지 알아 보아요.
   - 이 그림 카드는 어떤 소리가 날까요? 그림의 (신체)로 몸으로 소리를 만들어 보아요.

2. 내 몸 노래의 가사를 안다.
   - 내 몸을 가지고 만든 노래를 들어 봅시다.

— 노래에는 내 몸의 어느 부분이 나올까요?

— 노래를 다시 들으면서 노래에 무엇이 나오는지 노랫말을 알아 봅시다.
(신체 부분을 나타내는 단어의 그림이나 글자를 준비하여 붙이며 유아와 노래의 가사를 연결해 나간다.)

3. 전체 노래, 부분 노래를 결합하여 노래를 부른다.
   — 자 이제 가사가 연결되었으니 한번 노래를 전체적으로 불러 볼까요?
   — 이제 선생님이 △△부분을 부르고, 친구들은 ○○부분을 불러 봅시다.

4. 노랫말대로 신체표현을 하며 노래를 한다.
   — 노래의 첫째 줄 노랫말을 몸으로 표현해 볼 친구가 있나요?

5. 평가

내 몸

김면옥 작사
강인자 작곡

※ 출처: 3~5세용 누리과정 교사용 지도서

옛날 이야기

■ **활동목표**
- 노래부르기를 통하여 가족에 대하여 관심을 가진다.
- 강/약 박의 느낌을 통하여 음악의 구성요소를 탐색할 수 있다.

■ **음악적 관련요소**
- 오디에이션(고든 방법 적용)

■ **누리과정 관련요소**
- 예술경험: 음악적 요소 탐색하기, 음악으로 표현하기, 움직임과 춤으로 표현하기

■ **준비**
- 가족 그림, 가사 판

※ 출처: 다음 블로그 http://m.blog.daum.net/solglobal/318#

■ **활동방법**

1. 가족에 대한 이야기를 나눈다.
   — 우리 친구들은 집에 누구와 살고 있나요? 집에 사는 사람들은 무엇이라고 하나요?

2. 가족의 구성원을 알아본다.
   — 선생님이 그림을 보여줄 거예요. 그림에는 누가 있나 알아 봅시다.

3. 노래를 오디에이션하며 듣는다.
   — 선생님이 오늘 부를 노래를 들려줄 거예요. 선생님이 발로 리듬(강박)을 치면 친구들도 함께 발로 리듬을 치며 음악을 듣도록 해요.
   — 이제 조금 전과는 다른 방법으로 리듬을 치면서 음악을 들을 거예요. 이번에는 선

생님이 어떻게 리듬(약박에 무릎)을 치는지 보고 함께 따라 리듬을 치며 음악을 듣도록 해요.

4. 가사를 읽어본다.
— 가사를 읽어 볼까요? 가사에서 가족 중에 누가 나왔는지 알아맞혀 보세요.

5. 허밍으로 노래를 부른다.
— 허밍으로 노래를 부르며 가족이름이 나올 때 소리를 내지 않고 작은 소리로 손뼉을 쳐 봅시다.
— 또 다른 방법으로 활동할 수 있을까요?

6. 평가

옛날 이야기

김진영 작사 · 작곡

※ 출처: 3~5세용 누리과정 교사용 지도서

우리 집

■ **활동목표**
- 즐거운 노래부르기로 가족이 사는 집에 관심을 가진다.
- 노래부르기를 통하여 음악의 구성요소를 탐색할 수 있다.

■ **음악적 관련요소**
- 오스티나토(오르프 방법 적용)

■ **누리과정 관련요소**
- 예술경험: 음악적 요소 탐색하기, 음악으로 표현하기, 움직임과 춤으로 표현하기

■ **준비**
- 빈집 그림, 빈집에 들어갈 소품들

※ 출처: 텐바이텐 http://www.10x10.co.kr/shopping/category_prd.asp? itemid=37004

■ **활동방법**

1. 손 유희로 집중시킨다.
   T: 손가락 하나면 무슨 소리 날까요?
   C: 똑딱 똑딱
   T: 손가락 두 개면 무슨 소리 날까요?
   C: 똑딱 똑딱

2. 빈 집 그림을 보고 이야기를 나눈다.
   ㅡ 이게 뭘까요?
   ㅡ 우리는 빈 집으로 무엇을 하게 될까요?
   ㅡ 그림을 보고 우리 집에 무엇이 있었으면 좋을까 이야기해 봐요.

3. 오늘 배울 노래를 소개한다.
   — 그림으로 그린 내 집을 만들어 봤어요.
   — 이제 우리 집에 대한 노래도 들어 볼까요? 어떤 집을 말하는지 선생님과 리듬을 치며 노래를 들어 봅시다.
   — 어떤 집을 말하는지 말해 볼까요?(그림 같은 집, 울도 담도 없는 집 등의 멜로디를 흥얼거리며)

4. 멜로디의 흐름을 손으로 나타내며 노래를 부른다.
   — 어른이 되면 지을 거예요. 제일 마지막 소절 부분의 흐름을 손으로 나타내어 볼 거예요. 친구들도 함께 해 봐요. 손으로 흐름을 나타낸 부분의 노래도 함께 해 볼까요? 선생님이 가리키는 손 모양은 멜로디의 흐름을 나타내는 거예요. 그 부분만 한 번 더 노래를 불러 볼까요?

5. 가사를 소개한다.

6. 두 그룹으로 나누어 노래를 부른다.

7. 한 소절(프레이즈, 네 마디) 끝에 오스티나토를 붙인다.
   똑따 똑따

8. 평가

우리 집

장한나 작사
박흥수 작곡

※ 출처: 3~5세용 누리과정 교사용 지도서

누가 제일 예쁘게

■ 활동목표
- 다양한 감정과 연관하여 소리를 탐색한다.
- 즐거운 음악 놀이를 통하여 음악의 구성요소를 탐색할 수 있다.

■ 음악적 관련요소
- 악기연주

■ 누리과정 관련요소
- 예술경험: 음악적 요소 탐색하기, 음악으로 표현하기, 움직임과 춤으로 표현하기

■ 준비
- 다양한 얼굴표정(슬픈 얼굴, 화난 얼굴, 웃는 얼굴) 그림, 타악기 여러 종(유아의 수)

■ 활동방법

1. 다양한 얼굴표정에 관하여 이야기 나눈다.
   — 선생님이 여러 가지 얼굴의 표정 그림을 가지고 왔어요.
   어떤 그림인지 한번 볼까요? 이 친구는 어떤 얼굴일까요? 언제 이런 표정을 할까요?

2. 그림을 보며 표정을 만들어 본다.
   — 그러면 이 그림처럼 우리 친구들도 표정을 만들어 볼까요?
   * 슬픈 얼굴, 화난 얼굴, 웃는 얼굴 등을 즉흥적으로 만든다.

3. 다양한 표정을 한 가지 악기소리로 표현한다.
   — 그러면 소리에도 표정이 있을까요. 선생님이 들려주는 소리가 어떤 표정 그림과 어울리는지 알아 볼까요?
   — 소리에도 얼굴표정과 같이 여러 가지 소리가 있었어요.

* 시끄러운 소리, 작은 소리, 공명이 잘 된 예쁜 소리를 얼굴표정 그림과 연관지어본다.

4. 노래를 탐색한다.
   — 오늘은 악기로 여러 가지 소리를 만들어 볼 건데, 악기연주를 위해 음악을 들어 봅시다.
   — 어떤 노래였나요? 무엇을 하라는 걸까요?

5. 악기를 탐색한다.
   — 이제 친구들에게도 악기를 내어줄 거예요. 이 악기는 어떻게 소리를 내는 것이 좋을까요
   — 시끄러운 소리를 내어 볼까요? 이제 작은 소리를 내어 볼까요? 예쁜 소리는 어떻게 연주하는 것이 좋을까요?

6. 노래의 가사에 소리를 만든다.
   — 준비가 되었나요. 노래에 맞춰 악기연주를 해 보도록 해요. 여기 왼쪽에서 5명에게 악기를 먼저 줄 거예요. 다른 친구는 이 친구들이 연주를 하고 나면 다음에 하도록 해요. 어느 그룹이 제일 잘하는지 알아 봅시다.

   * 소리들에는 여러 가지 표정이 있다. 크고, 작고, 예쁜 소리를 대조적으로 만들어 보며 악기로도 연주해 본다. 유아가 처음 악기를 만질 때 이 활동을 통하여 예쁜 소리로 연주할 수 있게 한다.

7. 평가

누가 제일 예쁘게

이미혜 작사 · 작곡

감정 음악

■ **활동목표**
- 여러 가지의 감정의 느낌을 안다.
- 음악과 감정의 관계에 대하여 관심을 가진다.

■ **음악적 관련요소**
- 음악 감상

■ **누리과정 관련요소**
- 예술경험: 음악적 요소 탐색하기, 음악으로 표현하기, 움직임과 춤으로 표현하기

■ **준비**
- 감정그림

■ **활동방법**

1. 감정에 대해 이야기한다.
   - 우리 친구들 오늘 유치원을 올 때 어떤 느낌이 들었나요?
   - 친구가 다치면 어떤 기분이 들까요?

2. 감정그림을 보고 이야기 나눈다.
   - 선생님이 이런 기분을 나타내는 그림을 가져왔어요. 어떤 그림인지 궁금하지요?
   - 그림을 보고 표정을 만들어 보세요.

3. 여러 가지 느낌의 음악을 들어본다.
   — 감정처럼 여러 가지 느낌의 음악이 있어요. 선생님이 들려주는 음악은 어떤 느낌인지 들어 봅시다.
   — 어떤 느낌이 들었나요?
     * 음악을 하나씩 듣고 이야기를 나눈다.
       (쇼팽–강아지 왈츠, 비발디–샤콘느, 슈베르트–마왕, 베토벤–운명)

4. 모둠으로 나누어 음악 감상을 한다.
   — 모둠으로 나누어 자기의 음악을 하나씩 찾아 봅시다. 어떤 모둠에서 어떤 음악을 가지고 싶나요?
   — 음악을 고르고 나서 모둠의 음악이 무엇인지 알아 보는 게임을 해 봅시다. 음악을 들려주면 자기 모둠의 음악에 손을 들어주세요.

5. 자기음악의 느낌을 이야기로 만든다.

6. 평가

음악놀이

■ **활동목표**
- 손동작으로 주의집중을 한다.
- 즐거운 음악 놀이를 통하여 음악의 구성요소를 탐색할 수 있다.

■ **음악적 관련요소**
- 리듬

■ **누리과정 관련요소**
- 예술경험: 음악적 요소 탐색하기, 음악으로 표현하기, 움직임과 춤으로 표현하기

■ **준비**
- 코, 눈, 입, 귀, 볼 머리를 가리키는 그림

※ 출처: http://m.kidkids.net/eduinfo/activity_view.htm?act_id

■ **활동방법**

•'코코눈' (반대)

1) 교사가 '코코코코코코'라고 찬트하다가 '눈'이라고 갑자기 지정한 곳을 바꾼다. 유아는 교사가 호명하는 신체 부위를 검지손가락으로 가리킨다.
2) 유아들이 익숙해지면 교사는 '눈눈눈눈눈눈'이라고 찬트하다가 '코'라고 외치면서 다른 곳을 가리킨다. 이때 유아는 교사가 가리키는 곳을 따라하지 않고 호명하는 '코'를 가리켜야 한다.
3) 교사의 손을 따라 엉뚱한 곳을 가리킨 유아는 교사 뒤에 줄을 선다.

•'손바닥 비비기'

1) 손바닥을 빠르게 비비다가 '코' '눈' 등을 가리킨다. 유아는 교사를 따라 손을 비비다가 교사가 호명하는 신체 부위를 검지손가락으로 가리킨다.
2) 활동이 익숙해지면 교사는 '눈'이라고 외치면서 다른 곳을 가리킨다. 이때 유아는 교사가 호명한 '눈'을 가리켜야 한다.

3) 틀린 유아는 앞으로 나와 재미있는 벌칙을 한다(예: 엉덩이 이름 쓰기, 통아저씨 춤 추기 등).

* 통아저씨 춤: 배를 앞으로 퉁기면서 손뼉을 친다.

달팽이집

■ **활동목표**
- 소리의 크기를 안다.
- 즐거운 음악 놀이를 통하여 음악의 구성요소를 탐색할 수 있다.

■ **음악적 관련요소**
- 소리의 크기

■ **누리과정 관련요소**
- 예술경험: 음악적 요소 탐색하기, 음악으로 표현하기, 움직임과 춤으로 표현하기

■ **준비**
- 달팽이집 그림, 풍선, 악기(투톤 블록)

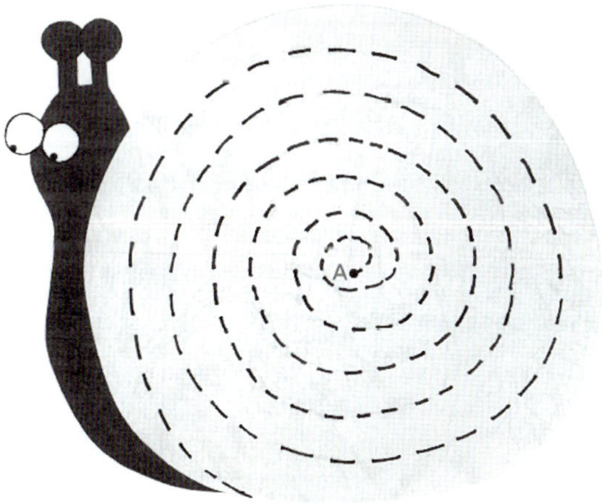

■ **활동방법**

1. 풍선을 탐색한다.
   — 선생님이 풍선을 가지고 왔어요. 풍선에 바람이 들어가면 어떻게 될까요? 누가 나와서 풍선을 불어 볼까요?
   — 이제 풍선에 바람이 빠지면 어떻게 될까요?

2. 다양한 풍선모양을 신체로 표현한다.
   — 바람이 들어간 풍선과 바람이 빠진 풍선을 잘 보았나요? 그러면 친구들이 바람이 들어간 풍선을 몸으로 표현한다면 어떻게 표현할까요?

3. 악기소리의 크기를 신체로 표현한다.
   — 이제 선생님이 악기소리를 들려줄 건데, 악기소리가 점점 달라질 거예요. 이제 친구들은 악기소리가 어떻게 달라지는지 알아 봅시다.
   — 그러면 풍선처럼 점점 커지는 악기소리를 몸으로 표현한다면 어떻게 표현하는 것이 좋을까요?
   — 이제 들려주는 투톤블록 소리를 듣고 몸으로 표현해 봅시다.
   — 친구가 나와서 악기소리를 만들어 보고 나머지 친구는 소리의 크기를 몸으로 표현해 봅시다.

4. 노래를 탐색한다.
   — 소리의 크기를 몸으로 표현해 보았어요. 오늘의 음악을 들어 봅시다. 이 음악은 달팽이집이라는 노래예요. 이 노래는 어떤 활동을 하는 것이 좋을까요?
   — 그림처럼 달팽이집을 만들려면 어떻게 하는 것이 좋을까요?

달팽이집

외국곡

※ 출처: 3~5세용 누리과정 교사용 지도서

달팽이집(신체표현)

- **활동목표**
  - 큰소리와 작은 소리를 안다.
  - 즐거운 음악 놀이를 통하여 음악의 구성요소를 탐색할 수 있다.
- **음악적 관련요소**
  - 소리의 크기(달크로즈 방법 적용)
- **누리과정 관련요소**
  - 예술경험: 음악적 요소 탐색하기, 음악으로 표현하기, 움직임과 춤으로 표현하기
- **준비**
  - 심벌즈, 스트레칭 밴드(무지개 연), 크기가 다른 원 모양 카드

- **활동방법**

1. 악기소리를 탐색한다.
   — 이 악기는 심벌즈라는 악기예요. 이 악기는 소리가 길게 나는 악기랍니다. 이 악기 소리가 얼마나 긴지 들어 볼까요? 너무 길지요?
   — 이번에는 악기 소리를 듣다가 소리가 들리지 않으면 손을 들어주세요.

2. 그림을 탐색한다.
   — 여기 그림에 동그란 모양이 두 개 있어요. 두 개의 동그란 모양은 서로 다른데 무엇이 다른가요?

3. 스트레칭 밴드로 원을 만든다.
   — 여기 선생님이 원을 만드는 밴드를 가지고 왔어요. 다섯 명 씩 앞으로 나와서 큰 원과 작은 원 중 하나를 만들어 봅시다.

4. 소리를 신체로 표현한다.
   — 이제 심벌즈 소리를 듣고 큰 원과 작은 원을 만들어 봅시다. 어떤 소리에 어떤 모양의 원을 만드는 것이 좋을까요? 어느 모둠에서 나와서 소리를 듣고 원 모양을 몸으로 만들어 볼까요?

5. 달팽이집을 만든다.
   — 지난 시간의 달팽이집 노래에 맞춰 모두 함께 원을 만들어 볼까요? 달팽이집을 만들기 위해서 음악을 한번 들어 볼까요? 이제 음악을 들으며 오른쪽으로 돌다가 '점점 크게'에 원모양을 크게 하고 '점점 작게'에 원모양을 작게 만들 수 있을까요?

큰소리에
큰 원 만들기

작은 소리에
작은 원 만들기

라데츠키 행진곡

■ **활동목표**
- 소리의 크기가 다름을 안다.
- 즐거운 음악 놀이를 통하여 음악의 구성요소를 탐색할 수 있다.

■ **음악적 관련요소**
- 크고 작은 소리, 신체표현하기(달크로즈 유리드믹스 적용)

■ **누리과정 관련요소**
- 예술경험: 음악적 요소 탐색하기, 음악으로 표현하기, 움직임과 춤으로 표현하기

■ **준비**
- 요한 슈트라우스의 라데츠키 행진곡, 'p'와 'f' 그림

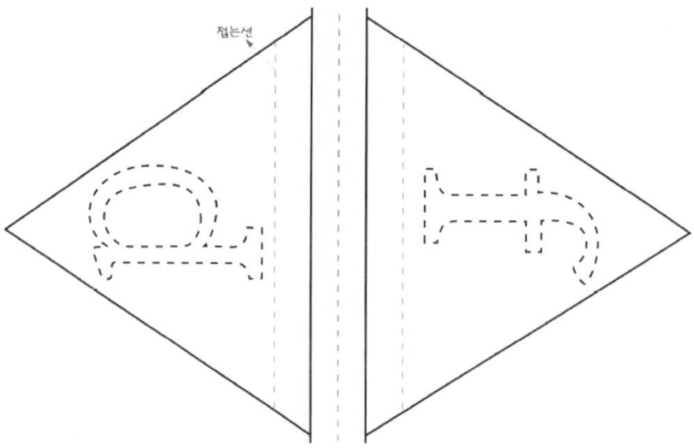

■ **활동방법**

1. 큰소리, 작은 소리에 반응한다.
   - 선생님이 음악을 가져왔어요. 선생님이 음악을 들려주면 무엇이 달라진 것인지 알아 봅시다.
     * 음악을 크게 작게 번갈아 가면서 들려준다.
   - 소리가 어떻게 달라졌나요?

2. 큰소리, 작은 소리의 상징을 알아본다.
   – 이번에는 큰소리(작은 소리)를 어떻게 표시하는지 그림을 보여줄 거예요. 음악에서 큰소리(작은 소리)를 내라는 표시는 포르테(피아노, p)라고 해요. 그림을 보며 포르테는 크게 피아노에는 작게 소리 내어 봅시다.

3. 큰소리, 작은 소리의 상징을 만든다.
   – 음악의 크기에 맞추어 크게 들려주면 포르테 그림에, 음악을 작게 들려주면 피아노 그림에 색칠을 하세요.

4. 큰소리, 작은 소리를 신체로 표현한다.
   – 만든 피아노 포르테(f) 그림을 오려서 스트롱에 붙여보세요.
   – 이제 음악을 들려주면 걷다가 음악 소리가 커지면 포르테(F) 깃발을 음악 소리가 작아지면 피아노(P) 깃발을 들어 보세요.

5. 큰소리, 작은 소리를 인지한다.
   – 라데츠키 행진곡을 들으면서 소리의 크기에 따라 방향을 바꾸어 보세요.
     * 감상곡의 크기를 바꾸어 가며 들려준다.

결혼행진곡(감상)

■ **활동목표**
- 가족의 결혼에 관심을 가진다.
- 즐거운 음악 놀이를 통하여 음악의 구성요소를 탐색할 수 있다.

■ **음악적 관련요소**
- 유리드믹스(달크로즈 방법 적용)

■ **누리과정 관련요소**
- 예술경험: 음악적 요소 탐색하기, 음악으로 표현하기, 움직임과 춤으로 표현하기

■ **준비**
- 결혼식 그림

※ 출처: 구글 이미지

■ **활동방법**

1. 결혼식 이야기를 나눈다.
   — 선생님이 사진(또는 동영상)을 준비해왔어요. 이 사진은 무엇을 하고 있는 사진일까요?
   — 이 사진처럼 결혼식에 가본 적이 있나요?

2. 결혼식 음악을 듣는다(바그너, 신부들의 합창/멘델스존, 축혼 행진곡).

   [느린 음악듣기]
   — 이번 시간에는 선생님이 결혼식에서 사용하는 음악을 들어 볼 거예요(바그너, 신부들의 합창).
   — 결혼식 때 사용하는 음악의 느낌은 어떤가요. 무릎을 치며(2분음표, 느리게) 음악을 다시 들어 볼까요(2분음표 박에 맞춰 무릎치기).

[빠른 음악듣기]

— 이번에는 또 다른 음악을 들어 봅시다(멘델스존, 축혼 행진곡).

— 이 음악도 결혼식 때 사용하는 음악인데 조금 전에 들었던 음악과 어떻게 다른가요? 그러면 이 음악을 손뼉치기(4분음표, 걷는박자) 하면서 다시 한 번 들어 볼까요?

3. 2분음표와 4분음표 리듬을 신체로 표현한다.

— 조금 전에 음악을 들으며 무릎을 치고 손뼉도 쳐 보았어요.

— 다시 한 번 더 쳐 볼까요? 손뼉치기를 해 볼까요(4분음표)?

— 이제 무릎치기를 해 볼까요(2분음표)?

4. 모둠으로 감상곡의 리듬에 반응한다.

— 두 곡의 음악을 두 모둠으로 나누어 음악의 빠르기를 알아 봅시다.

— 손뼉치기한 리듬의 음악을 맡을 친구는? 무릎치기한 음악은 어느 그룹에서 맡아 볼까요?

[참고]

* 모둠으로 나누어 자기 그룹의 음악이 어떤 음악인지 변별하는 활동을 여러 번 한다.

5. 음악에 맞춰 걷는 연습을 한다.

— 음악에 맞춰 걷는 연습을 한다면 어떻게 하는 것이 좋을까요? 생각해 봅시다.

6. 2분음표와 4분음표 리듬의 그림을 보고 이야기를 나눈다.

— 지금 보여주는 그림은 소리의 빠르기를 보여주는 그림이에요.

— 이 그림은 △△ 모둠의 박자(4분음표), 이 그림은 △△ 모둠의 무릎치기한 리듬의 박자이지요(2분음표). 이 음표의 이름은 무엇일까요?

[확장활동]

* 4분음표, 2분음표 그림을 교대로 들면 리듬치기를 한다.

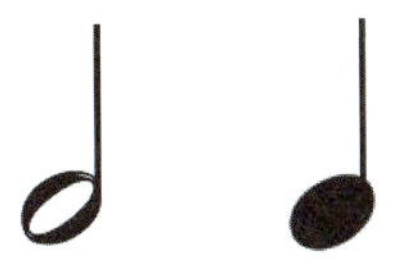

2분음표 4분음표

3 우리동네

동네 한바퀴

■ 활동목표
- 모양에 대하여 관심을 가진다.
- 모양을 신체로 표현할 수 있다.

■ 음악적 관련요소
- 신체표현

■ 교육과정 관련요소
- 아름다움 찾아 보기: 움직임과 춤 요소 탐색하기

■ 준비
- 세모, 네모, 원모양 그림 카드

※ 출처: 교육과학기술부 3세 누리과정

■ 활동방법

1. 노래를 탐색한다.
   — 오늘 배울 노래는 '다 같이 돌자 동네 한바퀴' 라는 노래예요. 노래의 제목을 들어 보니 어떤 노래일 것 같아요?

2. 노래의 박에 맞춰 줄을 따라 걷는다.
   — 동네를 다함께 돌자 라고 하는 노래인 것 같네요.
   — 노래를 들으며 노래의 박을 손뼉치기 해 봅시다.
   — 노래의 박에 맞춰 손뼉을 치면서 걸어 봅시다(미리 줄을 원으로 그어 준비한다).

3. 동그란 동네를 만든다.
   — 이 그림은 어떤 모양인가요?

— 이 그림 모양을 몸으로 만들어 볼 수 있나요?

4. 세모난 동네를 만든다.
   — 동그란 동네를 만들어 보았는데 이제 그림(세모 그림)과 같이 세모 동네를 만들 수 있을까요?
   — 두 모둠으로 나누어 세모 동네를 만들어 봅시다. 어느 그룹에서 잘 만들까요?

5. 네모난 동네를 만든다.
   — 두 그룹으로 나누어 네모(그림 카드를 보여주며) 동네를 만들어 봅시다.

6. 걷다가 멈춤 신호에 멈춘다.
   — 자유롭게 다니다가 신호에 멈추는 놀이를 할 거예요. 멈추는 신호를 어떻게 주면 좋을까? (음악소리가 없을 때 멈춘다)

* 활동 시 '동네 한 바퀴' 음악을 들려준다.

동네 한 바퀴

윤석중 작사
프랑스 민요

덩덩덩 신나는 우리 동네

■ **활동목표**
- 동네에 대하여 관심을 가진다.
- 우리나라 장단의 연주를 경험한다.

■ **음악적 관련요소**
- 장단(국악)

■ **교육과정 관련요소**
- 아름다움 찾아 보기: 움직임과 춤 요소 탐색하기

■ **준비**
- 동시판 * 찬트 및 동영상(출처: 4세 누리과정, 활동 9) 우리동네 그림

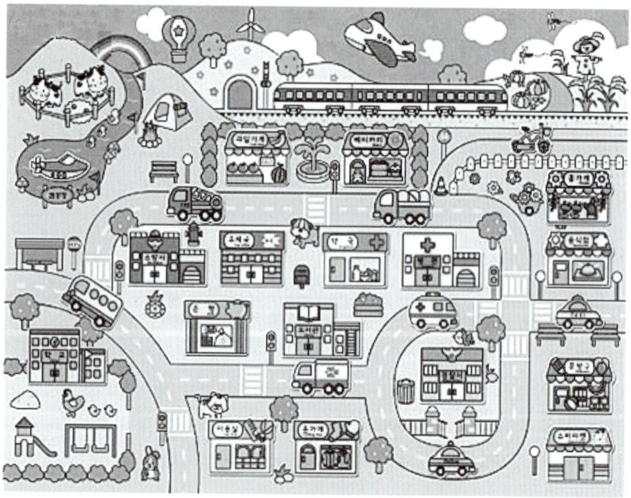

※ 출처: 구글 이미지 http://www.edudreamall.co.kr/product

■ **활동방법**

1. 우리 동네 이야기를 나눈다.

2. 동시를 읽어본다.

3. '덩덩덩' 부분만 유아가 따라한다.

4. 제일 마지막 부분(덩~ 짠 궁따궁따)의 구음을 알아본다.

5. '덩~ 짠 궁따궁따' 부분에 신체 리듬을 연습한다.
   — '덩'은 두 손으로 바닥치기 '궁'은 왼손으로 바닥치기, '따'는 오른손으로 바닥치기, '짠'은 양손을 손뼉치기 해 보자.

6. 모둠으로 나누어 '덩~ 짠 궁따궁따' 부분의 신체 리듬을 연습한다.

7. 젓가락으로 연주를 바꾸어 한다.
   — 나무 젓가락으로 연주를 해 볼까?

덩덩덩 신나는 우리 동네

우리 동네 안에는 무엇이 있을까?

유치원 덩덩덩 문방구 덩덩덩

공원 덩덩덩 미용실 덩덩덩

덩~짠! 덩~짠! 궁따궁따 덩~짠!

우리 동네

- **활동목표**
  - 우리가 사는 곳에 관심을 가진다.
  - 소리를 내지 않고 마음으로 노래를 부를 수 있다.
- **음악적 관련요소**
  - 세 박자(오디에이션, 고든 방법 적용)
- **교육과정 관련요소**
  - 아름다움 찾아 보기: 움직임과 춤 요소 탐색하기
- **준비**
  - 세 박자 기호 그림, 한 소절(네 마디) 단위로 끊어진 가사 판

강 약 약

활동방법

1. 세 박자 리듬치기를 하며 노래를 듣는다.
   - (○○○ 그림을 보여주며) 동그라미가 몇 개인가요?
   - 이렇게 박이 세 개인 노래를 세 박자 노래라고 해요.
   - 세 박자 노래에 맞춰 신체 리듬을 쳐 볼까요?
   - 이제 오늘 부를 세 박자 리듬(무릎 1번, 손뼉 2번)을 치며 노래를 들어 봅시다.

2. 노래에 대하여 이야기를 나눈다.
   - 노래는 무엇을 이야기하니?
   - 우리가 사는 곳에는 무엇이 있다고 하나요?

3. 가사 판을 이용하여 노래를 한 소절씩 융판에 붙이며 노래를 한다.

4. 내청으로 노래를 한다.
   - 이번에 선생님이 가사를 조금씩 없애 볼게요. 가사가 없어진 부분에는 소리를 내지 말고 마음 속으로 불러 보고 다른 부분은 가사를 넣어서 불러 보아요.
   - 이제 다른 부분의 가사도 떼어서 내청법(마음속으로 노래함)으로 불러 보자.

5. 평가

— 소리를 내지 않고 속으로 노래를 부르니까 느낌이 어떻게 다른가요?

— 마음속으로 노래를 부를 때 몸을 좌우로 흔들면 음악을 더 느낄 수 있겠지요.

우리 동네

※ 출처: 이화여대 부속유치원(1993). 5세 유치원 교육과정 운영의 실제. 교문사.

사랑하는 우리 이웃

■ **활동목표**
- 우리가 사는 곳에 관심을 가진다.
- 마음으로 노래를 부를 수 있다.

■ **음악적 관련요소**
- 세 박자(오르프 방법 적용)

■ **교육과정 관련요소**
- 아름다움 찾아 보기: 움직임과 춤 요소 탐색하기

■ **준비**
- 원형

■ **활동방법**

1. '하나' '둘' 구령에 맞춰 바닥을 치며 노래를 듣는다.
2. '하나' '둘' 구령에 맞춰 내 앞 그리고 친구 앞의 바닥을 치며 노래를 듣는다.
3. '하나' '둘' 구령에 맞춰 '하나'에는 내 앞에는 주먹을 바닥에 '둘'에 손바닥을 펴서 친구 앞의 바닥을 치며 음악을 듣는다.
4. 컵을 하나씩 나누어 가진 후 음악에 맞춰 주먹에는 컵을 잡고 손바닥에는 옆 친구의 앞에 컵을 놓는다.
5. 친구와 협동하여 컵을 전달한 느낌에 대하여 이야기한다.
6. 친구가 없다면 어떤 기분인지 이야기 나눈다.

사랑하는 우리 이웃

박선자, 김근희 작사
이예나 작곡

※ 출처: 3~5세용 누리과정 교사용 지도서

4 동식물과 자연

꼬꼬댁

■ 활동목표
- 친구와 협동하여 신체표현을 만들 수 있다.
- 다양한 방법을 통하여 음악의 구성요소를 탐색할 수 있다.

■ 음악적 관련요소
- 크고 작은 소리(코다이 방법 적용)

■ 누리과정 관련요소
- 예술경험: 음악적 요소 탐색하기, 음악으로 표현하기, 다양한 예술 감상하기, 움직임과 춤으로 표현하기

■ 준비
- 가사 판(큰소리를 내는 곳에 큰 글씨를 사용)

■ 활동방법

1. 노래의 부분을 동화노래처럼 들려주면 유아는 모방한다.
   - 나는 누구일까요? 알아맞혀 보세요.
     꼬꼬댁 꼬꼬댁(닭그림을 보여주며)
   - 그런데 어느 날 달걀을 낳았대요(달걀 그림).
   - '하룻밤 쉿 이틀밤 쉿' '병아리가 쏙 나왔어요'

2. 가사 판을 보여주고 읽어본다.
   — 오늘은 선생님하고 '꼬꼬댁'이라는 새 노래를 배워 볼 거예요. 먼저 다함께 노랫말을 읽어 볼까요?

3. 노래에 맞춰 신체 리듬을 친다.
   — 이제 노래를 듣고 노래에 맞춰 선생님을 따라 신체 리듬을 치며 노래를 들어 볼 거예요.
     * 강박 약박에 손뼉치기와 무릎치기 등의 신체 리듬을 치며 듣는다.

4. 허밍으로 부른다.
   — 제 노래 가사 대신 한 가지 말로 노래를 불러 볼 건데, 어떤 말로 불러 볼까요?

5. 가사로 노래를 부른다.
   — 우리 한 가지 말로 노래를 불러 보았으니까 이제 가사로 노래를 불러 볼까요?

6. 부분 노래를 부른다.
   — 노래의 반(세 소절까지)을 꼬꼬댁 팀이 노래의 반은 삐약 팀이 노래를 불러주세요.

7. 소리의 크기 다르게 노래를 부른다.
   — 선생님이 '꼬꼬댁' 노래 가사 중간 중간 큰 글자를 붙여놓을 거예요. 그 부분에는 노래대신 손뼉을 치며 노래를 불러 보아요.
   — 이제 큰 글자에 원래 소리보다 크게 불러 보도록 해요.

8. 손 유희를 만든다.
   — 우리 친구들이 불러 본 '꼬꼬댁' 노래에 맞춰 어울리는 손 유희를 만들어 볼까요?

9. 평가

꼬꼬댁

김신자 작사 · 작곡

※ 출처: 영유아음악교육, 심성경 외, 양서원

꿀벌의 여행

■ **활동목표**
- 친구와 협동하여 컵 타 연주를 할 수 있다.
- 다양한 방법을 통하여 음악의 구성요소를 탐색할 수 있다.

■ **음악적 관련요소**
- 리듬반응(오르프 방법 적용)

■ **누리과정 관련요소**
- 예술경험: 음악적 요소 탐색하기, 음악으로 표현하기, 다양한 예술 감상하기, 움직임과 춤으로 표현하기

■ **준비**
- 가사 판, 종이컵(유아의 수)

■ **활동방법**

1. 꿀벌에 관하여 이야기 나눈다.
   — 윙~~~ 이런 소리를 내며 날라 다니는 곤충이 있어요. 맛있는 꿀을 먹고 다니지요. 누구일까요?

2. 노래를 탐색한다.
   — 오늘은 꿀벌의 여행이라는 노래를 배워 볼 거예요. 어떤 노래인지 노래를 먼저 들어 볼까요?
   — 꿀벌이 어떤 소리를 내며 여행을 하나요?

3. 신체표현하며 듣는다.
   — 윙윙 부분에 팔을 흔들며 노래를 들어 볼까요?
   — 이번에는 몸의 다른 부분을 흔들어 볼까요?
   — 이번에는 다른 방법으로 신체표현을 해 볼 수 있을까요?

4. 리듬치기하며 허밍한다.
   — '윙윙' 부분에 소리를 내는 대신 손뼉을 두 번을 쳐봐요.
   — 이제 선생님이 예쁜 컵 2개를 줄 거예요. 어디에 노래를 들으며 컵을 두 번을 치고 싶은데 어디에서 치면 좋을까요(윙윙)?
   — 이제 윙윙 부분에 컵으로 바닥을 치는 컵 타를 칠 때 입으로 소리를 내지 말고 컵 타만 쳐 볼 거예요. 누가 잘하는지 두 모둠으로 나누어 컵 타를 쳐볼까요?

5. 프레이즈 끝에 리듬을 친다.
   — 이제 노래의 가사를 보여줄 거예요. 줄이 바뀌는 곳에 다른 소리를 넣어 볼 거예요. 줄의 끝(프레이즈 끝)에 발 구르기 네 번을 해 보며 노래를 들어 볼까요?
   — 이제 '윙윙'에 컵 타 두 번치고 프레이즈 끝에 발 구르기 네 번을 하면서 노래를 해 봐요.

6. 평가

꿀벌의 여행

이해별 작사
이순형 작곡

함께 걸어요

■ 활동목표
- 부분 노래를 통해 음악의 형식을 경험한다.
- 노래부르기를 통하여 음악의 구성요소를 탐색할 수 있다.

■ 음악적 관련요소
- 프레이즈(형식)

■ 누리과정 관련요소
- 예술경험: 음악적 요소 탐색하기, 음악으로 표현하기, 다양한 예술 감상하기, 움직임과 춤으로 표현하기

■ 준비
- 숲속그림, 동·식물 그림, 네 가지 색깔의 색 점

■ 활동방법

1. 숲에 간 경험에 대해 이야기 나눈다.

2. 리듬을 치며 노래를 듣는다.

3. 노래의 내용에 관하여 질문한다.
   — 누가 나왔나요?(노래에 나오는 동·식물의 그림을 제시하며)
   — 이 친구들이 무엇을 하는지 다시 노래를 들어 볼까요?

4. 부분 노래를 부른다.
   — 선생님이 노래의 줄마다 색 점을 부칠 거예요.
   — 친구들도 색 점을 받은 친구끼리 모여서 가사 판에 같은 색깔이 부쳐진 부분만 노래를 부르는 거예요.

5. 자리를 바꾸어 노래를 부른다.
   — 이제 숲속을 걷는 것처럼 같은 색깔 색 점을 받은 친구들끼리 손을 잡고 걸으면서 노래를 불러 볼까요?

6. 평가

함께 걸어요

손혜진 작사 · 작곡

※ 출처: 3~5세용 누리과정 교사용 지도서

꽃을 돌봐요

■ **활동목표**
- 소리 내지 않고 노래부르기를 경험한다.
- 노래부르기를 통하여 음악의 구성요소를 탐색할 수 있다.

■ **음악적 관련요소**
- 노래부르기(내청법, 코다이 방법 적용)

■ **누리과정 관련요소**
- 예술경험: 음악적 요소 탐색하기, 음악으로 표현하기, 다양한 예술 감상하기, 움직임과 춤으로 표현하기

■ **준비**
- 가사 판

■ **활동방법**

1. 동시를 들려준다.
   — 오늘은 어떤 노래를 부를지 선생님이 노래를 부를 가사 판을 가지고 왔어요.
   — 같이 노랫말을 알아 봅시다.

2. 동시의 내용에 대하여 이야기 나눈다.
   — (가사 판을 보여주며) 어떤 노래인 것 같나요?

3. 교사의 단음 노래를 듣는다.

4. 교사의 단음 노래를 소리를 내지 않고 부른다.
   — 선생님이 노래를 할 때 친구들은 소리를 내지 않고 마음속으로만 불러 봐요.
   — 한번 연습해 볼까요? 이렇게 소리를 내지 않고 노래를 부르는 것을 내청법이라고 해요.

5. 전체 노래를 부른다.

6. 선생님이 가리는 곳의 노래를 소리 내지 않고 부른다.
   — 이제 선생님이 가사의 일부를 가릴 거예요. 그러면 우리 친구들은 그 부분만 소리를 내지 않고 노래를 불러 볼까요?

꽃을 돌봐요

박정선 작사
송지애 작곡

※ 출처: 3~5세용 누리과정 교사용 지도서

개구리

■ **활동목표**
- 높고 낮은 공간을 탐색한다.
- 즐거운 음악놀이 참여하여 음악의 구성요소를 탐색할 수 있다.

■ **음악적 관련요소**
- 높이(오르프 방법 적용)

■ **누리과정 관련요소**
- 예술경험: 음악적 요소 탐색하기, 음악으로 표현하기, 다양한 예술 감상하기, 움직임과 춤으로 표현하기

■ **준비**
- 개구리 동영상

개구리 그림, 오르프 보르둔

※ 출처: https://www.youtube.com/watch?v=ZcWeyZZzqds

■ **활동방법**

1. 개구리가 뛰는 동영상를 감상한다.
   - 동영상을 보니까 개구리는 어떻게 뛰었나요? 그러면 ○○가 서서 개구리처럼 뛰어 볼까요? 그러면 다른 친구가 ○○와 같이 개구리처럼 뛰어 볼까요?
   - ○○와 다르게 뛰어 볼 친구가 있나요?
     * 개구리가 뛰는 모습을 다양하게 표현하도록 유도한다.

2. '높고 낮은' 개념을 소개한다.

— 개구리 뛰는 모습을 표현해 보았어요. 선생님이 가져온 그림은 개구리 뛰는 모습이 있지요. 그런데 어떤 개구리가 가장 높이 뛰었나요?

* 높이가 다르게 뛰는 개구리 모습 그림으로 높고 낮음의 개념을 안다.

— 선생님이 보여주는 그림을 보고 높게, 그리고 낮게도 뛰는 개구리가 되어 봅시다.

3. 악기소리를 탐색한다.

— 선생님이 가져온 악기에도 높은 소리와 낮은 소리가 있어요.
이 악기에서 높은 소리가 어디에 있는지 들어 봅시다.
(오르프 악기의 높은 곳과 낮은 곳을 탐색)

5. 악기소리에 반응한다.

— 두 명의 친구가 짝이 되어 한 명은 악기를 한 명은 소리에 반응하도록 해요.

— 두 명이 앞으로 나와서 한 명이 높은 소리를 낼 때 또 다른 친구는 어떻게 신체로 표현하나요?

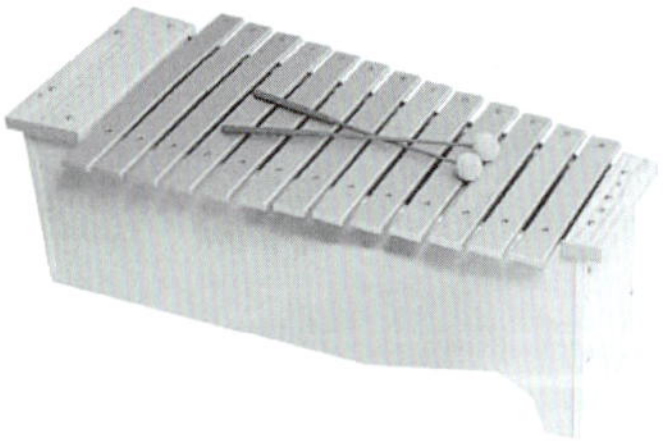

베이스 메탈로폰(Bass Metalophone)

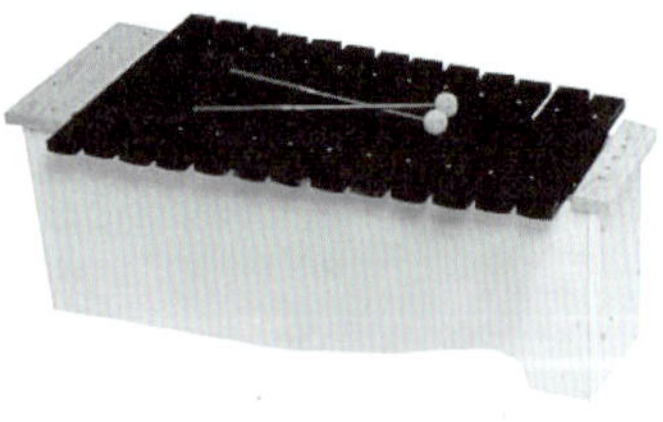

베이스 자일로폰(Bass Xylophone)

애벌레

■ **활동목표**
- 애벌레 게임을 통해 북소리에 반응한다.
- 음악 감상으로 음악의 구성요소를 탐색할 수 있다.

■ **음악적 관련요소**
- 리듬 반응

■ **누리과정 관련요소**
- 예술경험: 음악적 요소 탐색하기, 음악으로 표현하기, 다양한 예술 감상하기, 움직임과 춤으로 표현하기

■ **교육과정 관련요소**
- 아름다움 찾아 보기: 음악적 요소 탐색하기
  예술적 표현하기: 움직임과 춤으로 표현하기

■ **준비**
- 애벌레, 사과 그림. 애벌레의 꿈 동화, 큰 북, 반환점 표시물

■ 활동방법

1. 애벌레에 대해 이야기한다.
   — 이 그림은 무엇인가요?
   — 오늘 활동은 애벌레가 되어 보는 활동이에요. 그런데 애벌레를 본 적이 있나요?

2. 음악동화를 듣는다.
   — 오늘 활동할 애벌레 동화를 들어 볼까요?

동시 애벌레의 꿈 _ 이미혜

또롱이는 애벌레예요.
또롱이의 집은 사과나무예요.
또롱이가 먹는 사과는 맛있어요.

비가오면 나뭇잎이
또롱이의 지붕이에요.
또롱이의 그네는
나뭇가지에요.

또롱이는 점점 자라서
나비가 될 거예요.
또롱이는 잠이 들었어요.
꿈에서 또롱이는
나비가 되는 꿈을 꾸어요.

3. 음악의 약속으로 게임을 한다.
   — 애벌레 음악동화를 잘 들었나요? 애벌레는 어디에서 산다고 했나요? 아! 애벌레는 사과를 먹고 산다고 했네요. 그러면 동화에 나오는 주인공 애벌레와 사과에 맞춰 음악게임을 해 봐요.
   — 선생님이 애벌레 그림을 들면 애벌레가 되어 바닥에 엎드리기 사과가 나오면 손뼉을 두 번 치는 게임이에요.

4. 모둠으로 음악게임을 한다.
   — 이제 두 모둠으로 나누어 한 모둠은 애벌레, 한 모둠은 사과가 되어 보아요.

5. 큰북소리에 반응한다.
   — 선생님이 큰북소리를 들려 줄 거예요. 큰북소리에 맞춰 애벌레가 되어 움직여 보세요. 그런데 북소리가 나면 기어가고 북소리가 멈추면 어떻게 할까요?

6. 평가
   * 응원팀과 애벌레팀으로 나누어 게임을 한다.

토끼와 거북이

■ **활동목표**
- 빠르기에 대하여 경험한다.
- 음악 감상으로 음악의 구성요소를 탐색할 수 있다.

■ **음악적 관련요소**
- 빠르기

■ **누리과정 관련요소**
- 예술경험: 음악적 요소 탐색하기, 음악으로 표현하기, 다양한 예술 감상하기, 움직임과 춤으로 표현하기

■ **준비**
- 미끄럼틀 만들기 견본, 단추 1개, 가위, 음악동화

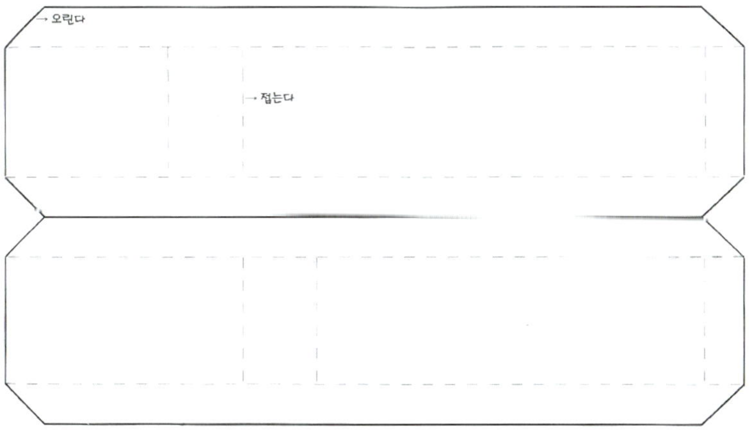

■ **활동방법**

1. 빠르기를 탐색한다.
   — 오늘은 무엇을 타고 왔나요? 자동차가 빠를까요? 그냥 걸어오는 것이 빠를까요? 그러면 선생님이 미끄럼틀에서 단추를 굴려 볼게요. 어떤 단추가 더 빠를까요?

2. 토끼와 거북이의 빠르기를 탐색한다.
   — 그러면 토끼와 거북이는 누가 더 빠를까요?

3. 토끼와 거북이의 리듬을 만든다.
 — 토끼와 거북이 리듬을 만들어 보는 것은 어떨까요? 거북이의 느린 리듬은 어떻게 만들어 볼까요? 토끼의 빠른 리듬을 어떻게 만드는 것이 좋을까요?

 예: '토끼'에서는 빠르게 무릎을 치고, '거북이'에서는 느리게 손뼉을 치기

4. 토끼와 거북이의 음악동화를 탐색한다.
 — 오늘 할 활동은 음악동화를 듣고 토끼와 거북이라는 말에 우리 친구들이 만든 리듬을 치는 거예요. 먼저 오늘 활동할 음악동화를 들어 볼까요?

5. 음악동화에 맞춰 리듬치기에 대해 토의한다.
 — 토끼와 거북이 리듬에 맞춰 리듬치기를 어떻게 하는 것이 좋을까요? 그룹을 나누어 의논해 봅시다.

 예: '토끼'에서는 빠르게 무릎을 치고, '거북이'에서는 느리게 손뼉을 치기

6. 평가

[확장활동]
* 제시한 종이를 오려서 미끄럼틀 만들기

토끼와 거북이

이미혜

어느 날, 토끼와 거북이는 목적지를 정해 놓고 누가 더 빨리 도착할 수 있는지 내기를 했어요.
토끼는 “당연히 내가 훨씬 빠르지”라며 기뻐했어요.
하지만 거북이도 “나도 열심히 노력하면 빨리 도착할 수 있을 거야”라고 말했어요.
“하나, 둘, 셋, 출발!”
토끼와 거북이는 도착 지점을 향해 힘차게 출발했어요.
토끼는 깡충깡충,
거북이는 엉금엉금 기어갔어요.
토끼는 깡충깡충 뛰어서 거북이보다 더 빠르게 훨씬 멀리 갔어요.
한참을 달려가던 토끼는 뒤를 돌아 보았지만 거북이가 보이지 않았어요.
토끼는
“하하! 그것 봐, 당연히 내가 이기지.
느림보 거북이가 여기까지 오려면 시간이 많이 걸릴 거야!”
‘음, 거북이가 올 때까지 낮잠이나 자 볼까?’
라며 토끼는 시원한 나무 그늘 밑에서 낮잠을 자기로 했어요.
그 사이 거북이는 엉금엉금 쉬지 않고 열심히 기어서 토끼보다 먼저 목적지에 도착하게 되었어요.
“와! 이겼다! 정말, 거북이가 이겼어.”
“이게 무슨 소리지?”
거북이가 이겼다고 소리치는 것을 듣고 놀라 잠에서 깨어난
토끼는 거북이를 얕보고
느림보라고 놀리며 잠을 잔 것을 후회했어요.
그렇지만, 토끼는 “축하해, 거북아!”라며 거북이의 승리를 진심으로 축하해 주었답니다.

지(G) 장조의 미뉴엣

■ **활동목표**
- 소리의 빠르기를 경험한다.
- 음악 감상으로 음악의 구성요소를 탐색할 수 있다.

■ **음악적 관련요소**
- 빠르고 느린 소리, 신체표현하기(달크로즈 방법 적용)

■ **누리과정 관련요소**
- 예술경험: 음악적 요소 탐색하기, 음악으로 표용하기, 다양한 예술 감상하기, 움직임과 춤으로 표현하기

■ **준비**
- 탱탱볼 1개. 지(G) 장조의 미뉴엣(느린 부분, 빠른 부분)

■ **활동방법**

1. 공굴리기 방법을 탐색한다.
   — 오늘은 선생님이 친구와 활동할 탱탱볼을 가지고 왔어요. 그림처럼 선생님이 공을 친구에게 굴리고 싶은데 공을 받은 친구는 다른 친구에게 공을 굴려 보세요. 그러면 공을 굴릴 수 있도록 그림의 원으로 앉아 볼까요?

2. 음악을 탐색한다.
   — 공 굴릴 때 사용할 음악을 먼저 들어 볼게요. 이 음악은 중간에 빠른 부분이 나온

데요. 조용하고 느린 부분과 빠르고 경쾌한 부분의 음악을 먼저 들어 봅시다.

3. 음악에 맞춰 공 굴리는 방법을 찾는다.
   - 조용하고 느린 부분에 어떻게 공을 굴려 볼까요?(활동)
   - 빠르고 경쾌한 부분에 어떻게 공을 굴려 볼까요?

   예: 음악에 맞추어 공을 굴리다가 발전부(빠른부분)에서 음악의 빠른 부분이 나오면 공을 바닥에 쳐서 유아에게 준다.

4. 평가

라르고

■ 활동목표
- 느린 곡에 맞춰 다양한 표현을 할 수 있다.
- 음악 감상을 통하여 음악의 구성요소를 탐색할 수 있다.

■ 음악적 관련요소
- 빠르기(유리드믹스-달크로즈 방법 적용)

■ 누리과정 관련요소
- 예술경험: 음악적 요소 탐색하기, 음악으로 표현하기, 다양한 예술 감상하기, 움직임과 춤으로 표현하기

■ 교육과정 관련요소
- 아름다움 찾아 보기: 음악적 요소 탐색하기
  예술적 표현하기: 움직임과 춤으로 표현하기

■ 준비
- 접시, 테니스 공, 라르고 음악

■ 활동방법

1. 음악을 탐색한다.
   — 오늘 활동에 사용할 음악을 들어 볼까요? 어떤 음악인 것 같나요? 아주 느린 곡이지요. 이러한 느린 곡의 음악을 들으면 어떤 느낌이 드나요?

2. 공을 전달한다.
   — 그러면 접시에 테니스 공을 올려놓고 저기 반환점을 돌아오는 활동을 하려고 해요. 이렇게 느린 음악에 맞춰 공을 전달하려면 어떻게 걷는 것이 좋을까요?
   — 공을 떨어뜨리지 않게 조심해야 해요. 공을 흘리지 않고 무사히 돌아오면 그 다음 친구가 접시를 받아서 활동을 하도록 해요. 누가 시범을 보일 친구가 있나요?
   — 이제 시범을 보였으니 두 모둠으로 나누어 공을 전달하도록 해요.

3. 몸을 굴린다.
   — 이제 바닥에 누워서 음악에 맞춰 천천히 몸을 굴려 봅시다.

4. 느낌을 이야기한다.
   — 어떤 느낌이었나요? 무엇이 재미있었나요?

5. 평가

뻐꾹왈츠

■ **활동목표**
- 음악이야기의 느낌을 그림으로 표현할 수 있다.
- 음악 감상을 통하여 음악의 구성요소를 탐색할 수 있다.

■ **음악적 관련요소**
- 음악 감상

■ **누리과정 관련요소**
- 예술경험: 음악적 요소 탐색하기, 음악으로 표현하기, 다양한 예술 감상하기, 움직임과 춤으로 표현하기

■ **준비**
- 새 그림, 새소리, 뻐꾹 왈츠음원

뻐꾹새

■ **활동방법**

1. 새에 관해 이야기 나눈다.
   - 선생님이 오늘 활동에 사용할 소리(일반 새의 소리)를 가지고 왔어요. 어떤 소리인지 알아맞혀 보세요.
   - 새에는 여러 종류가 있어요. 그러면 선생님이 가져온 그림을 보고 어떤 새가 있는지 알아 봅시다.

2. 뻐꾸기 새소리를 듣는다.
   — 이번에는 다른 새소리를 들려줄 거예요. 어떤 소리가 나는지 알아 보아요.

3. 뻐꾸기 전설이야기를 살펴본다.

> 뻐꾸기라는 이름은 옛날 옛날에 시어머니 몰래 떡국을 먹다가 목에 걸려서 "떡국 떡국." 하며 소리를 내었답니다. 며느리의 소리를 지나가던 뻐꾸기가 흉내 내었다고 하네요. 우리도 뻐꾸기 흉내를 내어 볼까요?

4. 음악을 감상한다.
   — 오늘은 선생님이 '뻐꾹왈츠'라는 곡을 준비해왔어요. 함께 들어 볼까요? (음악듣기 24초)
   — 혹시 음악 속에 '뻐꾹'하는 소리를 들었나요? 어떤 소리인지 음악을 다시 들어 볼까요?

5. 음악 감상곡을 설명한다.
   — 이 음악은 작곡가 요나슨의 '뻐꾹 왈츠'라는 곡이에요.

6. '뻐꾹' 소리를 모방하며 듣는다.
   — 음악을 다시 들을 때, 뻐꾹 울음소리가 나올 때 친구들도 뻐꾹 소리를 내면서 듣도록 해요.

7. 그림으로 표현한다.
   — 자, 이제 선생님이 나눠준 종이에 노래를 들으면서 자신이 느낀 대로 자유롭게 그림을 그리면 음악을 들어 보아요.

8. 그린 그림을 설명한다.
   — ○○이는 이런 그림을 그렸는데 무엇을 그린 것이죠?

9. 평가

5 건강과 안전

병원 놀이

■ 활동목표
- 노래부르기를 통하여 병원놀이 상황극을 경험한다.
- 노래부르기를 통하여 음악의 구성요소를 탐색할 수 있다.

■ 음악적 관련요소
- 음악의 형식(문답창)

■ 누리과정 관련요소
- 예술경험: 음악적 요소 탐색하기, 음악으로 표현하기, 다양한 예술 감상하기, 움직임과 춤으로 표현하기

■ 준비
- 병원그림

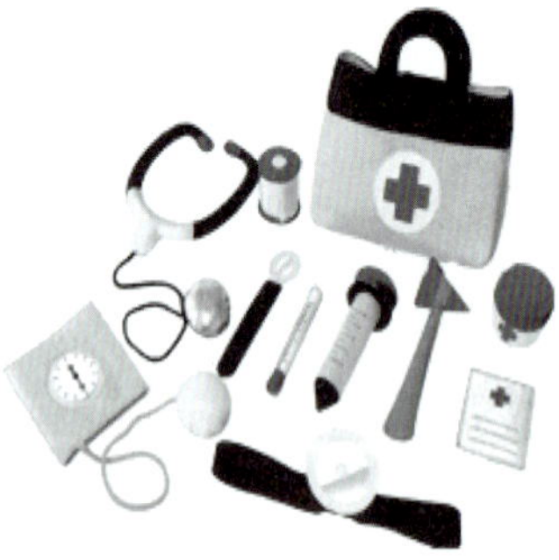

■ 활동방법

1. 병원에 대하여 이야기 나눈다.
   — 이곳은 어디일까요? 여기는 언제 가나요?

2. 질문과 대답(음악의 형식)의 노래에 관하여 이야기 나눈다.
   — 여기 병원 놀이에 사용할 노래의 가삿말이에요. 다함께 읽어 볼까요?
   — 노래에 묻고 답하는 곳이 있네요. 어디에 묻는 말이 있나요? 그러면 누가 묻고 있나요? 누가 대답을 하고 있나요?

3. 문답창으로 노래를 부른다.
   — 묻는 부분의 노래를 함께 해 볼까요?
   — 대답 부분을 함께 해 볼까요?
   — 묻는 부분을 선생님이 노래하고 대답하는 부분을 친구들이 노래해 볼까요?

4. 상황극을 위해 이야기를 나눈다.
   — 오늘은 병원 놀이를 할 거예요. 우리친구들 배가 아프기도 하지만 다른 곳도 아파요. 친구들은 배 말고 다른 곳이 아파본 적이 있나요?
   — 다른 곳이 아플 땐 어느 병원에 가야 할까 궁금하지요. 아픈 곳이 다를 때 어디를 가야 하는지 알아 봅시다.

5. 평가

병원놀이

장민수 작시
장정옥 작곡

치카치카 이를 닦자

■ 활동목표
- 노래부르기를 통하여 건강한 생활에 대하여 안다.
- 노래부르기를 통하여 음악의 구성요소를 탐색할 수 있다.

■ 음악적 관련요소
- 오디에이션(고든 방법 적용)

■ 교육과정 관련요소
- 아름다움 찾아 보기: 음악적 요소 탐색하기
  예술적 표현하기: 움직임과 춤으로 표현하기

■ 준비
- 단어 카드

치카치카	
윗니 아랫니	
칫솔 친구	
우리 모두	

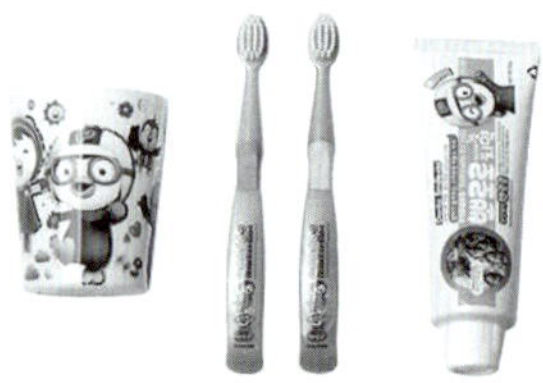

■ 활동방법

1. 노래를 수수께끼로 알아본다.
   — 선생님이 소리(치카치카)를 내어 볼 거예요.
   — 언제 이런 소리가 날까요?
   — 오늘은 '치카치카 이를 닦자'라는 노래를 배워볼 거예요.

2. 첫째, 셋째 마디에 손뼉을 치며 노래를 듣는다.
   — 어떤 노래인지 선생님과 함께 손뼉을 치며 노래를 먼저 들어 볼까요?

3. 손뼉치던 곳의 단어 카드를 사용하여 가삿말을 알아본다.
   — 말이 나왔나요. 다시 노래를 들으며 손뼉친 곳의 노랫말이 무엇인지 알아 봅시다.

4. 첫째, 셋째 마디에 가사로 노래를 부른다.
   — 선생님이 보여준 노랫말의 노래를 따로 불러 볼까요?

5. 나머지 둘째, 넷째 마디의 가사를 소개한다.
   — 노래의 하얀 곳에는 가사가 없네요? 이곳에 어떤 말이 들어갈까요? (둘째, 넷째 마디의 가사를 숨긴 후 보여준다.)

6. 첫째, 셋째 마디에서는 손뼉을 치며(손뼉치기에는 손뼉그림으로 부칠 수 있도록 함), 둘째, 넷째 마디에서는 노래를 한다.

7. 노래의 내용에 관하여 이야기한다.

8. 평가
   [참고]
   * 중간 중간 솔미도 준비 시작(고든 오디에이션 예비음)을 노래로 들려준다.

치카치카 이를 닦자

김지운 작사 · 작곡

※ 출처: 3~5세용 누리과정 교사용 지도서

나의 하루

■ **활동목표**
- 노래부르기를 통하여 음악의 구성요소를 탐색할 수 있다.
- 노래부르기를 통하여 하루의 일과 개념을 안다.

■ **음악적 관련요소**
- 크고 작은 소리, 신체표현하기

■ **교육과정 관련요소**
- 아름다움 찾아 보기: 음악적 요소 탐색하기
  예술적 표현하기: 움직임과 춤으로 표현하기

■ **준비**
- 오늘 하루 일과 그림

■ **활동방법**

1. 하루의 일과에 대하여 이야기한다.

2. 노래를 허밍하며 듣는다.

3. 노래의 내용에 대하여 알아본다.

4. 하루 일과로 바꾸어 노래를 부른다.

5. 노래부르기 소감을 이야기한다.

6. 평가

나의 하루

이미혜 작사 · 작곡

꿈나라에서 우리 만나요

■ **활동목표**
- 조용한 곡의 분위기의 노래를 통해 안정감을 느낄 수 있다.
- 지휘와 음악의 구성요소를 탐색할 수 있다.

■ **음악적 관련요소**
- 지휘하기

■ **교육과정 관련요소**
- 아름다움 찾아 보기: 음악적 요소 탐색하기
  예술적 표현하기: 움직임과 춤으로 표현하기

■ **준비**
- 지휘그림

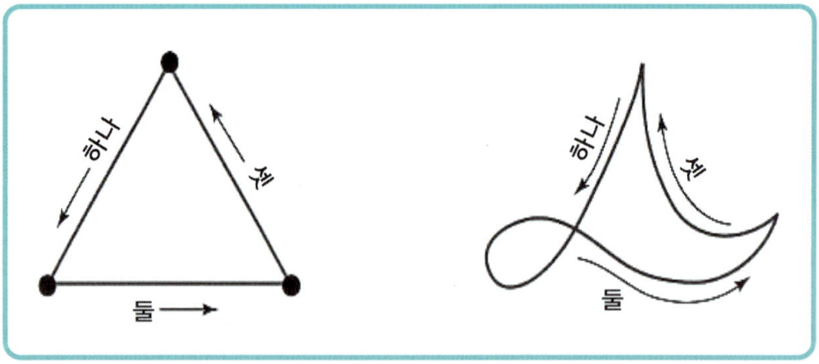

■ **활동방법**

1. 리듬에 따라 신체반응하며 음악을 듣는다.
   — 옆 친구와 팔짱을 끼고 노래를 들어 봅시다.
   — 노래가 어떤 내용인지 알 것 같나요?
   — 그러면 이번에는 옆 친구의 등을 두드리며 어떤 노래인지 한 번 더 들어 봅시다.

2. 허밍하며 노래를 듣는다.

3. 방바닥을 두드리며 노래를 듣는다.

4. 노래의 박자를 알아본다.

5. 조용한 곡에 사용되는 세 박자에 관하여 이야기한다.

6. 팔을 저으며 노래를 듣는다.

7. 지휘를 한 느낌에 대하여 이야기 나눈다.

8. 조용한 곡의 느낌에 대하여 이야기한다.

9. 누워서 음악을 듣는다.

10. 평가

[참고]
지휘할 때 사용하는 스윙의 느낌

꿈나라에서 우리 만나요

김지운 작사 · 작곡

※ 출처: 3~5세용 누리과정 교사용 지도서

손 씻기 송

■ **활동목표**
- 다양한 방법으로 음악활동을 할 수 있음을 안다.
- 노래부르기를 통하여 음악의 구성요소를 탐색할 수 있다.

■ **음악적 관련요소**
- 오스티나토(오르프 방법 적용)

■ **교육과정 관련요소**
- 아름다움 찾아 보기: 음악적 요소 탐색하기
  예술적 표현하기: 움직임과 춤으로 표현하기

■ **준비**
- 손 씻기 과정 그림, 오르프 타악기(몇 개)

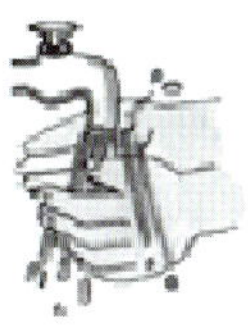
손 적시기

비누칠

손바닥 비비기

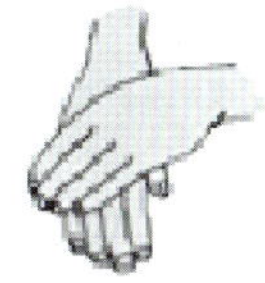
손등 씻기

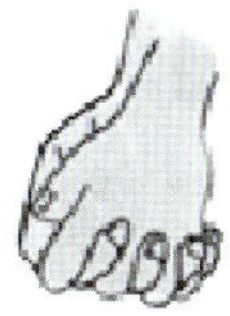
손가락 사이 씻기

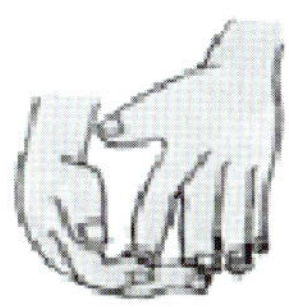
손톱 밑 닦기

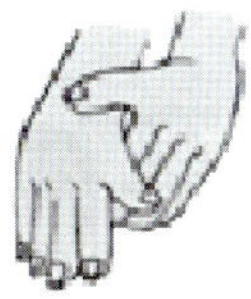
손목씻기

비누 씻어내기

■ **활동방법**

1. 동작으로 노래의 제목을 수수께끼로 소개한다.
   — 선생님이 어떤 동작을 하는지 알아맞혀 보세요.

2. 손 씻는 과정을 그림으로 소개한다.

3. 손 씻는 과정을 동작으로 알아본다.
   — 손을 씻을 때 무엇부터 할까요. 선생님이 말해 주면 친구들은 동작으로 흉내 내어 보세요.

4. 물소리를 오스티나토로 만들어 본다.
   — 물소리를 만들어 볼까요? (예: 줄줄 주루룩)
   — 만든 물소리를 한 소절 끝 넷째 마디에 넣어 볼 거예요. 친구들은 노래를 듣다가 선생님이 만든 말을 음악에 넣어 볼 거예요. 잘 보고 따라 해 볼까요?
   — 말 대신 동작으로 바꾸어 볼까요?
   — 동작 대신 신체 리듬(무릎치기)으로 바꾸어 볼까요?

5. 오스티나토로 무릎을 치면서 허밍하며 노래를 듣는다.

6. 오스티나토를 다른 악기(리듬 타악기 또는 심플보르둔)로 연주한다.

7. 평가

손씻기 송

대한영양사협회

※ 출처: 3~5세용 누리과정 교사용 지도서

싱글 벙글

■ 활동목표
- 말 리듬을 경험한다.
- 친구와 협동하여 합주를 한다.

■ 음악적 관련요소
- 악기연주(오르프 방법 적용)

■ 교육과정 관련요소
- 아름다움 찾아 보기: 음악적 요소 탐색하기
  예술적 표현하기: 움직임과 춤으로 표현하기

■ 활동방법

1. 손 유희를 하며 음악을 듣는다.

2. 싱글팀과 벙글팀을 구분하며 노래를 부른다.

3. 교사의 바 장조의 화음으로 보르둔 연주(악보 1)하며 노래를 부른다.

4. 유아 한 명이 손가락 심벌즈(악보 2) 오스티나토를 하며 전체 노래를 부른다.

악보 1)

심플보르둔 연주

악보 2)

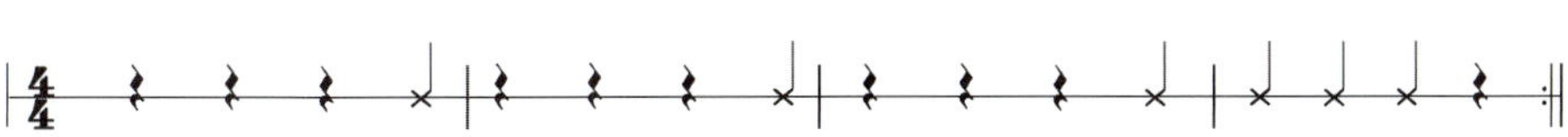

5. 싱글팀에 사용할 악기를 선택한다.
   — 이제 싱글팀에서 '싱글' 노래하던 곳에 악기를 연주할 거예요. 어떤 악기를 사용하

는 것이 좋을까요?

— 악기가 정해졌으면 우리 싱글팀에서 먼저 연주를 해 볼까요?

6. 벙글팀에 사용할 악기를 선택한다.

— 그러면 벙글팀에서는 어떤 악기를 사용하는 것이 좋을까요?

7. 나머지 부분에 사용할 악기를 선택한다.

— 싱글팀과 벙글팀에서 한 명씩 나와서 보르둔을 연주해 볼까요?

8. 평가

싱글벙글

※ 출처: 3~5세용 누리과정 교사용 지도서

공

■ **활동목표**
- 노래부르기를 통하여 공놀이에 관심을 가진다.
- 내청을 통하여 오디에이션 경험을 한다.

■ **음악적 관련요소**
- 내청법(코다이 방법 적용)

■ **교육과정 관련요소**
- 아름다움 찾아 보기: 음악적 요소 탐색하기
  예술적 표현하기: 움직임과 춤으로 표현하기

■ **준비**
- 공 그림, 공놀이 운동 동영상, 부분 노래 가삿말 카드(두 마디씩 나누어진)

■ **활동방법**

1. 여러 가지 공에 관한 이야기를 나눈다.
   — 선생님이 보여주는 공은 모양은 같은데 크기가 다르지요? 공은 왜 다를까요?

2. 공놀이(축구, 야구, 탁구) 동영상을 감상한다.
   — 공의 크기가 왜 다른지 동영상을 한번 보고 알아 볼까요?

3. 부분 노래를 부른다.
   — 이번에는 노래로 공을 가지고 어떤 운동을 하는지 알아 봅시다.
   발로 뻥 차면 슛 골인(두 마디씩 부분 노래 노랫말 카드를 보며 노래를 부르고 유아는 모방한다.)

4. 네 그룹으로 나누어 부분 노래를 맡아서 부른다.
 — 선생님이 노랫말 카드를 모둠으로 나누어 줄 거예요. 어떤 카드를 받았는지 보고 자기 카드에 적힌 노래를 불러 보는 거예요.

5. 그룹을 바꾸어 활동한다.
 — 카드를 바꾸어 활동을 해 볼까요?

6. 소리를 내지 않고(내청) 노래를 부른다.
 — 노래의 가사가 없어진 곳에는 소리를 내지 말고 노래를 불러 보아요.
 (큰 판에 적힌 가사 판을 준비하고 가사의 일부를 가린다. 가사가 안 보이는 부분에는 소리 내지 않고 노래를 부르게 한다.)

7. 평가

공

색동유치원 행복한반 어린이들 작사
손혜진 작곡

※ 출처: 3~5세용 누리과정 교사용 지도서

부엌 합창

■ **활동목표**
- 친구와 협동하여 노래를 부를 수 있다.
- 노래에 맞춰 악기연주를 경험한다.

■ **음악적 관련요소**
- 악기연주(오르프 방법 적용)

■ **교육과정 관련요소**
- 아름다움 찾아 보기: 음악적 요소 탐색하기
  예술적 표현하기: 움직임과 춤으로 표현하기

■ **준비**
- 부엌기구 그림 5장(뒷면에 가사가 적힌), 가사 판

■ **활동방법**

1. 노래를 탐색한다.
   - (냄비 그림을 보여주며) 이것이 무엇인가요? 언제 사용하나요? 무엇을 만들 수 있나요?
   - 주방기구로 만든 노래가 있어요. 어떤 주방기구가 나오는지 들어 보고 알아맞혀 보세요.
   - 어떤 주방기구가 나왔나요. 냄비, 프라이팬, 국자, 주전자, 접시 등(그림을 하나씩 보여주며 이야기 나눈다.)

2. 부분 노래를 한다.
   - 선생님이 보여주는 노랫말 카드를 보면서 노래를 불러 봅시다.
     (각 그림의 뒷면에 노랫말을 적은 카드를 보여주면서 부분 노래를 부른다.)

3. 가삿말을 탐색한다.
   ― 이제 가사 판을 보여줄 거예요. 어디까지 노래를 들어 보았나요? 그러면 처음부터 우리가 불렀던 곳(셋째 줄)까지 어떤 노랫말이 있는지 알아 봅시다.

4. 그림을 팀으로 나누어 가진 후 노래에 자기 그림의 이야기가 나오면 일어선다.

5. 모둠으로 나누어 가진 그림의 부분을 노래부르기 연습을 한다.

6. 넷째 줄 부분에는 다함께 손뼉을 치며 노래를 듣는다.
   ― 넷째 줄 부분부터 다함께 손뼉을 치며 노래를 불러 봅시다.
   ― 넷째 줄에 노래를 부르지 않고 손뼉을 치며 노래를 불러 봅시다.
   ― 넷째 줄에 적당한 악기로 소리를 내며 노래를 부른다.
   ― 넷째 줄에 노래를 부르지 않고 악기로 소리를 낸다.

[참고]
* 악기를 연주할 때 시끄러운 소리가 나지 않도록 악기연주방법에 대하여 먼저 이야기한다. 다른 사람소리가 들릴 정도의 크기가 좋다는 것을 이야기한다.

부엉합창

조문현 작사
홍원표 작곡

※ 출처: 3~5세용 누리과정 교사용 지도서

얌 냠 냠

■ 활동목표
- 리듬에 맞춰 손 유희를 할 수 있다.
- 신체표현을 통하여 음악의 구성요소를 탐색할 수 있다.

■ 음악적 관련요소
- 리듬(오르프 방법 적용)

■ 누리과정 관련요소
- 예술경험: 음악적 요소 탐색하기, 음악으로 표현하기, 다양한 예술 감상하기, 움직임과 춤으로 표현하기

■ 교육과정 관련요소
- 아름다움 찾아 보기: 음악적 요소 탐색하기
  예술적 표현하기: 움직임과 춤으로 표현하기

■ 준비
- 원형, 종이 컵(유아의 수)

■ 활동방법

1. '하나' '둘' 구령에 맞춰 옆 사람과 손뼉치기 연습을 한다.
   — 오늘은 음악에 맞춰 컵을 전달하려고 해요. 컵은 박자에 맞춰 옆 사람에게 전달해야 하는데 박자 공부를 리듬치기로 연습해야 하거든요. 옆 사람과 짝을 지어 보세요. 친구와 '하나' '둘'하며 손뼉치기를 해 볼까요? 선생님과 친구가 하는 것을 먼저 한번 보세요.

2. 노래에 맞춰 손뼉치기 연습을 한다.
   — 이제 음악이 나오면 손뼉을 치면서 들어 봅시다.

3. 노래에 맞춰 컵을 전달한다.
   — 이제 원으로 앉아 볼까요? 하나 둘하면서 옆 사람과 손뼉을 쳐 봅시다.
   — 이제 원으로 앉아서 공을 전달해 볼까요?
   — 연습이 되었으니 음악에 맞춰 공을 전달하여 봅시다.
   — 이제 진짜로 옆 사람에게 컵을 전달할 거예요. '하나'에 자기 컵을 잡고 '둘'에 옆 사람 앞에 컵을 놓으세요. 연습 먼저 해 볼까요?

4. 자리를 정리하고 노래의 내용에 대하여 이야기 나눈다.
 — 선생님과 노래에 맞춰 재미있는 놀이를 하였어요. 그런데 노래는 어떤 내용이었나요?

5. 평가

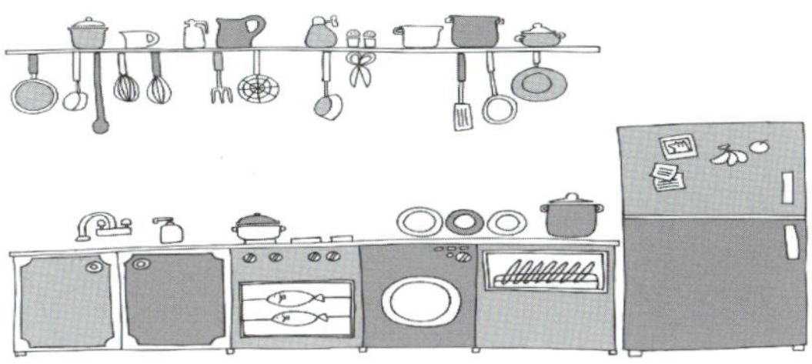

얌냠냠

김희경 작사
김숙경 작곡

※ 출처: 3~5세용 누리과정 교사용 지도서

6 도구와 기계

색종이

■ **활동목표**
- 다양한 음악놀이를 즐길 수 있다.
- 노래부르기를 통하여 음악의 구성요소를 탐색할 수 있다.

■ **음악적 관련요소**
- 음악의 형식

■ **누리과정 관련요소**
- 예술경험: 음악적 요소 탐색하기, 음악으로 표현하기, 다양한 예술 감상하기, 움직임과 춤으로 표현하기

■ **준비**
- 비행기 색종이 접기

■ **활동방법**

1. 노래를 소개한다.
   — (색종이 접기 비행기) 이게 뭘까요? 선생님이 오늘은 색종이를 접어서 비행기를 만들어 왔어요. 오늘은 색종이 접기를 해 볼까요? 색종이를 접기 전에 색종이 노래를 배워 보아요.

2. 노래를 탐색한다.
   — 어떤 노래인지 노래를 먼저 들어 볼까요?
   — 무엇이 나왔나요? 어떤 내용이었나요?

3. 가삿말을 알아본다.
   — 노랫말을 먼저 들려 줄게요. 한 줄씩 노래를 불러 볼까요?
   — 선생님이 첫째 줄 노래를 하면 친구들이 둘째 줄에 노래를 불러 보아요.

4. 같은 색깔 색종이 가진 친구 모둠으로 모인다.
   — 같은 색깔 색종이를 가진 친구가 모여서 색종이로 비행기를 접어 봅시다.

5. 가사를 바꾸어 부른다.
   — 선생님이 이 부분(첫째 줄을 빨간색)을 이렇게 바꾸어 부르면 빨간색 색종이를 가진 친구가 만든 비행기를 날려 봅시다.
   — 이번에는 어느 모둠의 친구의 색깔을 노래해 볼까요?

색종이

서광선 작사 · 작곡

※ 출처: 3~5세용 누리과정 교사용 지도서

바르게 사용해요

■ 활동목표 • 도구를 사용할 때 바르게 사용해야 함을 안다.
• 다양한 방법으로 노래부르기에 참여한다.

■ 음악적 관련요소 • 멜로디

■ 누리과정 관련요소 • 예술경험: 음악적 요소 탐색하기, 음악으로 표현하기, 다양한 예술 감상하기, 움직임과 춤으로 표현하기

■ 준비 • 컴퓨터와 텔레비전 그림, 돌려가며 가사가 보이는 모형박스

■ 활동방법

1. 컴퓨터와 텔레비전에 관하여 이야기 나눈다.
 — 이것이 무엇인지 알아요? 우리 반에 컴퓨터는 어디에 있나요?
 — 그러면 선생님이 컴퓨터를 사용할 때 어떻게 해야 하는지 알려 줄 거예요.
  * 사용하는 방법이 적힌 모형 박스를 돌려가며 설명한다.
  혼자하면 안 돼요 / 오래하면 안 돼요 / 부모님과 함께해요 / 약속시간 지켜요 / 끄는 순서 지켜요 / 바르게 사용해요

2. 부분 노래를 소개한다.
 — 우리가 컴퓨터를 사용할 땐엔 어떻게 할까요? 선생님이 물으면 친구들은 안 돼요를 노래로 부르는 거예요. 어떻게 해야 하는지 한번 볼까요?

3. 노래를 듣는다.
   — 이제 오늘 부를 노래의 전체를 들어 보도록 해요.

4. 전체 노래를 부른다.

바르게 사용해요

최명희 개사
김성균 작곡

※ 출처: 3~5세용 누리과정 교사용 지도서

안 경

■ **활동목표**
- 노래부르기를 통하여 생활도구의 쓰임새를 안다.
- 다양한 방법으로 노래부르기를 즐긴다.

■ **음악적 관련요소**
- 리듬반응

■ **누리과정 관련요소**
- 예술경험: 음악적 요소 탐색하기, 음악으로 표현하기, 다양한 예술 감상하기, 움직임과 춤으로 표현하기

■ **준비**
- 안경그림(돋보기 안경, 선글라스, 콘택트렌즈, 3D 안경)

돋보기 안경

■ **활동방법**

1. 수수께끼를 소개한다.
   — 이게 뭘까요? 동그라미가 두 개예요. 코 위에 걸쳐 사용하는 거예요. 이것을 하면 잘 보여요.

2. 안경의 종류에 관하여 이야기 나눈다.
   (안경그림을 보여주며) 이 안경은 무엇일까요? 언제 사용하나요? 누가 사용하나요?

3. 안경의 종류 부분에 부분 노래로 들려준다.
   — 선생님이 각각의 안경을 노래로 들려 줄 거예요. 안경의 노래를 들어 보세요(할아버지는 돋보기안경 등).

4. 안경의 종류를 손뼉치며 노래를 듣는다.
   — 노래의 가사는 어떨까요? 노래의 가사를 한번 읽어 볼까요? 안경이라는 글자는 어디에 있나요?
   — 이제 전체 노래를 들으며 안경이 나오면 손뼉을 치며 노래를 들어 볼까요?
   — '○○ 안경' 부분에 소리 내지 말고 손뼉치기만 하며 들어 볼까요?

5. 전체 노래를 부른다.

안경

서광선 작사 · 작곡

※ 출처: 3~5세용 누리과정 교사용 지도서

타이프라이터

■ **활동목표**
- 타이프라이터 소리도 음악이 될 수 있음을 안다.
- 리듬의 빠르기를 신체로 표현할 수 있다.

■ **음악적 관련요소**
- 리듬반응(유리드믹스-달크로즈 방법 적용)

■ **누리과정 관련요소**
- 예술경험: 음악적 요소 탐색하기, 음악으로 표현하기, 다양한 예술 감상하기, 움직임과 춤으로 표현하기

■ **준비**
- 타자기 그림, 타자기 소리 음원, 타이프라이터 음악 음원

※ 출처: http://blog.naver.com/PostView.nhn?blogId=sshsun1013&logNo=125875616

■ **활동방법**

1. 타이프라이터(타자기) 소리를 들려주고 이야기 나눈다.
   - 선생님이 오늘 활동할 도구의 소리를 들려 줄 거예요. 어떤 소리인지 잘 듣고 알아맞혀 봅시다.
   - 무슨 소리인 것 같나요?

2. 타이프라이터 사진을 보여준다.
   - 본 적이 있나요? 이것과 닮은 물건이 생각나나요? 언제 사용하는 것 같나요?

3. 음악회에서 연주한 타이프라이터를 들어본다.
   - 타자기 소리를 음악으로 만든 곡을 한번 들어 볼까요?

4. 음악에 관한 이야기를 해 준다(작곡가, 제목 등).
   — 이 곡은 앤드슨이라는 작곡가가 타자기를 소리를 이용해서 음악을 만든 곡이랍니다. 음악 속에서 타자기는 어떤 소리가 났었나요?

5. 음악을 다시 감상하며 타이프라이터를 두 손으로 치는 모습을 함께 표현해 본다.
   — 그러면 음악을 다시 들으면서 타자기 소리에 타자치는 흉내를 내면서 들어 봅시다.
   — 이번에는 다른 방법으로 표현하면서 음악을 들어 볼 수 있을까요?

6. '땡' 소리를 찾아본다.
   — 음악에 '땡' 소리가 났었는데 들어본 적이 있나요? '땡' 소리가 언제 났었는지 다시 음악을 들어 볼까요?
   — 이제 음악을 들으면서 '땡' 소리가 나면 손뼉을 치면서 들어 봅시다.

7. 타자소리에 걷고 '땡' 소리에 멈춘다.
   — 마음대로 음악에 맞춰 춤추다가 '땡' 소리에 멈춰 보아요.
   — 이제 타자기 소리에 오른쪽으로 돌다가 '땡' 소리에 멈추어 보아요.

[유의점]
* 유리드믹스는 음악의 요소를 듣고 요소에 맞는 신체표현을 하는 것이다. 빠르고 느린 리듬, 또는 높고 낮은 음정을 몸으로 음악의 개념에 맞추어 표현하도록 한다.

탬버린

■ **활동목표**
- 네 박자 리듬 만들기를 경험한다.
- 론도 형식을 경험한다.

■ **음악적 관련요소**
- 악기연주, 리듬 만들기(오르프 방법 적용)

■ **누리과정 관련요소**
- 예술경험: 음악적 요소 탐색하기, 음악으로 표현하기, 다양한 예술 감상하기, 움직임과 춤으로 표현하기

■ **준비**
- 탬버린, 리듬 카드 여러 개

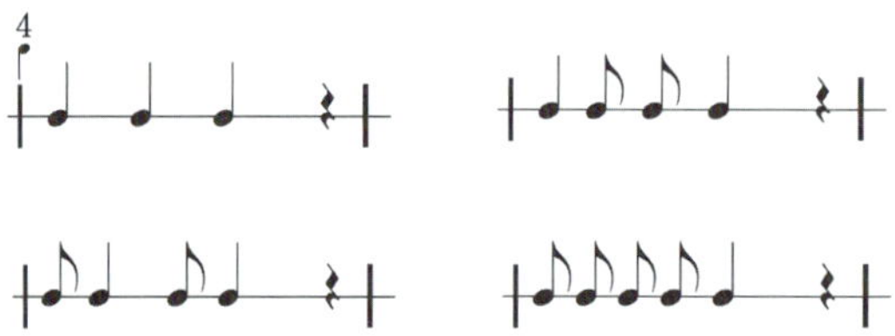

손뼉치기 리듬 카드

■ **활동방법**

1. 리듬을 문답창한다.
   - 오늘은 리듬 문답창 연습을 해 볼 거예요. 리듬 문답창이 뭘까요?
   - 선생님이 손뼉을 치면 친구들이 손뼉을 따라서 치며 답을 하는 거예요. 모두 ‘하나 둘 셋 넷’에 맞춰 손뼉치기를 합시다.
   - 손뼉치기한 리듬 카드를 보여줄 거예요. 네 박자에 따라 여러 가지 리듬을 손뼉치기하였어요. 선생님처럼 네 박자 리듬을 만들 수 있을까요? 누가 나와서 네 박자 리듬을 만들어 봅시다.

2. 두 명이 리듬 문답창을 준비한다.
   - 그러면 한 명은 선생님처럼 리듬을 치고 다른 친구는 따라서 답을 할 친구가 있나요?

3. 돌아가면서 리듬을 연습한다.
   - 이제 만든 네 박자 리듬을 한번 씩 돌아가면서 쳐볼까요?

4. 탬버린으로 리듬을 연습한다.
   — 만든 리듬을 탬버린으로 바꾸어 악기로 연주해 봅시다.

5. 론도란 무엇인가요?
   — 론도란 그림의 빵이 계속 겹쳐지는 것처럼 같은 음악이 반복되는 것을 말해요.

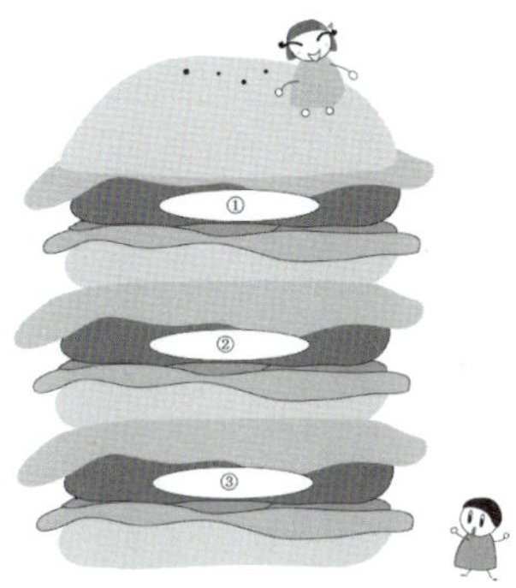

6. 노래 끝에 두 명씩 탬버린 치기와 악기연주를 준비한다.
   — 이제 노래에 ○○ 이름을 부르면 ○○이가 노래를 듣고 노래 끝에 네 박자 리듬을 치는 거예요.

7. 평가
   [활동참고]
   * 탬버린 치기 할 때 교사가 리듬을 정하여 치는 것보다 진행이 순조롭지 않더라도 유아가 자유롭게 만들어 치도록 한다. 유아가 만든 리듬이 정확하지 않더라도 교사는 유아가 만든 리듬의 좋은 점을 찾아서 칭찬하는 것이 좋다.

탬버린

이미혜 작사 · 작곡

부호 소리

■ 활동목표
- 소리 만들기를 통하여 음악의 구성요소를 탐색할 수 있다.
- 리듬에 반응한다.

■ 음악적 관련요소
- 소리 만들기

■ 누리과정 관련요소
- 예술경험: 음악적 요소 탐색하기, 음악으로 표현하기, 다양한 예술 감상하기, 움직임과 춤으로 표현하기

■ 준비
- 부호그림

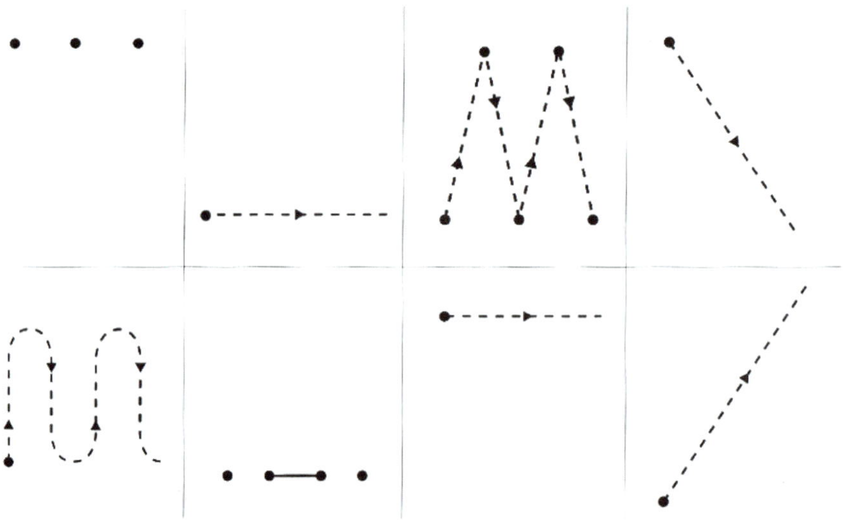

■ 활동방법

1. 소리를 만든다.
   - 우리 몸으로 소리를 만들 수 있을까요? 몸의 어느 곳으로 소리를 만들어 볼까요? ○○와 다른 방법으로 몸으로 소리를 만들 수 있는 친구가 있나요?

2. 부호카드로 소리를 만든다.
   – 그러면 부호를 보고 어울리는 소리를 입으로 만들어 봅시다.

3. 교사의 지시에 부호카드로 소리를 만든다.
   – 그룹을 나누어 부호그림을 나누어 가지고 선생님이 부호를 보여주면 그 팀만 소리를 내어 봅시다. 선생님이 크게 말하면 크게 소리 내어 보세요. 또 작게라고 하면 작게 소리 내어 보세요.

4. 노래에 맞춰 부호 소리를 만든다.
   – 우리 모두 다 같이 노래에 맞추어 부호로 만든 소리를 내어 봅시다. 먼저 음악의 어느 부분에 소리를 낼 것인지 노래를 들어 볼까요?

5. 평가

돼지 삼형제

■ **활동목표**
- 손동작으로 주의집중을 한다.
- 리듬에 반응한다.

■ **음악적 관련요소**
- 리듬반응

■ **누리과정 관련요소**
- 예술경험: 음악적 요소 탐색하기, 음악으로 표현하기, 다양한 예술 감상하기, 움직임과 춤으로 표현하기

■ **준비**
- 오선에 있는 친구들 그림판, 손기호 연습

■ **활동방법**

1. 동화를 듣는다.

2. 동화를 기억한다.
   — 첫째 돼지는 어떤 재료로 집을 지었나요?
   — 둘째 돼지는 어떤 재료로 집을 지었나요?
   — 셋째 돼지는 어떤 재료로 집을 지었나요?

3. 노래를 탐색한다.

4. 오스티나토를 알아본다.
   * 오스티나토란 노래에서 반복적으로 나오는 멜로디나 리듬의 패턴이다.
   — 선생님이 오스티나토를 들려 줄게요. 오스티나토를 함께 불러 볼까요? 오스티나토 함께 연습해 볼까요.

5. 두 모둠으로 나누어 각 그룹에서 오스티나토와 노래를 불러본다.

6. 평가

돼지 삼형제

이미혜 편곡

1: V1 돼 지 삼 형 제 가 - 집 을 지 었 다 네 -
오스티나토
2: V2 (읏 파 읏 파) 망 치 소 리 망 치 소 리 (읏 파 읏 파) 괜 찮 을 까 괜 찮 을 까
3: V1 첫 째 돼 - 지 가 - 지 푸 라 기 로 차 곡 차 곡
오스티나토
4: V2 (읏 파 읏 파) 망 치 소 리 망 치 소 리 (읏 파 읏 파) 괜 찮 을 까 괜 찮 을 까
5: V1 늑 대 나 타 나 - (후) 무 너 졌 - 다 네
오스티나토
6: V2 으 무 서 워 으 무 서 워(후) (읏 파 읏 파) 당 연 하 지 당 연 하 지
7: 오스티나토 읏 파 읏 파 망 치 소 리 가 읏 파 읏 파 들 려 옵 니 다
간주
8: 우드볼
9: 우드볼

샌드페이퍼

■ 활동목표
- 샌드페이퍼로 소리를 낼 수 있음을 안다.
- 악기연주를 통하여 음악의 구성요소를 탐색할 수 있다.

■ 음악적 관련요소
- 크기

■ 누리과정 관련요소
- 예술경험: 음악적 요소 탐색하기, 음악으로 표현하기, 다양한 예술 감상하기, 움직임과 춤으로 표현하기

■ 준비
- 샌드페이퍼(여러 질감), 기차그림

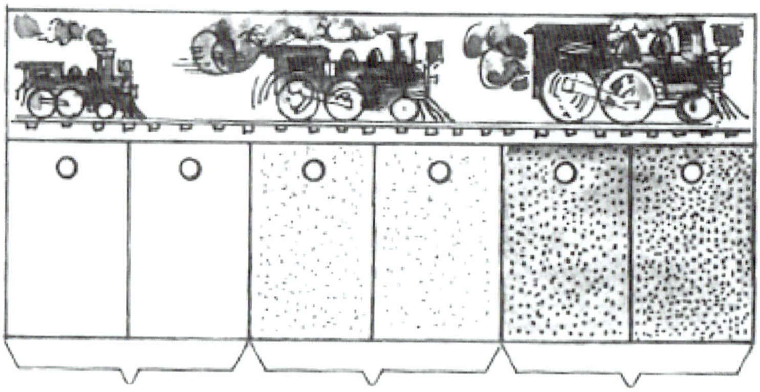

■ 활동방법

1. 샌드페이퍼를 소개한다.
   ─ 선생님이 오늘 친구에게 소개할 물건을 가지고 왔어요. 이 물건을 본 적이 있나요? 이것은 샌드페이퍼라고 해요. 샌드페이퍼 두 장을 서로 비비면 소리가 나요. 한번 들어 볼까요? 이 소리로 연주를 할 수도 있대요. 샌드페이퍼 소리가 음악에 어떻게 사용되었는지 오케스트라 동영상을 한번 볼까요?

http://blog.naver.com/PostView.nhn?blogId=sshsun1013&logNo=125875616

2. 샌드페이퍼 소리를 탐색한다.
   - 샌드페이퍼는 면이 거칠지만 거친 정도가 조금씩 달라요. 샌드페이퍼를 비비면 어떤 소리가 나는지 친구가 나와서 한번 문질러 보세요.

3. 샌드페이퍼 악기를 만든다.
   - 이제 샌드페이퍼로 악기를 만들어 볼 거예요. 준비된 재료로 악기를 만들어 볼까요?
   - 각각 다른 샌드페이퍼로 어떤 소리가 나는지 알아 봅시다.

4. 동화에 맞춰 샌드페이퍼 소리를 만든다.
   - 오늘 사용할 동화는 기차 소리예요.

> **동화: 기차소리**
>
> 기차를 타려고 동물 친구들이 기차역에 모였답니다. 이제 줄을 서세요. 기차를 타고 어디를 갈까요? 기차가 다가오면 소리가 어떻게 바뀔까요? 기차가 멀어지면 소리가 어떻게 바뀔까요?

   - 기차소리를 샌드페이퍼로 만들 수 있을까요?

5. 평가

빈의 음악시계

■ **활동목표**
- 이야기를 음악으로 표현할 수 있음을 안다.
- 각 악기는 연주방법이 다르다는 것을 안다.

■ **음악적 관련요소**
- 음악 감상

■ **교육과정 관련요소**
- 아름다움 찾아 보기: 움직임과 춤 요소 탐색하기

■ **준비**
- 여러 가지 시계 그림, 여러 종류(부는 악기, 현을 가진 악기, 치는 악기의 그림)

■ **활동방법**

1. 동영상을 감상한다.
   — 시간을 알려주는 특별한 새가 있답니다. 어떤 새인지 동영상을 한번 볼까요?

   http://www.mujikorea.net/display/showDisplay.lecs?goodsNo=MJ31022904&influx_channel_no=146224

2. 시계 종류를 알아본다.
   — 시계는 어떤 종류가 있을까요? 시계는 어떤 일을 할까요?

3. 오케스트라 곡을 감상한다.
   — 빈의 음악시계 오케스트라 연주 동영상을 한번 볼까요? 이 곡은 코다이라는 작곡가의 음악이에요.
   — 이 음악은 모든 악당을 물리칠 수 있다는 허풍쟁이 아저씨의 이야기를 음악으로 만든 것이랍니다. 어떤 음악인지 한번 들어 볼까요?

   http://mmilk.tistory.com/9

4. 오케스트라에 관하여 이야기한다.
   — 이 동영상에 나오는 음악을 연주하는 사람들을 오케스트라라고 해요. 오케스트라가 연주하는 것을 다른 곳에서 본 적이 있나요? 오케스트라에서 어떤 악기를 연주하는지 한 번 더 알아 볼까요?

5. 악기그림을 본다.
   — 이 그림은 악기 그림이에요. 이 악기는 어떻게 소리가 날까요?
   (부는 악기는 관악기, 현을 가진 악기는 현악기, 쳐서 소리 나는 악기를 타악기라고 합니다.)
   — 이런 악기를 ○○ 악기라고 해요.

6. 동영상에 나오는 악기를 찾아본다.
   — 그러면 동영상을 다시 보면서 아는 악기가 나오면 그림에서 찾아 봅시다.

7. 평가

7 교통기관

간다 간다 간다

■ **활동목표**
- 노래부르기를 통하여 교통기관에 관심을 가진다.
- 내가 만든 소리를 통해 음악의 구성요소를 탐색할 수 있다.

■ **음악적 관련요소**
- 소리 만들기(오르프 방법 적용)

■ **누리과정 관련요소**
- 예술경험: 음악적 요소 탐색하기, 음악으로 표현하기, 다양한 예술 감상하기, 움직임과 춤으로 표현하기

■ **준비**
- 골목길, 넓은 길, 좁은 길 그림과 자동차 모형, 가사 판, 동작 그림

■ 활동방법

1. 음악을 탐색한다.
   — 오늘은 선생님이 자동차 그림을 가지고 왔어요. 이 자동차가 어디를 가는지 노래를 듣고 알아 볼까요?
   (모형 자동차가 골목길, 넓은 길, 좁은 길 그림에 지나가는 흉내를 내며 음악을 듣는다.)

2. 허밍하며 듣는다.
   — 자동차가 어떤 길을 간다고 했나요? (골목 길, 넓은 길, 좁은 길)
   — 그러면 선생님처럼 음악을 다시 들으며 자동차 모형을 가지고 그림의 길을 가는 흉내를 낼 친구가 있나요? 다른 친구들은 허밍으로 노래를 하도록 해요.

3. 노랫말을 알아본다.
   — 선생님이 노랫말을 준비해 왔어요. 한번 같이 읽어 볼까요?
   — 이제 노랫말을 읽어 보았으니 함께 노래를 부르도록 해요.

4. 신체 리듬을 친다.
   — '간다간다' 부분에 노래대신 손뼉치기를 해 보도록 해요.
   '간다간다' 부분에 노래대신 손뼉치기 말고 다른 신체 리듬을 쳐보도록 해요.
   '간다간다' 부분에 노래대신 또 무엇을 해 볼까요?
   '간다간다' 부분에 입소리는 내지 않고 신체 리듬을 쳐보도록 해요.
   — '간다간다' 부분에 소리 내지 않고 손바닥을 비비는 흉내를 내어 볼까요?

5. 샌드페이퍼 소리를 듣는다.
   — 선생님이 샌드페이퍼로 소리를 만들어서 '간다' 부분에 연주해 볼게요.
   — 이제 선생님처럼 샌드블록으로 소리를 만들어 볼까요. 악기소리를 낼 때는 노래소리는 내지 않고 연주해 보세요.

6. 샌드블록으로 음악을 연주하는 동영상을 감상한다.
   — 샌드블록을 악기소리로 해서 만든 음악이 있어요. 어떤 음악인지 한번 알아 볼까요?
   — 이제 동영상을 보니까 어떤 느낌이 드는지 말해 볼까요?

7. 동작을 만든다.
   — 2절~4절의 노래 자동차, 비행기, 기차' 부분에 동작을 넣어서 재미있게 불러 볼까요?

8. 평가

간다 간다

김성균 작사 · 작곡

큰 트럭 작은 트럭

■ **활동목표**
- 소리의 크기를 나타내는 기호에 관심을 가진다.
- 노래부르기를 통하여 음악의 구성요소를 탐색할 수 있다.

■ **음악적 관련요소**
- 소리의 크기

■ **누리과정 관련요소**
- 예술경험: 음악적 요소 탐색하기, 음악으로 표현하기, 다양한 예술 감상하기, 움직임과 춤으로 표현하기

■ **준비**
- 큰 트럭과 작은 트럭 그림, 악어 입 그림(소리의 크기를 나타내는 모양이 있는)

■ **활동방법**

1. 크고 작은 트럭의 크기를 비교한다.
   — 선생님이 두 개의 트럭을 준비해 왔어요! 그런데 친구들! 이 두 트럭에 다른 점이 있데요. 무엇일까요? ○○도 다르게 생겼고, 색깔도 다르죠! 근데 또 다른 점이 있어요! 우리 친구들 트럭 크기가 어때요?

2. 큰소리, 작은 소리를 만든다.
   — 선생님과 큰 트럭은 소리를 어떻게 낼까요? 그러면 작은 트럭은 소리를 어떻게 낼까요?

3. 소리의 크기(점점 크게 점점 작게)를 알아본다.
   — 악어 입을 보세요. 악어 입모양이 점점 커지고 있지요? 악어의 입이 점점 크게 벌어질 때 우리 친구는 소리를 '부릉부릉' 소리를 점점 크게 만들 수 있을까요? 누가 한번 점점 큰소리를 만들어 볼까요?

4. 노래를 탐색한다.
   — 노래를 들어 볼까요? 어떤 노래인지 듣고 가사를 기억해 보세요.

5. '부릉' 부분에 소리의 크기를 다르게 노래를 부른다.
   — '부릉부릉'이 노래에 나왔나요. 그 부분을 노래를 불러 볼까요? 그 부분을 소리의 크기를 다르게 불러본다면 어떨까요?

6. 다른 교통기관과 소리를 탐색한다.
   — 이제 트럭 말고 다른 탈 것은 무엇이 있는지 알아 봅시다.
   (1절의 노래를 재미있게 부른 후 2,3,4절의 노래를 부른다.)

7. 소리의 크기를 나타내는 기호를 알아본다.
   — 이것은 악어예요. 그런데 악어 입을 보세요. 여기 세모부분의 어느 부분이 점점 커진 곳인가요? 선생님이 점점 커지는 부분을 가면 소리를 점점 크게 만들어 볼까요?

8. 평가

큰 트럭 작은 트럭

김명순 작사
최혜리 작곡

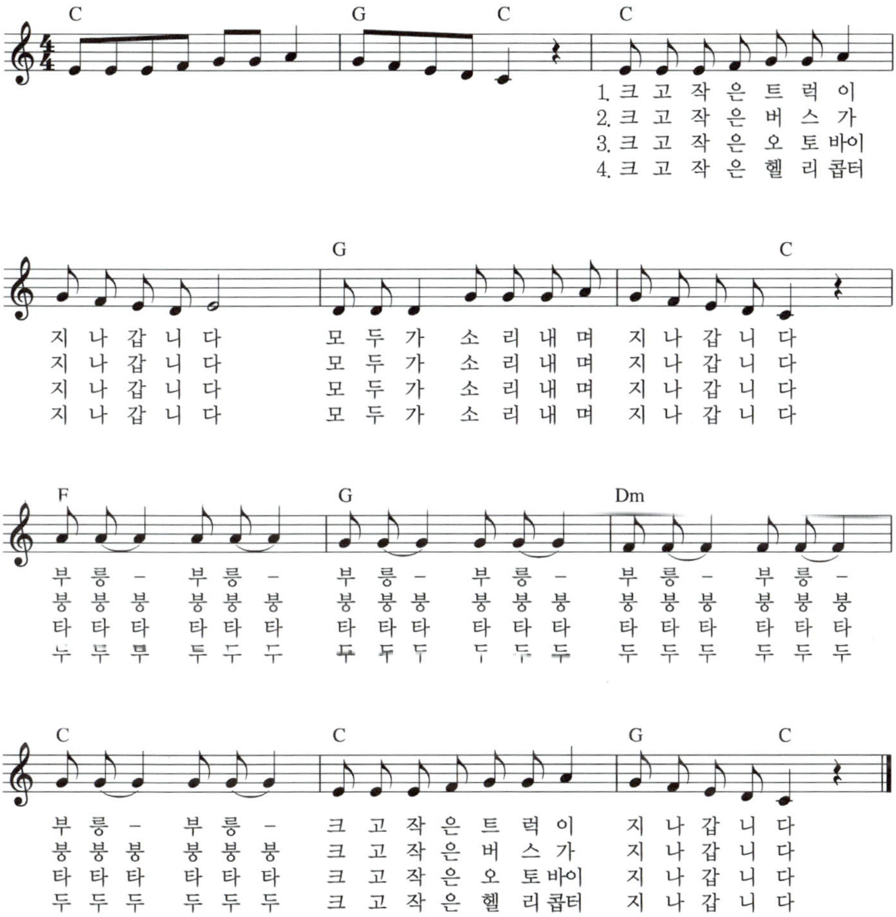

※ 출처: 3~5세용 누리과정 교사용 지도서

신나는 교통기관

■ 활동목표
- 신체 리듬으로 악기연주를 할 수 있다는 것을 안다.
- 즐겁게 노래하며 창의적 리듬 만들기에 참여한다.

■ 음악적 관련요소
- 리듬 만들기(오르프 방법 적용)

■ 누리과정 관련요소
- 예술경험: 음악적 요소 탐색하기, 음악으로 표현하기, 다양한 예술 감상하기, 움직임과 춤으로 표현하기

■ 준비
- 탈 것 그림(뒷면을 검은 색칠하여 그림자처럼 보이게 함) 그룹 나눌 때 사용할 색 점(네 가지)

■ 활동방법

1. 그림자 그림을 보고 교통기관을 알아본다.
 — 선생님이 탈 것의 그림자를 가지고 왔어요. 어떤 탈 것인지 그림자를 보고 맞춰 보세요.

2. 그림을 보며 교통기관의 소리를 흉내 낸다.
 — 탈 것은 어떤 소리를 낼까요?

3. 허밍으로 노래를 부르며 듣는다.
 — 어떤 노래인지 노랫말을 보면서 노래를 들어 볼까요?
 — 어떤 노래였나요? 어떤 탈것이 나왔나요?
 — 허밍하면서 다시 노래를 들어 볼까요?

4. 각 교통기관을 그룹으로 맡아 소리를 만든다.
 — 이제 교통기관을 하나씩 맡아서 소리 내기를 할 거예요. 노래를 듣다가 노래의 빈 곳에 소리를 만들어 봅시다. 노래를 하기 전에 어떻게 해야 하는지 의논해 보세요.

5. 노래를 들으며 각 모둠에서 노래의 빈칸에 신체표현을 한다.
 — 각 모둠에서 노래의 빈 곳에 신체로 리듬을 만들어 볼까요?
 — 각 모둠에서 노래의 빈 곳에 소리 없이 신체 리듬으로만 소리 내어 봅시다.

6. 노래의 빈칸에 악기로 소리를 내어 본다.
 — 어울리는 소리를 골라서 각 모둠이 맡은 부분에 악기로 소리를 낼 거예요.
 — 각 팀에서 만든 신체 리듬을 악기로 바꾸어 연주해 볼 수 있을까요? 어떤 소리가 어울릴까요? 선생님이 보여주는 악기로 어떤 소리를 내는 것이 좋은지 이야기해 봅시다.
 — 그러면 어느 곳에 악기를 연주하는 것이 좋을까요?

7. 평가

신나는 교통기관

조인정 작사 · 작곡

※ 출처: 3~5세용 누리과정 교사용 지도서

씽씽 굴러가는 바퀴

- **활동목표**
  - 즐거운 노래부르기를 통해 도구에 관심을 가진다.
  - 노래부르기를 통하여 음악의 구성요소를 탐색할 수 있다.

- **음악적 관련요소**
  - 리듬반응(달크로즈 유리드믹스 방법 적용)

- **누리과정 관련요소**
  - 예술경험: 음악적 요소 탐색하기, 음악으로 표현하기, 다양한 예술 감상하기, 움직임과 춤으로 표현하기

- **준비**
  - 세모난 네모난 동그라미 그림, 분절된 노래 가사 판

※ 출처: 구글 이미지.

- **활동방법**

1. 세모. 네모 동그라미 모양에 대하여 이야기한다.
   - 선생님이 손으로 어떤 모양을 만들려고 해요. 어떤 모양(동그라미)을 그리는지 알아 보세요.

2. 바퀴의 모양에 대하여 이야기 나눈다.
   - 바퀴의 모양은 어떻게 생겼을까요? 그러면 세모난 바퀴는?(아니) 네모난 바퀴는?(아니) 그러면 어떤 모양의 바퀴일까요?
   - 선생님이 이 부분의 노래를 해 볼 거예요. 잘 듣고 친구들이 '아니' 부분을 노래하세요.

3. 노래를 탐색한다.
   — 이제 노래 전체를 들어 봅시다. 어떤 노래일까? 가사를 알아 보세요.

4. 노래에 맞는 신체표현을 하며 노래를 듣는다.
   — (노랫말을 그림으로 그려 부치며) '쌩쌩쌩쌩' 어디로 간다고 했지요? '비틀비틀비틀비틀' 어디로 간다고 했지요? 세모난 바퀴 네모난 바퀴 동그라미 모양의 바퀴들 (세모난 네모난 동그라미 그림 등을 부치며)

5. 노래를 들으며 노래의 마지막에 모양을 말하면 신체로 모양을 만든다.
   — 이제 모양 그림을 바꾸어 노래를 불러 볼까요? 마지막에 말한 모양을 ○○가 신체로 표현해 보세요.

6. 여러 명이 그룹으로 모양 만들기 게임을 한다.
   — 그룹을 나누어 노래의 마지막에 나오는 모양을 만들어 보세요.

7. 평가

※ 출처: 구글이미지.

씽씽 굴러가는 바퀴

서소영 작사 · 작곡

※ 출처: 3~5세용 누리과정 교사용 지도서

안전한 세상

■ **활동목표**
- 노래를 통하여 교통안전에 관심을 가진다.
- 즐겁게 노래부르기에 참여한다.

■ **음악 관련요소**
- 신체표현

■ **누리과정 관련요소**
- 예술경험: 음악적 요소 탐색하기, 음악으로 표현하기, 다양한 예술 감상하기, 움직임과 춤으로 표현하기

■ **준비**
- 노래의 가사 내용 그림 카드 4장

※ 출처: 구글 이미지.

■ **활동방법**

1. 동작으로 수수께끼를 알아맞힌다.
   — 선생님이 어떤 동작을 할 거예요. 어떤 동작을 하는지 친구들이 알아맞혀 보세요. (부릉부릉 따르릉 비켜나세요. 길을 건널 때 손을 들고. 차 안에서 안전벨트)

2. 안전한 세상이야기를 한다.
   — (노래의 가사로 만든 그림 카드) 친구들 이 친구는 무엇을 하고 있나요? 길을 가고 있어요. 길을 갈 때는 어떻게 해야 하는 것이죠?

3. 노래를 들으며 노랫말 카드를 넘긴다.
   — 안전한 세상이라는 노래를 들려줄 거예요. 노래를 들으면서 그림 카드를 넘겨보세요.
      * 손을 들고 살펴요
      * 차 안에서 안전벨트

* 차에서 내릴 땐 이쪽저쪽 두리번
* 세워둔 차 뒤에서는 놀지 않아요.

4. 노래의 가사를 회상한다.
 — 어떤 노래였나요?

5. 모둠으로 부분 노래를 부른다.
 — 이제 모둠으로 그림 카드를 하나씩 나누어 줄 거예요. 노래에 자기 모둠에서 가진 노랫말이 나오면 일어서서 노래를 따라 하는 거예요.

6. 모둠으로 부분 동작을 만든다.

안전한 세상

방은영 작사 · 작곡

※ 출처: 3~5세용 누리과정 교사용 지도서

돛단배

■ **활동목표**
- 3박자의 강박과 약박의 리듬에 반응한다.
- 노래부르기를 통하여 음악의 구성요소를 탐색할 수 있다.

■ **음악적 관련요소**
- 박자(달크로즈 유리드믹스 방법 적용)

■ **누리과정 관련요소**
- 예술경험: 음악적 요소 탐색하기, 음악으로 표현하기, 다양한 예술 감상하기, 움직임과 춤으로 표현하기

■ **준비**
- 가사 판

■ **활동방법**

1. 3박자 리듬을 치며 음악을 듣는다.
   — '하나'에 내 손뼉 '둘'에 친구 손뼉치기 '셋'에 친구 손뼉을 치면서 노래를 들어 봅시다. 오늘은 어떤 노래를 배우게 될까요?

2. 리듬치기로 오디에이션하며 노래를 듣는다.
   — 이제 허밍을 하면서 노래를 들어 볼까요? 노래를 들으면서 강 박자에 발을 굴려봅시다.
   — 허밍으로 노래를 들으면서 약 박자에 무릎을 쳐봅시다.
   — 허밍으로 노래를 들으면 강 약 약 박자의 리듬을 쳐봅시다.

3. 노래의 가사를 알아본다.
   — 어떤 노래였나요?

4. 지휘하며 음악을 듣는다.
   — 선생님이 팔로 노를 젓는 것처럼 지휘를 해 볼 거예요. 친구들 지휘가 무엇인지 아나요? 몸으로 음악을 표시하는 거예요.

5. 지휘 박자를 알아본다.
   — 우리가 지휘한 모양을 그림으로 그려왔어요.

6. 음악으로 게임을 한다.
   — 두 모둠으로 나누어 보아요. 한 모둠은 서로 손을 잡고 원으로 서서 바다 물결을 만들어요. 그리고 한 모둠은 돛단배가 되어 바다 물결 사이로 지나가 볼까요?
   — 노래가 끝나면 역할을 바꾸어 해 보도록 해요.

7. 평가

돛단배

방은영 작사 · 작곡

※ 출처: 3~5세용 누리과정 교사용 지도서

8 우리나라 다른 나라

김치 김 서방

■ **활동목표** • 노래부르기를 통하여 우리나라 음식에 관심을 가진다.
• 신체표현을 통하여 창의적 생각을 기른다.

■ **음악적 관련요소** • 창의적 동작

■ **누리과정 관련요소** • 예술경험: 음악적 요소 탐색하기, 음악으로 표현하기, 다양한 예술 감상하기, 움직임과 춤으로 표현하기

■ **준비** • 배추밭, 항아리, 고추그림

■ **활동방법**

1. 손뼉을 치며 노래를 듣는다.

2. 그림을 부치며 노래의 내용을 회상한다.
   — 김치가 어디에서 왔다고 했나요? (배추밭에서, 항아리에서, 누구하고 산다고 했나요? 고추하고 살지 등)

3. 전체 노래를 부른다.
   — 이제 이 부분은 알았으니 다른 부분의 노래도 불러 볼까요?

4. 모둠으로 나누어 부른다.
   - 배추, 항아리, 고추 팀으로 나누어 그 부분만 따로 부른다.
   - 노래를 부르다가 자기 부분에 일어서서 부른다.
   - 그룹에서 한명 씩 나와서 김치 항아리 고추가 되어 보는 동작을 해 볼까요?
     "김치가 항아리에 들어가서 고추하고 살지요" 3명이 동작으로 만들어 보세요.

5. 평가

김치 김서방

전래동요

※ 출처: 3~5세용 누리과정 교사용 지도서

어린이 아리랑

■ 활동목표
- 노래부르기를 통하여 우리나라 춤에 관심을 가진다.
- 창의적 신체표현을 통하여 음악의 구성요소를 탐색할 수 있다.

■ 음악적 관련요소
- 리듬반응

■ 누리과정 관련요소
- 예술경험: 음악적 요소 탐색하기, 음악으로 표현하기, 다양한 예술 감상하기, 움직임과 춤으로 표현하기

■ 준비
- 우리나라 국기, 우리나라 꽃, 우리나라 옷 등의 그림, 우리나라 춤 동영상

■ 활동방법

1. 우리나라의 특징을 이야기한다.
   우리나라 국기, 우리나라 꽃, 우리나라 옷 등

2. 우리나라 춤(아리랑 춤 동영상) 동영상을 감상한다.
   https://www.youtube.com/watch?v=-2FSTw92xbg

3. 아리랑 노래(1절)를 듣는다.

4. 노래의 느낌을 이야기한다.

5. 아리랑 노래의 박자에 맞춰 다양한 방법으로 신체표현을 한다.

6. 아리랑 노래의 박자에 맞춰 스카프 춤을 춘다.

7. 2절 이후의 가사를 이야기 나누기로 탐색한다.

8. 평가

어린이 아리랑

조윤미 개사
경기도 민요

※ 출처: 3~5세용 누리과정 교사용 지도서

인절미와 총각김치

■ **활동목표**
• 노래부르기를 통하여 우리나라 음식에 관심을 가진다.
• 신체표현을 통하여 음악의 구성요소를 탐색할 수 있다.

■ **음악적 관련요소**
• 신체표현

■ **누리과정 관련요소**
• 예술경험: 음악적 요소 탐색하기, 음악으로 표현하기, 다양한 예술 감상하기, 움직임과 춤으로 표현하기

■ **준비**
• 우리나라 음식

■ **활동방법**

1. 우리나라의 음식에 대하여 이야기 나눈다.

2. 우리나라 음식 중 인절미와 총각김치의 모양을 알아본다.

3. 소개할 노래를 감상한다.

4. 노래의 활동방법(손 유희)에 대하여 이야기 나눈다.
   — 여러분 인절미가 시집간대요(떡을 만드는 모양)
   콩고물과 팥고물로 화장을 하고(화장하는 시늉, 파우더 하듯이~)
   동그란 쟁반위에 올라앉아서(양손으로 둥글게 커다랗게 쟁반 만든 후에 손바닥을 위로 향하게 한 후 흔들~~)

시집을 간다네 입 속으로(한 손씩 가슴에 손을 댄 후 입속으로 손모양)
여러분 총각김치 장가간대요(앞에 인절미랑 동일)
새빨간 고춧물에 목욕을 하고(피아노 치는 손 모양하고 양손으로 오징어처럼 흐물)
기다란 나무위에 올라앉아서(양손을 머리 위로 쭉~ 올리면서 발꿈치도 들고~ 앉는 시늉~)
장가를 간다네 입속으로(인절미 마지막 부분하고 동일함)

5. 평가

인절미와 총각김치

※ 출처: 3~5세용 누리과정 교사용 지도서

아름다운 우리 땅 독도

■ 활동목표
- 노래부르기를 통하여 우리나라 섬에 관심을 가진다.
- 악기연주하기를 통하여 음악의 구성요소를 탐색할 수 있다.

■ 음악적 관련요소
- 악기연주

■ 누리과정 관련요소
- 예술경험: 음악적 요소 탐색하기, 음악으로 표현하기, 다양한 예술 감상하기, 움직임과 춤으로 표현하기

■ 준비
- 독도가 그려진 우리나라의 모양, 나무악기, 쇠소리 악기, 흔드는 악기

■ 활동방법

1. 우리나라의 모양에 대하여 이야기 나눈다.

2. 작은 섬 독도에 관하여 이야기 나눈다.

3. 노래를 감상한다.

4. 노랫말을 알아본다.

5. 노래를 들으며 '섬 독도'에만 소리를 낸다.
   반대로 섬 독도에만 소리를 내지 않는다.
   섬 독도에만 몸을 흔든다.

6. 프레이즈 끝에 악기를 연주한다.
   — 이제 악기로 바꾸어 연주해 볼까요? 조금 전에 하던 섬 독도 부분에 악기를 쳐 볼 수 있을까요?
   — 어떤 악기로 연주하면 좋을지 선생님이 보여주는 악기 중에서 선택을 해 보도록 해요.

7. 평가

아름다운 우리 땅 독도

손혜진 작사 · 작곡

※ 출처: 3~5세용 누리과정 교사용 지도서

우리나라 꽃

■ **활동목표**
- 노래를 통하여 우리나라 꽃에 관심을 가진다.
- 악기연주하기를 통하여 음악의 구성요소를 탐색할 수 있다.

■ **음악적 관련요소**
- 리듬반응

■ **교육과정 관련요소**
- 아름다움 찾아 보기: 움직임과 춤 요소 탐색하기

■ **준비**
- 무궁화, 꽃 그림

■ **활동방법**

1. 다양한 꽃 이름을 알아본다.

2. 우리나라 꽃을 소개한다.

3. 노래를 들으며 소절의 마지막 마디에 손뼉을 세 번 친다.

4. 노랫말을 알아본다.

5. 가사 판에서 손뼉치기한 곳을 알아본다.

6. 손뼉치기 하던 부분에 다양한 활동을 만든다.
   - 신체표현 만들어 보기
   - 두 그룹으로 나누어 입소리 만들어 보기
   - 두 그룹으로 나누어 악기소리 만들어 보기(한 그룹씩 연주하고 서로 들어 보기)

7. 평가

우리나라 꽃

박종오 작사
함이영 작곡

※ 출처: 3~5세용 누리과정 교사용 지도서

우린 그렇지 않아

■ **활동목표**
- 우리나라 춤 동작을 경험한다.
- 우리나라 춤 동작의 느낌을 이야기할 수 있다.

■ **음악적 관련요소**
- 신체표현

■ **교육과정 관련요소**
- 아름다움 찾아 보기: 움직임과 춤 요소 탐색하기

■ **준비**
- 동영상(아리랑 춤 관련), 스카프, 가사 판

■ **활동방법**

1. 아리랑 부분의 노래를 따로 부른다.
2. 우리나라 춤에 대한 동영상을 감상한다.
3. 동영상의 느낌을 이야기한다.
4. '우린 우린 그렇지 않아' 노래를 듣는다.
5. 노래의 내용을 질문한다.
6. 아는 부분(마지막 소절, 아리랑 부분)이 나왔는지 질문한다.
7. 마지막 소절에 아리랑 춤을 추며 노래를 듣는다.
8. 전체 노래를 들으며 마지막 소절에 일어서서 춤을 춘다.
9. 노래의 내용에 관하여 질문한다.
10. 일어나서 노래의 내용에 맞춰 자유롭게 춤을 춘다.

11. 평가

우린 우린 그렇지 않아

김성균 작사 · 작곡

우리나라 장단

■ 활동목표
- 우리나라 장단에 관심을 갖는다.
- 우리나라 장단을 연주하는 경험을 즐긴다.

■ 음악적 관련요소
- 악기연주

■ 교육과정 관련요소
- 아름다움 찾아 보기: 움직임과 춤 요소 탐색하기

■ 준비
- 징, 장구, 북, 나무젓가락, 종이상자, 덩덩 쿵덕쿵, 세마치 장단 그림

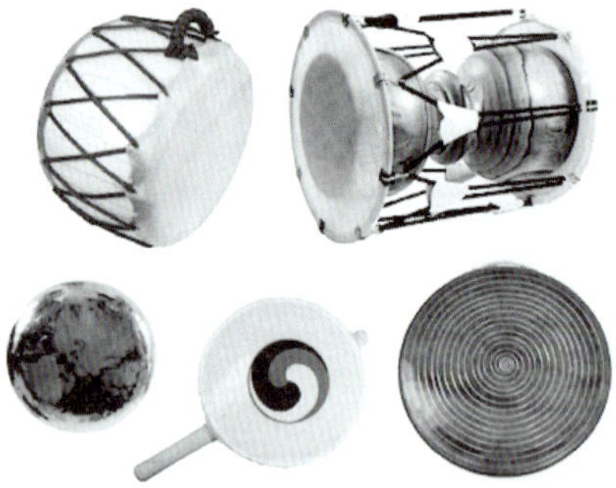

■ 활동방법

1. 나는 무슨 악기일까요?
   — 우리나라 악기들을 가지고 왔어요. 이런 악기들을 전통악기라고 하는데 친구들 본 적이 있나요?

2. 악기소리 탐색
   — 이 중 장구의 소리를 한번 들어 볼까요?

3. 신체 리듬치기
   — 장구를 치려면 구음으로 장단을 알아야 해요. 구음으로 선생님처럼 (덩덩 쿵덕쿵)

장단 소리를 내어 봅시다. 장단에는 덩과 덕과 쿵이 있어요. 덩은 양손으로 치고 덕은 오른손으로 쿵은 왼손으로 이렇게 치는 거예요.

— 누가 선생님처럼 연주할 수 있는지 연습해 볼까요?

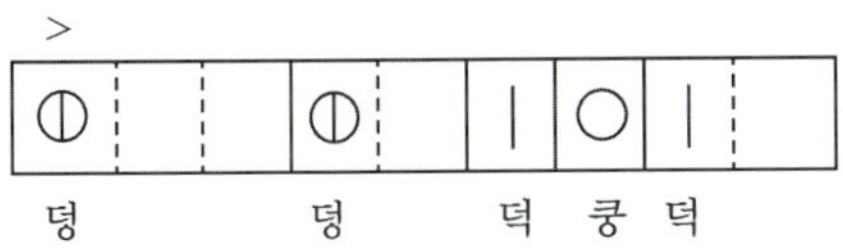

4. 동작 만들기
   — 교사가 입으로 소리를 내며 장판을 밟고 지나간다.
   (장판에 밟지 않는 곳은 검은색으로 칠해 아이들이 헷갈리지 않게 한다.)

5. 젓가락 연주
   — 이제 나무젓가락을 나누어 줄 거예요. 젓가락을 양손으로 잡고 선생님처럼 해 봐요.

6. 종이상자 연습
   — 이제 친구들에게 종이로 만든 종이악기를 하나씩 줄 거예요. 종이악기로 바꾸어 연주를 연습해 볼까요?

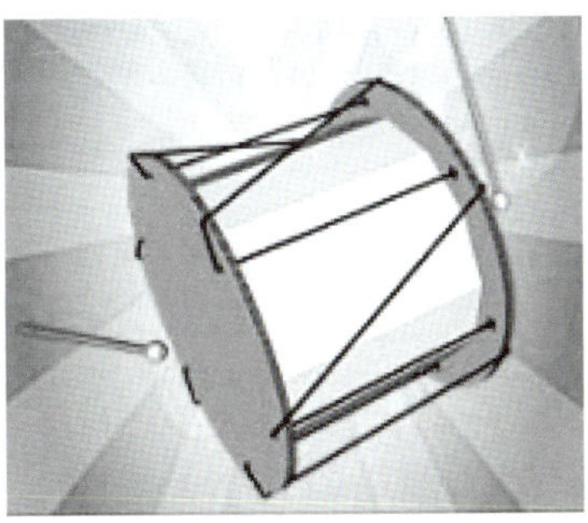

7. 모둠 연습

8. 평가

여우야 여우야

■ **활동목표**
- 문답창을 통하여 음악의 구성요소를 탐색할 수 있다.
- 음악놀이에 참여하며 우리나라 놀이를 즐긴다.

■ **음악적 관련요소**
- 음악의 형식

■ **누리과정 관련요소**
- 예술경험: 음악적 요소 탐색하기, 음악으로 표현하기, 다양한 예술 감상하기, 움직임과 춤으로 표현하기

■ **준비**
- 여우그림, 노랫말 낱말 카드(잠잔다 / 세수한다 / 양치한다 / 밥 먹는다 / 개구리반찬 / 죽었다 or 살았다), 가사 판

■ **활동방법**

1. 나는 누구일까요?
   — 오늘 음악시간에 나올 이 동물은 입이 뾰족 하고요. 이빨이 날카로워요. 또 귀가 세모모양이구요. 꼬리가 길고 부드러워요. 고양이보다 크고 늑대보다 작아요. 자, 이 동물은 누구일까요?

2. 여우야 노래를 익힌다.
   잠잔다 / 세수한다 / 양치한다 / 밥 먹는다 / 개구리반찬 / 죽었다 or 살았다
   (잡아먹듯 달려드는 척하자!)

3. 질문과 대답 부분을 알아본다.

4. 두 그룹으로 나누어 질문과 대답 부분을 맡아서 따로 노래한다.

5. 대답 부분을 5개로 나누어 소개한다.
   1모둠 - 잠잔다.
   2모둠 - 세수한다.
   3모둠 - 밥 먹는다.
   4모둠 - 개구리반찬
   — 이제 모둠으로 나누어 질문을 하나씩 받아 볼까요? 마지막에 살았다 부분은 모두 함께 해 보아요. (네 모둠 모두 함께 무서운 여우처럼 표정과 몸짓하기)

6. 문답창을 소개한다.
   — '우리 집에 왜 왔니'라는 노래도 '여우야 여우야와 같아요. 이렇게 이야기 나누듯 묻고 답하는 노래를 문답창이라고 해요. 다 같이 해 볼까요?

7. 평가

여우야 여우야

전래동요

한 고 개 넘 어 가 니 여 우 가 없 네 두 고 개 넘 어 가 니 여 우 가 없 네
세 고 개 넘 어 가 니 여 우 가 없 네 네 고 개 넘 어 가 니 여 우 가 없 네
다섯 고 개 넘 어 가 니 여 우 가 없 네 여섯 고 개 넘 어 가 니 여 우 가 없 네
(함께) 여 우 야 여 우 야 뭐 하 - 니 (술래) 잠 잔 - 다 (함께) 잠 꾸 러 - 기
(함께) 여 우 야 여 우 야 뭐 하 - 니 (술래) 세 수 한 - 다 (함께) 멋 쟁 - 이
(함께) 여 우 야 여 우 야 뭐 하 - 니 (술래) 밥 먹 는 - 다 (함께) 무 슨 반 - 찬
(술래) 개 구 리 반 - - 찬 (함께) 죽 었 니 살 았 니 (술래) 살 았 다
또는(죽 었 다)

비석치기

■ 활동목표
- 비석 놀이로 계명에 관심을 가진다.
- 전통 놀이를 통하여 음악의 구성요소를 탐색할 수 있다.

■ 음악적 관련요소
- 계명

■ 누리과정 관련요소
- 예술경험: 음악적 요소 탐색하기, 음악으로 표현하기, 다양한 예술 감상하기, 움직임과 춤으로 표현하기

■ 준비
- 사전 활동으로 비석치기 놀이 아리랑 노래 경험. 비석 5개 반환점 핸드벨 5개(도레미파솔)

■ 활동방법

1. 계명으로 아리랑 노래를 부른다.

— 우리 친구들 계명을 아나요. 음악을 하려면 도레미파솔 음의 이름을 계명이라고 해요. 오늘는 선생님이 아리랑을 계명으로 불러 볼게요(계명 판). 다 같이 노래를 불러 볼까요? 계명 판에 나와 있는 계명이 무엇이 있는지 알아 볼까요?

2. 계명을 번호로 순서 짓는다.

— 어떤 음이 제일 낮은 음일까요? 그러면 제일 낮은 음에 1번으로 번호를 정해 봅시다.

3. 비석치기를 설명한다.

— 저번 주에 배웠던 전통놀이에서 사용한 비석을 가지고 왔어요. 비석 뒤에 번호가 적혀져 있어요. 친구들이 다섯 명이 나와서 하나씩 비석을 뽑아서 번호에 맞는 소리를 만들고 오는 게임을 하는 거예요. 게임에 사용할 악기(핸드벨)를 친구들이 알아 볼까요?

  * 핸드벨의 다섯음을 반환점에 둔다. 번호를 뽑은 친구가 각 해당번호의 계명을 찾아서 소리를 내고 돌아오는 게임이다.

— 선생님이 말한 놀이를 시범으로 보여 줄 친구가 있나요?

9 세계 여러 나라

세계의 아침인사

■ **활동목표**
- 노래부르기를 통하여 세계 여러 나라의 인사에 관심을 가진다.
- 노래부르기를 통하여 음악의 구성요소를 탐색할 수 있다.

■ **음악적 관련요소**
- 리듬

■ **누리과정 관련요소**
- 예술경험: 음악적 요소 탐색하기, 음악으로 표현하기다양한 예술 감상하기, 움직임과 춤으로 표현하기

■ **준비**
- 인사말 카드, 미국, 일본, 프랑스, 독일 국기

국기	인사말	국기	인사말
프랑스	봉쥬르	독일	구텐모르겐
일본	오하이오	미국	굿모닝

■ **활동방법**

1. 우리나라와 다른 나라에 관하여 이야기한다.
   — 우리가 사는 나라의 이름이 무엇인지 알고 있나요? 그러면 다른 나라는 어떤 곳이 있나요?

2. 우리나라와 다른 나라의 말이 서로 다름을 이야기한다.
   — 우리나라에서는 인사를 할 때 어떻게 하지요? '안녕하세요'라고 해요. 다른 나라에서는 어떻게 인사하나요? 카드를 보며 어떻게 인사하는지 알아 봅시다.

3. 다른 나라 말로 인사하는 노래를 부분적으로 들려준다.
   — 이제 인삿말을 가지고 만든 노래를 선생님과 한번 노래 불러 볼까요?

4. 리듬을 치며 노래를 듣는다.
   — 이제 전체 노래가 어떤지 들어 보고 싶지요. 어떤 리듬을 치며 노래를 들어 볼까요? 강박에 발을 굴려볼까요(시범, 모방)?
   — 약박에 무릎을 치며 들어 볼까요(시범, 모방)?
   — 강박과 약박이 무슨 말인지 알고 있나요? 강박과 약박이 있는 그림을 보고 알아 보아요. (강박 약박 그림: * 강박에는 조금 깊게 리듬을 치고 약박에는 가볍게 리듬을 쳐요.)

5. 노래에 나오는 국가의 국기를 알아본다.
   — 어떤 노래였나요?

6. 앞으로 나와서 국기를 뽑아서 국기에 맞는 인사를 하여 봅시다.

7. 평가

세계의 아침인사

지구촌 한 가족

■ 활동목표
- 노래를 통하여 지구에 관심을 가진다.
- 오디에이션하며 노래를 할 수 있다.

■ 음악적 관련요소
- 오디에이션(고든 방법 적용)

■ 교육과정 관련요소
- 아름다움 찾아 보기: 움직임과 춤 요소 탐색하기

■ 준비
- 피부색이 다른 사람들, 지구

※ 출처: 구글 이미지.

■ 활동방법

1. 지구에 관하여 이야기한다.
   - 저기 하늘에는 별이 있지요? 우리가 사는 이곳을 지구라고 해요. 우리가 사는 지구의 그림을 한번 볼까요?

2. 피부색이 다른 사람에 관하여 이야기한다.
   - 지구에는 어떤 사람들이 살까요? 우리나라 사람은 노란색 얼굴을 가지고 있다고 해서 황인종이라고 한대요.

3. 노래의 1절을 듣는다.
   - 오늘 부를 노래는 지구촌 한 가족 노래예요. 어떤 노래인지 한번 들어 볼까요.
   - 노래를 들을 때 오디에이션(강박 또는 약박에 리듬을 치며)을 하며 들어 봅시다. 우리나라 사람처럼 노란얼굴도 있고, 또 어떤 얼굴이 있다고 했나요? 다시 노래를 듣고 알아 볼까요?

4. (노래의 2절) 프랑스, 일본, 미국 사람의 인사말을 노래로 알아본다.
   — 이제 여러 나라의 인사말을 한번 알아 볼까요? 선생님이 인사말을 노래로 불러줄 거예요. 잘 들었다가 선생님이 묻는 말에 답을 잘해야 해요.

5. 한 마디씩 늘려가며 소리를 내지 않고 노래를 부른다.
   — 선생님이 보여준 노랫말을 보세요. 어떤 부분의 글자가 없어졌나요? 없어진 부분은 소리를 내지 않고 노래해요.
   — 이제 가사가 없어진 부분이 더 많아졌지요. 어디에 가사가 없어졌나요? 조금 전과 같이 글자가 없어진 부분에 소리를 내지 말고 노래를 해 봐요.
   — 소리를 내지 않고 노래부르니 어떤 느낌이 드나요?

6. 프랑스, 일본, 미국에 따라 색 점을 나누어 가진다.
   — 이제 각 나라 그룹으로 모일 거예요. 선생님이 나눠준 색 점의 색깔을 보고 같은 색을 가진 친구끼리 모여 보세요.

7. 노래를 들으며 걷다가 같은 색 점을 가진 친구에게 인사를 나눈다.

8. 평가

지구촌 한가족

김진영 작사 · 작곡

※ 출처: 3~5세용 누리과정 교사용 지도서

세계 음식 잔치

■ **활동목표**
- 손동작으로 주의집중을 한다.
- 리듬에 반응한다.

■ **음악적 관련요소**
- 오디에이션(고든 방법 적용)

■ **교육과정 관련요소**
- 아름다움 찾아 보기: 움직임과 춤 요소 탐색하기

■ **준비**
- 세계의 음식그림

■ **활동방법**

1. 식당에 가 본 경험에 대하여 이야기 나눈다.
   — 여기가 어딘가요?

2. 각 나라 음식의 종류를 그림으로 알아본다.
   — 식당에서 파는 음식들의 이름은 무엇일까요? 하나씩 음식이름을 알아 봅시다.

3. 노래를 오디에이션하며 듣는다.
   — 노래를 오디에이션하면서 들어 봅시다.

4. 노래에서 음식이름이 나오면 손뼉을 친다.
   — 이제 음식이름이 나올 때 손뼉을 쳐 볼까요. 모둠으로 나누어 ○○ 모둠부터 먼저 해 봅시다.

5. 노래에서 국가이름을 소리 내지 않고(내청) 노래한다.
 ― 이제 나라이름은 어디에 있는지 가사 판을 보고 알아 봅시다.
 그러면 나머지 가사를 읽어 볼까요?
 ― 소리를 내지 말고 노래를 해 볼까요?

6. 노래에서 음식이름에 손뼉을 국가이름에 소리 내지 않고(내청) 노래한다.

7. 평가

세계 음식 잔치

장은주 작사 · 작곡

※ 출처: 3~5세용 누리과정 교사용 지도서

그곳은 어딜까

■ **활동목표**
- 노래부르기를 통하여 다양한 지구의 환경을 안다.
- 신체표현을 통하여 음악의 구성요소를 탐색할 수 있다.

■ **음악적 관련요소**
- 형식

■ **누리과정 관련요소**
- 예술경험: 음악적 요소 탐색하기, 음악으로 표현하기, 다양한 예술 감상하기, 움직임과 춤으로 표현하기

■ **준비**
- 남극·사막·밀림 그림, 가사 판

■ **활동방법**

1. 남극·사막·밀림에 관하여 이야기한다.
   — (각 그림을 보며) 여기는 어디일까요?

2. 각 지역의 날씨에 관하여 이야기한다.
   — 여기의 날씨는 (○○) 하다고 해요.

3. 각 지역의 날씨를 동작으로 표현한다.
   — 친구들, 추울 때는 어떤 동작을 하나요? 추울 때 어떻게 하는지 동작으로 보여주세요.

4. 노래를 들으며 노래의 가사에 맞는 그림을 고른다.
   — 노래를 허밍(작은 소리)하며 들으면서 노랫말에 어울리는 그림을 골라 볼까요?

5. 노래 일절의 가사를 문답창으로 알아본다.
   — 노랫말을 읽어 봅시다. 여기 부분은 질문을 하는 것이죠? 이 노래는 질문과 대답하는 형식으로 되어 있지요? 이렇게 노래에는 이야기가 있답니다.

6. 남극·사막·밀림 팀으로 나누어 노래에 맞는 신체표현을 한다.

7. 평가

그곳은 어딜까?

장은주 작사 · 작곡

※ 출처: 3~5세용 누리과정 교사용 지도서

여러 나라 생일축하 노래

■ **활동목표**
- 노래를 통하여 다른 나라의 생일축하 말을 안다.
- 즐겁게 노래부르기에 참여한다.

■ **음악적 관련요소**
- 노래부르기

■ **교육과정 관련요소**
- 아름다움 찾아 보기: 움직임과 춤 요소 탐색하기

■ **준비**
- 다른 나라 국기와 생일축하 말 카드

■ **활동방법**

1. 생일에 관하여 이야기 나눈다.
   — 이번 달에 생일인 친구 있나요? 생일 축하 노래를 한번 불러 볼까요?

2. 다른 나라의 생일 축하 말을 알아 본다.
   — 우리 오늘 다른 나라말로 생일을 어떻게 축하하는지 알아 봅시다. 어떤 나라의 국기가 나올까요? 국기를 보고 어떤 나라가 나올지 알아 봅시다.

3. 나라별 가삿말을 팀으로 나누어 가진다.

4. 팀으로 나누어 가삿말의 생일 축하노래를 부른다.

5. 평가

생일노래

외국곡

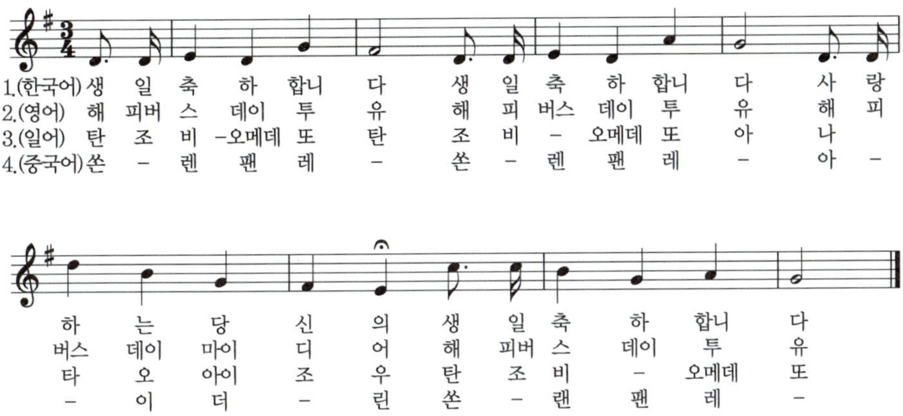
1.(한국어) 생 일 축 하 합니 다 생 일 축 하 합니 다 사 랑
2.(영어) 해 피버 스 데이 투 유 해 피 버스 데이 투 유 해 피
3.(일어) 탄 조 비 –오메데 또 탄 조 비 – 오메데 또 아 나
4.(중국어) 쏜 – 렌 팬 레 – 쏜 – 렌 팬 레 – 아 –
하 는 당 신 의 생 일 축 하 합니 다
버스 데이 마이 디 어 해 피버 스 데이 투 유
타 오 아이 조 우 탄 조 비 – 오메데 또
– 이 더 – 린 쏜 – 랜 팬 레 –

HAPPY BIRTHDAY

핸드벨(음악계단 Ⓐ)

■ **활동목표**
• 세 박자 리듬으로 핸드벨을 연주할 수 있다.
• 합주 연주에는 순서가 있다는 것을 안다.

■ **음악적 관련요소** • 리듬, 박자

■ **누리과정 관련요소** • 예술경험: 음악적 요소 탐색하기, 음악으로 표현하기, 다양한 예술 감상하기, 움직임과 춤으로 표현하기

■ **준비** • 세 박자 리듬 그림, 핸드벨, '음악계단 Ⓐ'의 계명 목걸이

■ **활동방법**

O o O

1. 핸드벨을 탐색한다.
   — 이건 뭘까요(핸드벨)? 오늘은 이 악기로 연주를 해 보고 싶어요. 연주를 하려면 어떻게 해야 할까요? 연주를 잘하려면 계명과 리듬을 알아야 해요.

2. 세 박자 리듬치기를 알아본다.
   — 그래서 먼저 리듬을 알아 보려고 해요. 이 그림은 뭘까요? 연주하게 될 노래의 리듬이에요. 모양을 한번 보세요. 첫째 박이 좀 더 크게 그려져 있어요. 이것을 어떻게 읽는지 선생님이 소리낼 테니까 따라 해 보세요.
   — 이제 입으로 소리 낸 것처럼 첫째와 셋째 박의 리듬을 이렇게 바닥치기 해 봅시다.

3. 계명을 연습한다.
   — 이것은 오늘 연주하게 될 음악의 계명 판(음악계단 Ⓐ)이에요. 뭐라고 적혀 있지요? 이 음악의 제목은 '음악계단 Ⓐ'라고 해요. 계명으로 노래를 불러 볼까요?
   — 어떻게 부르는지 알았나요? 이제 모둠으로 나누어 계명 연습을 해 볼까요?

4. 핸드벨 연주를 탐색한다.
   - 그런데 핸드벨에는 계명이 있어요. 핸드벨 하나에 한 음이 있어요. 어떤 소리가 나는지 친구들이 앞으로 나와서 소리를 한번씩 들어 볼까요?
   - 핸드벨은 어떻게 소리 내는 것이 좋을까요?

5. 핸드벨 연주 순서를 정한다.
   그리면 핸드벨은 한 음씩밖에 없어요. 그런데 우리가 연주해야 하는 곡은 계명이 많지요. 그래서 한 명이 한 음씩 가지고 연주해야 한답니다. 그래서 우리가 연주해야 할 계명을 정해 볼까요?
   - 이제 연주할 계명을 정했으면 계명의 순서를 정해 볼까요?(계명 목걸이)

6. 음악에 맞춰 핸드벨 연주를 연습한다.
   - 이제 음악 없이 계명 순서에 맞춰 연습해 볼까요?
   - 모형 핸드벨을 가지고 음악에 맞춰 연주해 볼까요?
   - 이제 음악(음악계단 Ⓐ)에 맞춰 핸드벨을 연주할 수 있을까요?
     * 리드미컬하게 움직이면서 핸드벨을 연주하도록 한다.

7. 평가

음악 계단 A

이미혜 작곡

음악계단 Ⓑ

■ **활동목표**
- 우리가 사는 곳에 관심을 가진다.
- 마음 으로 노래를 부를 수 있다는 것을 안다.

■ **음악적 관련요소**
- 보르둔 연주(오르프 방법 적용)

■ **누리과정 관련요소**
- 예술경험: 음악적 요소 탐색하기, 음악으로 표현하기, 다양한 예술 감상하기, 움직임과 춤으로 표현하기

■ **준비**
- 요술봉(유아의 수), 보르둔, 종이실로폰

• **종이실로폰**

■ **활동방법**

1. 보르둔을 탐색한다.
   - 이건 뭘까요(보르둔)? 오늘은 이 악기를 소개하고 싶어요. 이 악기는 어떻게 연주할까요? 소리를 한번 들어 볼까요? 이 악기를 연주하려면 어떻게 해야 할까요? 연주를 잘하려면 계명과 리듬을 알아야 해요.

2. 세 박자 리듬치기를 알아본다.
   - 먼저 리듬을 알아 보려고 해요. 이 그림은 뭘까요? 연주하게 될 노래의 리듬이에요. 모양을 한번 보세요. 첫째 박이 좀 더 크게 그려져 있어요. 이것을 어떻게 읽는지 선생님이 소리낼 테니까 따라 해 보세요.
   - 이제 입으로 소리 낸 것처럼 첫째와 셋째 박의 리듬을 이렇게 바닥치기 해 봅시다.

O o O

3. 계명을 연습한다.
   — 이것은 오늘 연주하게 될 음악의 계명 판(음악계단 Ⓑ)이에요. 뭐라고 적혀 있지요? 이 음악의 제목은 '음악계단 Ⓑ'라고 해요. 계명으로 노래를 불러 볼까요?
   — 어떻게 부르는지 알았나요? 이제 모둠으로 나누어 계명 연습을 해 볼까요?

4. 보르둔 악기연주를 탐색한다.
   — 그러면 보르둔의 계명은 어디에 있나 알아 봅시다. 선생님이 솔에 빨간색 색 점을 부쳐 놓았어요. 이제 도 음에도 색 점을 부쳤어요. 도부터 솔까지의 계명을 읽어 봅시다.
   — 라 음은 어디에 있을까요?

5. 말렛을 연주한다.
   — 양손으로 말렛을 잡아 봅시다. 오토바이 타듯이 양 쪽으로 팔꿈치를 바깥으로 하고 선생님을 따라서 말렛을 허공에 연주해 볼까요?

6. 종이건반으로 연습한다.
   — 이제 종이 실로폰을 줄 거예요. 종이 실로폰으로 연습을 해 볼까요. 종이 실로폰에 계명을 적어 봅시다. 계명으로 노래하면서 말렛으로 종이 실로폰을 연주해 봅시다.

7. 평가
   * 소근육 발달이 미숙한 유아는 여러 날 반복하여 연습해 보는 것이 필요하다. 그리고 선생님이 보르둔 연주를 매일 들려주는 것도 좋다.

음악 계단 B

이미혜 작곡

10 환경과 생활

산하고 하늘하고

- **활동목표**
  - 노래부르기에 즐겁게 참여한다.
  - 노래부르기를 통하여 음악의 구성요소를 탐색할 수 있다.
- **음악적 관련요소**
  - 음악의 형식
- **교육과정 관련요소**
  - 아름다움 찾아 보기: 움직임과 춤 요소 탐색하기
- **준비**
  - 산 퍼즐그림
- **활동방법**

1. 후렴부 '요들레히--' 부분을 노래를 부른다.
   — 오늘은 '요들송' 노래를 불러 볼 거예요. 선생님을 따라 '요들레히' 하고 소리를 내어 보세요.
   — 요들송이란 소나 양 같은 가축을 모을 때 소리 내는 방법이랍니다. 이제 오늘 배울 노래의 후렴부를 들어 볼까요?

2. 전체 노래를 들으며 퍼즐을 맞춘다.
   — 오늘은 후렴부가 있는 '산하고 하늘하고' 라는 노래를 배울 거예요. 노래를 듣는 동안 선생님이 산 그림을 퍼즐로 맞추어 볼까요? 친구들도 잘 보고 다음에 나와서 퍼즐을 맞추어 보도록 해요.

3. 노래의 내용에 대하여 이야기 나눈다.
   — 어떤 내용의 노래였나요. 생각나는 부분이 있으면 이야기해 봐요.

4. 가사를 보며 한 소절씩 노랫말을 알아본다.

5. 그룹을 나누어 노래의 부분을 신체 소리로 바꾸어 활동한다.
   — 노래에서 '하나 둘 셋!'이라는 부분이 어디에 있지요? 그 부분에 친구들이 좋아하는 신체 소리를 넣어서 불러 보도록 해요.
   (각 그룹에서 신체 리듬: 손뼉치기, 발 굴리기, 혀 튕기는 소리 등을 정함)

6. 부부 악기연주를 한다.
   — '요들레히' 부분이 후렴부라고 했지요. 후렴부에 우리 무릎을 치면서 노래를 해 볼까요?
   — '요들레히' 후렴부에 다른 소리를 만들어 볼까요?

7. 평가

나무를 심자

윤석중 동시
유병무 작곡
아름다운어린이 편곡

바람은 장난꾸러기

■ **활동목표**
- 노래부르기에 즐겁게 참여한다.
- 노래부르기를 통하여 음악의 구성요소를 탐색할 수 있다.

■ **음악적 관련요소**
- 지휘하기(달크로즈 유리드믹스 방법 적용)

■ **누리과정 관련요소**
- 예술경험: 음악적 요소 탐색하기, 음악으로 표현하기, 다양한 예술 감상하기, 움직임과 춤으로 표현하기

■ **준비**
- 색종이(유아의 수)

■ **활동방법**

1. 바람이 하는 일을 알아본다.
   - 여기 풍선이 있어요. 바람을 넣으면 어떻게 되지요? 바람이 빠지면 어떻게 되지요?
   - 친구들은 바람이 어떤 일을 하는지 알고 있니요?

2. 바람소리를 만들어본다.
   - 바람이 불 때 어떤 소리가 나나요? 흉내 내어 볼까요?

3. 노래를 듣는다.
   - 오늘은 바람의 노래를 가지고 왔어요. 제목은 바람은 장난꾸러기, 노래를 한번 들어 볼까요?

4. 바람소리를 알아낸다.
   - 노래에서 바람소리가 나왔나요? 어떤 소리가 바람소리 같았나요? (솨아 살랑살랑 슈웅 살금살금)
   - 그러면 노래에서 어떤 소리가 바람소리의 노랫말인지 읽어 봅시다.
   - 이 부분에만 노래를 다시 불러 볼까요?
   - 전체 노래를 듣다가 바람소리에만 소리를 노래를 불러 볼까요?

5. 친구 이름에 노래를 부른다.
   — 그러면 이번에는 노래를 허밍으로 하다가 친구 이름이 나오면 소리 내어 봅시다. 가사 판에서 친구 이름이 어디에 있나요?

6. 친구 이름을 바꾸어 부른다.

7. 노래를 하면서 바람처럼 좌우로 움직인다.

8. 노래의 박자에 맞춰 색종이에 점을 찍는다.

9. 평가

바람은 장난꾸러기

자진모리 장단

정애경 작사 · 작곡

※ 출처: 3~5세용 누리과정 교사용 지도서

우주선

■ **활동목표**
- 음악의 구성요소로 소리 만들기를 즐긴다.
- 오스티나토를 통해 음악의 구성요소를 탐색할 수 있다.

■ **음악적 관련요소**
- 프레이즈(오스티나토, 오르프 방법 적용)

■ **누리과정 관련요소**
- 예술경험: 음악적 요소 탐색하기, 음악으로 표현하기, 다양한 예술 감상하기, 움직임과 춤으로 표현하기

■ **준비**
- 가사 판, 포르테 피아노 그림 카드, 신체표현 그림

■ **활동방법**

1. 노래를 듣는다.

2. 가사 판을 보며 허밍하며 음악을 듣는다.

3. 프레이즈 끝에 오스티나토를 넣는다.
   — 노래의 한 소절 끝에 오스티나토를 만들어 볼 거예요.
   — 노래를 듣다가 선생님이 오스티나토(반짝반짝)를 동작으로 보여주면 따라하도록 해요.
     * 오스티나토: 리듬이나 멜로디 패턴을 반복함

4. 노래의 멜로디를 손동작으로 알아본다.
   (높은 음일 경우 팔을 높이 흔든다.)

5. 노래에 강약을 넣어서 부른다.
   — '반짝 빛나는, 번쩍 우르릉, 높이높이 어서 올라라' 부분을 크게 부르고 나머지 부분은 작게 불러 볼까요?

6. 크고 작은 소리를 기호로 알아본다.
   — 이렇게 크고 작게 소리 내는 것을 소리의 강약이라고 해요.
   큰소리를 나타내는 기호를 알아 볼까요? 포르테
   작은 소리를 나타내는 기호를 알아 볼까요? 피아노
   그러면 선생님이 크고 작은 소리를 나타내는 그림 카드를 들면 어떤 그림이 큰소리인지 작은 소리인지 맞춰 보세요. 그러면 그림 카드에 맞는 소리도 내어 봅시다.

7. 신체표현을 한다.

8. 평가

우주선

문영화 작사 · 작곡

안녕 노래하는 숲속 친구

■ **활동목표**
- 음악의 구성요소로 소리의 변화를 경험한다.
- 오스티나토를 통해 소리 만들기에 즐겁게 참여한다.

■ **음악적 관련요소**
- 프레이즈(오르프 방법 적용)

■ **누리과정 관련요소**
- 예술경험: 음악적 요소 탐색하기, 음악으로 표현하기, 다양한 예술 감상하기, 움직임과 춤으로 표현하기

■ **준비**
- 3부로 나누어진 가사 판, 포르테 피아노 그림 카드

1부 가사 판	2부 가사 판	3부 가사 판
나뭇잎소리 풀잎소리 똑똑똑 산에 숲소리 산새들이 노래한다 우리 모두 노래 부르자	랄랄라 휙휙 삘리리 휘파람을 불며 산비탈 오솔길 걸어가 보자 야호 야야호 징단및추어 메아리도 야야하호	풀벌레소리 바람소리 포로롱 꽃피는 소리 시냇물이 노래한다 우리 모두 노래 부르자

■ **활동방법**

1. 숲에 관하여 이야기 나눈다.
2. 숲에서 소리 내는 것에 관하여 이야기 나눈다.
3. 허밍하며 노래를 듣는다.
4. 노래의 가사에 대하여 이야기 나눈다.
5. 가사 판을 보며 노랫말을 알아본다.
6. 두 줄씩 모둠으로 나누어 부른다.
7. 두 그룹으로 ABA 형식의 A부분 B부분을 나누어 부른다.

— B부분을 A보다 더 크게 부른다.

* 참고: 크고 작은 기호 카드를 사용하거나 가사 판에 부쳐서 기호에 관심을 가지게 한다.

노래하는 숲 속

손영옥 작사
진동주 작곡

※ 출처: 3~5세용 누리과정 교사용 지도서

8. ABA 형식에서 A부분을 먼저 허밍하고 반복되는 A부분의 멜로디와 비교해 본다.

9. 긴 노래는 3부 형식으로 되어 있어요.

10. 평가

우리지구

- **활동목표**
  - 노래부르기를 통하여 지구에 관심을 가진다.
  - 노래부르기를 통하여 음악의 구성요소를 탐색할 수 있다.
- **음악적 관련요소**
  - 리듬반응
- **누리과정 관련요소**
  - 예술경험: 음악적 요소 탐색하기, 음악으로 표현하기, 다양한 예술 감상하기, 움직임과 춤으로 표현하기
- **준비**
  - 가사 판
- **활동방법**

1. 손뼉치며 노래 듣기
   — 선생님이 노래를 들으며 어디에 손뼉을 치나 맞춰 보세요. 친구들도 선생님을 따라 노래를 들으며 손뼉을 쳐 봅시다.
   * 둘째 넷째 마디에 손뼉을 세 번 씩 치기

2. 둘째, 넷째 마디의 가사 알기
   — 어디에 손뼉을 쳤나요. 친구들은 선생님을 따라 하지 않고 노래에 맞춰 손뼉을 쳐 봅시다.
   — 가사를 보고 어디에 손뼉을 쳤나 알아 봅시다.

3. 노래의 내용에 대하여 이야기를 나눈다.
   — 노래는 어떤 내용인 것 같나요?
   — 그러면 한 소절씩 노래를 불러 볼까요?
   — 부분을 나누어 노래를 불러 볼까요?

4. 전체 노래부르기
   — 그러면 노래를 처음부터 불러 볼까요?

5. 평가

춤추는 빗방울

- **활동목표**
  - 다양한 방법으로 노래부르기를 즐긴다.
  - 노래부르기를 통하여 음악의 구성요소를 탐색할 수 있다.

- **음악적 관련요소**
  - 소리 만들기(말 리듬, 오르프 방법 적용)

- **누리과정 관련요소**
  - 예술경험: 음악적 요소 탐색하기, 음악으로 표현하기, 다양한 예술 감상하기, 움직임과 춤으로 표현하기

- **준비**
  - 빗소리 카드

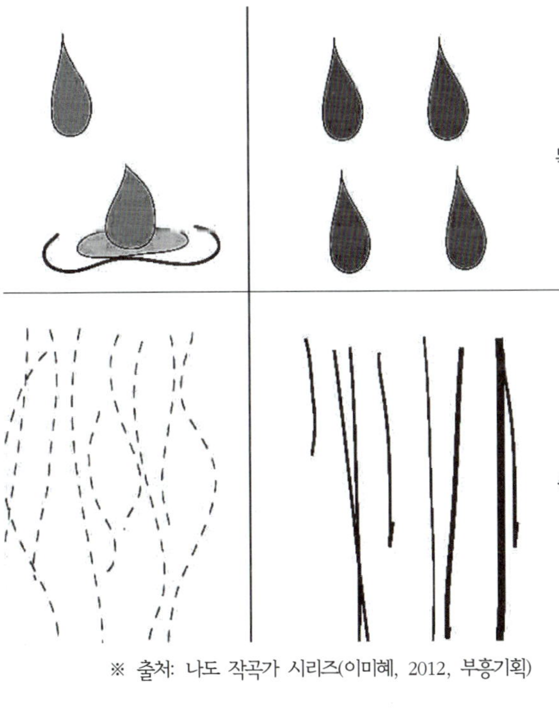

똑똑똑똑

죽죽

※ 출처: 나도 작곡가 시리즈(이미혜, 2012, 부흥기획)

■ 활동방법

1. 빗소리를 듣는다.

2. 빗소리를 흉내 낸다.

3. 노래를 듣는다.

4. 빗소리를 찾아본다.
   — 노래에서 빗소리가 나왔는데 어떤 말이 빗소리인가요?

5. 빗소리 노랫말 카드로 부분 노래부르기
   — 선생님이 빗소리만 따로 카드를 가지고 왔어요. 빗소리 노랫말에 노래를 불러 보자.

6. 빗소리 카드를 모둠으로 나누어 가진다.

7. 모둠으로 나누어 악기로 빗소리를 만들어 본다.
   — 빗소리 대신 악기로 소리를 표현해 봐요. 모둠에서 어떤 악기를 사용할지 의논해 봅시다.

8. 평가

춤추는 빗방울

자진모리 장단

정애경 작사 · 작곡

※ 출처: 3~5세용 누리과정 교사용 지도서

높은 곳 낮은 곳

■ **활동목표**
- 음악놀이를 통하여 음의 높이가 있다는 것을 안다.
- 음악놀이를 통하여 음악의 구성요소를 탐색할 수 있다.

■ **음악적 관련요소**
- 계명

■ **누리과정 관련요소**
- 예술경험: 음악적 요소 탐색하기, 음악으로 표현하기, 다양한 예술 감상하기, 움직임과 춤으로 표현하기

■ **교육과정 관련요소**
- 아름다움 찾아 보기: 움직임과 춤 요소 탐색하기

■ **준비**
- 음악계단 그림

※ 출처: 리듬게임 앙상블(이미혜, 2002, Muse 202)

■ 활동방법

1. 높은 곳, 낮은 곳에 관하여 이야기를 한다.
   — 이 그림은 무엇일까? 계단으로 되어 있네요? 계단에는 피아노의 건반처럼 계명이 있을 거예요. 어디에 적혀 있을까요?

2. 그림을 보며 계명을 소리 낸다.
   — 선생님이 그림을 보고 소리를 낼 텐데 우리 친구들도 선생님처럼 소리를 내어 봅시다.

3. 교대로 소리 내며 계명을 알아본다.
   — 그러면 선생님처럼 앞으로 나와서 계명을 소리 내어 볼 친구 있나요?

4. 피아노의 높은 곳과 낮은 곳을 알아본다.
   — 그러면 여기 그림처럼 검은 건반이 두 개가 있네요. 선생님이 검은 건반에 있는 피아노로 가서 도가 어디 있는지 소리 내고 올 친구가 있나요?
   — 이제 다른 친구는 피아노에 가서 도부터 위로 가는 소리를 내어 보세요.
   — 이제 다른 친구가 높은 곳의 소리를 내어 보세요.
   — 이제 어디가 낮은 음이 날까 찾아 봅시다.

5. 평가

무지개

■ **활동목표**
- 음악놀이를 통하여 음의 높이가 있다는 것을 안다.
- 음악놀이를 통하여 음악의 구성요소를 탐색할 수 있다.

■ **음악적 관련요소**
- 핸드벨 연주하기

■ **교육과정 관련요소**
- 아름다움 찾아 보기: 움직임과 춤 요소 탐색하기

■ **준비**
- 무지개 색의 핸드벨

■ **활동방법**

1. 무지개에 대한 이야기를 나눈다.
   — 이 그림을 보았나요? 이 그림은 무엇인가요?

2. 무지개의 색깔에 대한 이야기를 나눈다.
   — 무지개는 무슨 색으로 되어 있나요?

3. 노래를 탐색한다.
   — 노래의 내용은 무엇이었나요?
   — 다시 한 번 더 불러 볼까요?
   — 계명으로 바꾸어 불러 볼까요?

4. 핸드벨을 탐색한다.
   — 핸드벨은 각 음에 색깔이 있어요. 어떤 색깔의 핸드벨이 어떤 계명을 가지고 있을까요? 한 번 들어 볼까요?

5. 모둠으로 핸드벨을 연습한다.
   — 그러면 노래에 맞춰 핸드벨을 연주하려면 어떻게 해야 할까요?
   — 모둠으로 나누어 핸드벨 연주 연습을 해 볼까요?

6. 평가

무지개

이미혜 작사 · 작곡

11 봄 여름 가을 겨울

꽃들의 춤

▪ 활동목표
- 네 박자 지휘활동에 즐겁게 참여한다.
- 노래부르기를 통하여 봄을 회상할 수 있다.

▪ 음악적 관련요소
- 신체표현(달크로즈 유리드믹스 방법 적용)

▪ 누리과정 관련요소
- 예술경험: 음악적 요소 탐색하기, 음악으로 표현하기, 다양한 예술 감상하기, 움직임과 춤으로 표현하기

▪ 준비
- 가사 판

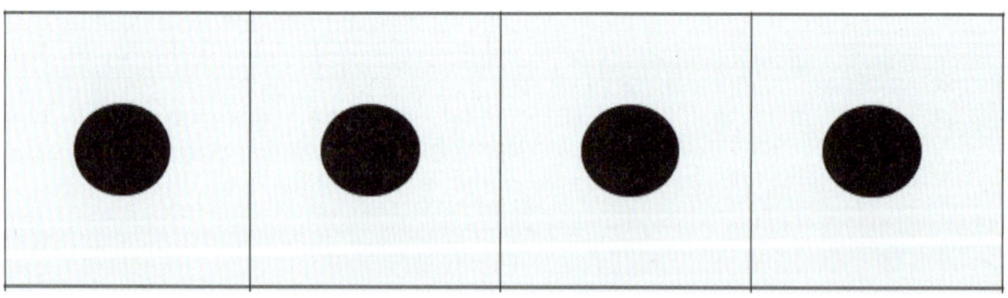

네 박자 박자표

▪ 활동방법

1. 노래를 탐색한다.
   — 이번 주제는 '봄'이라는 계절이에요. 봄에는 어떤 일들이 있었을까요? 노래를 듣고 알아 봅시다.

2. 노래의 가사를 이야기한다.
   — 어느 계절인 것 같아요? 무엇을 한다고 했나요?

3. 네 박자를 살펴본다.
   — 그림을 보세요. 칸이 몇 개지요?(네 칸) 이렇게 한 칸이 한 박자를 가리킨다면 네 칸은 몇 박자를 가리킬까요?
   — 이렇게 네모 칸이 네 개인 노래를 네 박자 노래라고 해요. 우리 함께 칸을 보며 박자를 헤아려 볼까요?
   (하나 두울 셋 넷!)
   — 다함께 숫자를 헤아려요.

4. 리듬을 치며 노래를 듣는다.
   — 이제 네 박자 노래를 무릎치기로 박자를 치면서 노래를 들어 볼까요?

5. 네 박자 지휘 또는 동작 만들기
   — 그러면 네 박자에 맞춰 동작을 만들어 볼 거예요. 여기 종이에 붙여진 색 점 네 개를 이렇게 노래에 맞춰 찍어 볼까요?

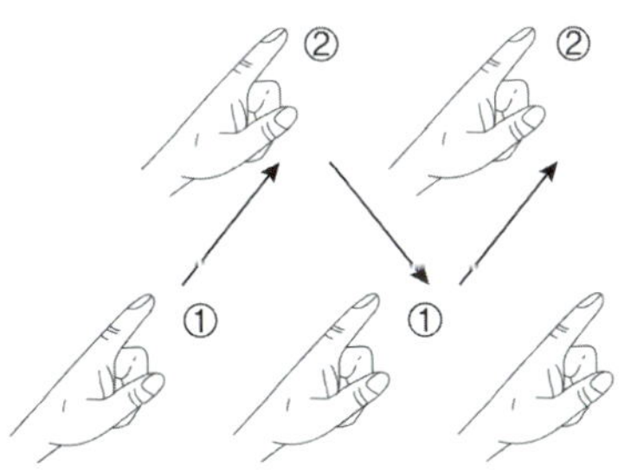

※ 출처: *Feel It* (Robert M. Abramson., 1998, Warner Bros)

— 이제 선생님이 재미있는 동작을 가르쳐 줄 거예요. 누가 선생님처럼 할 수 있나 잘 보고 따라하세요. 다함께 숫자를 헤아리면서 선생님처럼 스윙연습을 해 봐요.

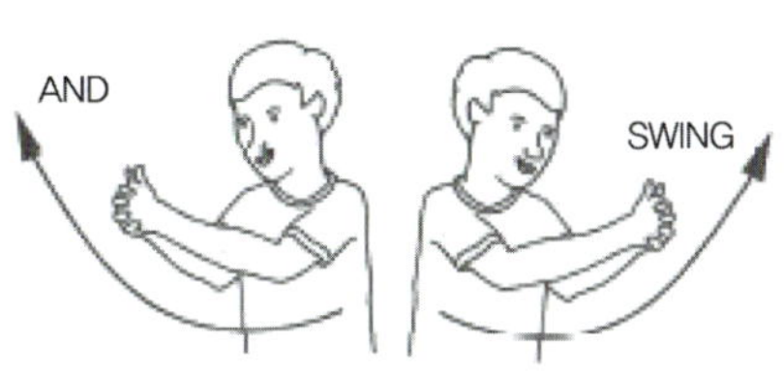

※ 출처: *Feel It* (Robert M. Abramson., 1998, Warner Bros)

이제 선생님이 다른 방법으로 네 박자 지휘를 해 볼 거예요.

[참고]

— 네 박자 지휘 동작: 하나 둘에 손으로 다른 팔의 팔꿈치 안, 손목 셋 넷에 다른 손과 팔로 바꾸어 동작한다.

6. 회상하기

— 즐거운 봄의 노래 잘 불렀나요?

7. 평가

꽃들의 춤

이미혜 작사

도토리

■ **활동목표** • 내가 만든 박자로 연주할 수 있음을 안다.
• 박자는 모양처럼 소리를 정리하는 것임을 안다.

■ **음악적 관련요소** • 소리 만들기(오르프 방법 적용)

■ **누리과정 관련요소** • 예술경험: 음악적 요소 탐색하기, 음악으로 표현하기, 다양한 예술 감상하기, 움직임과 춤으로 표현하기

■ **준비** • 도토리 리듬 카드, 도토리(유아의 수)

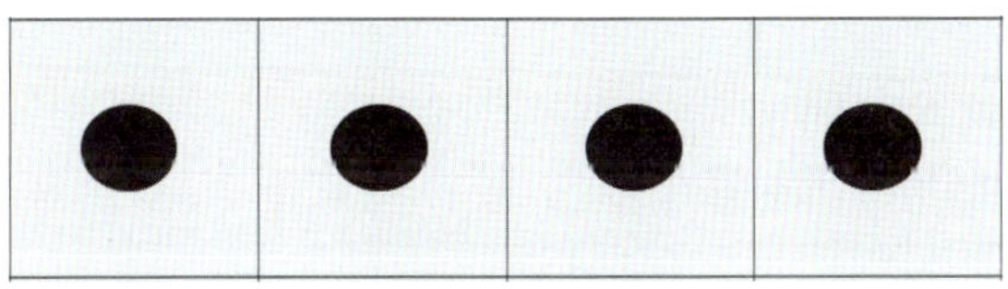

네 박자 박자표

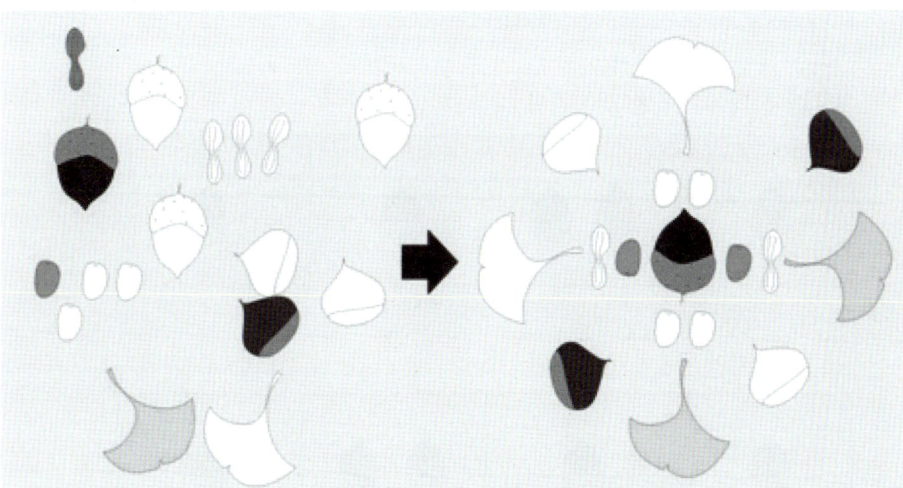

※ 출처: 나도 작곡가 시리즈(이미혜, 2012, 부흥기획)

도토리 그림

■ 활동방법

1. 도토리 그림을 탐색한다.
   - 선생님이 보여주는 그림은 도토리로 만든 거예요. 어떤 그림이 더 좋은가요? 두 그림은 무엇이 다른가요? 하나의 그림은 엉켜져 있고 하나의 그림은 잘 정리되어 있지요. 음악도 마음대로 소리 내는 것이 아니고 박자에 맞춰 소리를 내는 것이랍니다.

2. 도토리로 무엇을 할까요?
   - 여기 도토리가 있어요. 도토리로 무엇을 하게 될까요?
   - 도토리로 박자 만들기를 해 봐요. 여기 네 박자 리듬 칸이 있네요. 여기에 도토리가 하나씩 들어 있어요.
   - 두 번째 칸에 두 개의 도토리가 있어요. 어떻게 하나 선생님을 보고 잘 따라하세요.

3. 도토리로 리듬을 만든다.
   - 4분음표에 네 박자 리듬치기

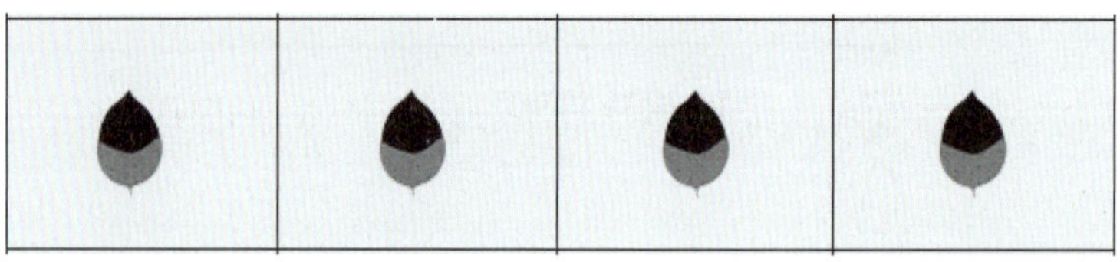

   - 두 번째 박에 두 번 리듬치기

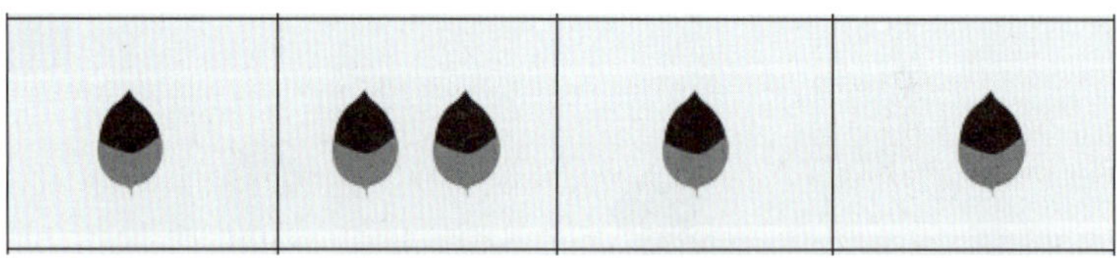

   - 세 번째 박에 두 번 리듬치기

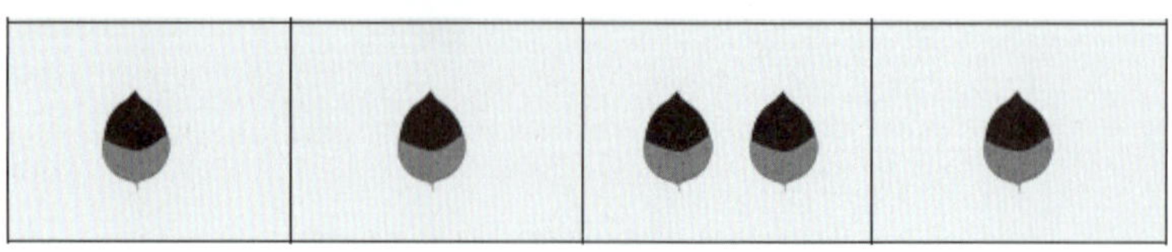

4. 노래를 탐색한다.
— 여기 우리가 만든 박자를 노래에 맞춰 연주해 볼 거예요. 선생님을 따라서 하나씩 만든 리듬을 연주하면서 노래를 들어 볼까요?

5. 모둠으로 나누어 리듬을 연습한다.
— 세 모둠으로 나누어 리듬 카드의 박자를 하나 골라서 리듬치기 연습을 해 보세요. 어느 모둠이 연주를 잘 할 수 있을까요?

6. 평가

도토리

유성윤 작사
황철익 작곡

눈송이

■ **활동목표**
- 감탄사에 반응하며 한 소절 개념을 경험한다.
- 노래부르기를 통하여 음악의 구성요소를 탐색할 수 있다.

■ **음악적 관련요소**
- 프레이즈(한 소절)

■ **누리과정 관련요소**
- 예술경험: 음악적 요소 탐색하기, 음악으로 표현하기, 다양한 예술 감상하기, 움직임과 춤으로 표현하기

■ **준비**
- 스카프(유아의 수)

■ **활동방법**

1. 노래를 탐색한다.
   — 선생님과 오늘 활동할 음악은 '눈송이'이라는 동요에요. 이 노래를 듣고 어떤 노래인지 알아 봅시다.

2. 노래에 나오는 감탄사를 알아본다.
   — 노래를 들어 보니 어떤 노래인 것 같나요?

3. 가삿말에 관해 이야기를 나눈다.
   — 노랫말을 다함께 읽어 볼까요?
   — 악보의 노랫말 중에 '아에이오우' 부분이 보이나요? 이 부분이 감탄사라고 하는 거예요. 따라해 볼까요? 우리가 언제 이런 소리를 낼까요? 다함께 감탄사 소리를 내어 볼까요?

4. 허밍하다가 감탄사에 소리를 낸다.
   — 이제 노래를 다시 허밍으로 부르면서 이 부분에만 소리를 내어 볼까요?

5. 다양한 방법으로 감탄사에 반응한다.
   — 노래를 다시 허밍으로 부르면서 이 부분에만 동작을 만들어 볼까요?
   — 노래에 맞춰 걸어 다니다가 이 부분에만 스카프를 흔들어 볼까요?

6. 프레이즈
   — 오늘 감탄사에 여러 가지 활동을 해 보았어요. 감탄사가 어디에 있나요?
   — 음악에서 이 만큼의 길이를 한 소절이라고 해요. 영어로 프레이즈라고 하지요.

7. 평가

눈송이

이미혜 작사 · 작곡

겨울 바람

■ 활동목표
- 오스티나토는 반복되는 후렴부와 같은 것임을 안다.
- 소리 만들기를 통하여 음악의 구성요소를 탐색할 수 있다.

■ 음악적 관련요소
- 소리 만들기(오스티나토, 오르프 방법 적용)

■ 누리과정 관련요소
- 예술경험: 음악적 요소 탐색하기, 음악으로 표현하기, 다양한 예술 감상하기, 움직임과 춤으로 표현하기

■ 준비
- 겨울에 필요한 물건 그림

겨울에 필요한 물건			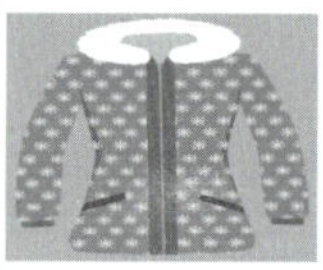
	장갑	귀마개	외투
 은하수반			
이름: ______	털모자	부츠	목도리

■ 활동방법

1. 겨울에 필요한 것을 이야기 나눈다.

2. 동요를 소개한다.
   — 선생님과 오늘 활동할 음악은 '겨울 바람'이라는 동요에요.
   — 어떤 노래인지 한번 들어 볼까요?

3. 오스티나토를 소개한다.
   — 오스티나토는 계속 되풀이 되어서 소리 내는 것이에요. 이번에는 '꽁'이라는 소리를 노래에 넣어서 소리 내어 볼 거예요. 친구들도 함께 하면서 음악을 들어봐요.

4. 노랫말을 알아본다.
   — 어떤 노래인지 노랫말을 알아 볼까요?

5. 오스티나토를 만들어 본다.
   — '꽁' 부분에 다른 소리로 오스티나토를 만들어 볼까요?
   — '꽁' 부분에 동작으로 흉내를 내어 볼까요?
   — '꽁' 부분에 신체 리듬을 쳐 볼까요?

6. 보르둔을 탐색한다.
   — '꽁' 부분에 보르둔으로 소리를 내어 볼까요?
   — 보르둔으로 소리를 내려면 어떻게 할까요?

7. 평가

겨울바람

백순진 작사 · 작곡

싱그러운 여름

■ **활동목표**
- 노래부르기를 통하여 음악의 구성요소를 탐색할 수 있다.
- 친구와 협동하여 노래부르기를 즐긴다.

■ **음악적 관련요소**
- 음악의 형식

■ **누리과정 관련요소**
- 예술경험: 음악적 요소 탐색하기, 음악으로 표현하기, 다양한 예술 감상하기, 움직임과 춤으로 표현하기

■ **준비**
- 세 부분으로 나누어진 가사 판

■ **활동방법**

1. 노래를 탐색한다.
   — 선생님과 오늘 활동할 음악은 '싱그러운 여름'이라는 동요에요.
   — 어떤 노래인지 한번 들어 볼까요?
   — 어떤 노래였나요?

2. 음악에서 3부 형식, ABA형식을 알아본다.
   — 이 노래는 긴 노래이지요. 긴 노래를 세 부분으로 나누어 봤어요.
   — 한 부분씩 노래를 배워볼까요?

3. A부분 허밍으로 노래한다.
   — 노래를 들으면서 노랫말 카드를 바꾸어 줄 거예요. 어느 부분의 멜로디가 같은지 알기 위해서 A부분은 멜로디를 허밍으로 소리를 내어 봅시다.

4. B부분 가사로 노래한다.
   — 이제 B부분은 가삿말로 노래를 불러 보자.

5. 노래는 3부 형식이 있다.
   — 허밍으로 부르던 부분의 멜로디가 어땠나요? 처음 나온 부분과 마지막으로 나온 부분의 멜로디가 비슷한 멜로디였어요. 손으로 박자를 저으면서 A부분을 다시 허밍해 봅시다.

6. 전체 노래부르기

— 가삿말은 어떤 내용이었나요? 가사 판을 보며 전체를 노래로 불러 봅시다.

* 어린유아의 경우 세 모둠(ABA부분)으로 나누어 노래를 부른다.

7. 평가

싱그러운 여름

박은주 작사
석광희 작곡

※ 출처: 3~5세용 누리과정 교사용 지도서

가을 길

■ **활동목표**
- 후렴부가 있는 음악의 형식을 안다.
- 소리 만들기를 통하여 음악의 구성요소를 탐색할 수 있다.

■ **음악적 관련요소**
- 음악의 형식

■ **누리과정 관련요소**
- 예술경험: 음악적 요소 탐색하기, 음악으로 표현하기, 다양한 예술 감상하기, 움직임과 춤으로 표현하기

■ **준비**
- 가사 판

■ **활동방법**

1. 후렴부 노래를 부른다.
   — (트랄랄랄라 노래를 부르며) 선생님이 방금 노래를 했어요? 그래요? 친구들도 따라할 수 있을까요?
   — 오늘은 어떤 노래를 하게 될까요? 노래를 한번 들어 볼까요?

2. 노래를 탐색한다.
   — (노래 1절을 들려주고) 어떤 노래였나요?
   — 선생님과 오늘 배울 노래는 '가을 길'이라는 동요에요.

3. 후렴부를 탐색한다.
   — (가삿말을 보여주며) 선생님이 먼저 들려주었던 부분이 어디에 있나요? '트랄랄랄라' 부분처럼 반복되는 부분을 후렴이라고 해요. 후렴부는 셋째 줄의 노래 부분이에요.
   — 셋째 줄과 후렴부의 가사만 다함께 읽어 볼까요?

4. 허밍하며 노래한다.
   — 노래를 허밍하며 듣다가 친구들이 아는 후렴부가 나오면 노랫말을 넣어서 불러 보아요.

5. 악기로 연주한다.
   — 노래를 허밍하며 듣다가 친구들이 아는 후렴부가 나오면 신체 리듬을 치며 노래를

불러 보아요.

— 이 부분을 악기로 연주한다면 어떤 악기가 좋을까요?

6. 음악의 형식을 알아본다.

— 오늘은 후렴부가 있는 음악을 알아 보았어요. 후렴부는 노래에서 어떤 부분을 말하고 있나요?

7. 평가

가을길

김규환 작사 · 작곡

※ 출처: 3~5세용 누리과정 교사용 지도서

씨 앗

■ **활동목표**
- 다양한 방법으로 음악의 구성요소를 탐색할 수 있다.
- 소리의 크기를 다양한 방법으로 표현할 수 있다.

■ **음악적 관련요소**
- 크고 작은 소리, 신체표현하기

■ **누리과정 관련요소**
- 예술경험: 음악적 요소 탐색하기, 음악으로 표현하기, 다양한 예술 감상하기, 움직임과 춤으로 표현하기

■ **준비**
- 심벌즈, 큰북, 스트레칭 밴드, 씨앗 성장 그림, 스카프(유아의 수)

※ 출처: 리듬게임 앙상블(이미혜, 2002, Muse 202)

■ **활동방법**

1. 봄에 관한 이야기를 나눈다.
   - 겨울이 지나면 봄이 오죠? 봄이 오면 어떤 일들이 생길까요?
   - (그림을 하나씩 보며) 이 그림은 무엇일까요?
     처음부터 다시 들려줄게요. 겨울에 땅 속에 있는 씨앗은 싹이 나고 점점 자라서 꽃이 핀답니다.

2. 음악동화 '씨앗'으로 신체를 표현한다.

— 씨앗의 모양은 어떤가요. 그러면 크기가 어떤가요?
— 꽃은 어떤 모양인가요? 그러면 씨앗보다 꽃의 크기가 어떻게 다른가요?
— 씨앗을 몸으로 표현해 봅시다. 꽃을 몸으로 표현해 봅시다.
— 이제 음악동화를 들으며 몸으로 신체표현해 봅시다. 모두 눈을 감고 씨앗이 되어 보세요.

〈씨앗〉

땅속에 있는 씨앗은
빨리 밖으로 나가고 싶어요,
아이 갑갑해
언제 밖으로 나가지?
씨앗들은
밖으로 나가고 싶어서
땅 밑에서 들썩들썩 거려요
해님이
활짝 웃고 있는 어느 날
뽀드득 뽀드득
한 입 한 입 싹이 났어요.
해님이
빨리 빨리 자라라고
따뜻한 햇볕을
화~ 화
비춰 주어서 싹이 자라요
점 점 점 점 싹이 자라요
우와
다 자랐다!

* 교사와 함께 음악에 맞춰 신체로 작은 씨앗이 되었다가 점점 자라는 나무가 되는 것을 표현한다.
* 스카프를 사용하여 활동에 몰입하도록 한다.

3. 소리의 크기를 개념화한다.
— 씨앗이 되었다가 점점 자라는 모습을 우리가 몸으로 만들어 보았어요. 크고 작은 모습과 같이 소리도 크고 작은 소리를 만들 수 있을까요?
— 선생님이 씨앗 그림을 들면 작은 소리, 나무그림을 들면 큰소리를 만들어 보아요.

4. 크고 작은 소리를 악기로 연주한다.
— 이제 악기로 바꾸어 소리 만들기 활동을 해 봐요.

5. 평가

빗방울 전주곡

■ 활동목표 • 말로 소리 박자를 만들 수 있음을 안다.
• 이야기가 있는 감상곡을 통하여 음악의 느낌을 표현할 수 있다.

■ 음악적 관련요소 • 악기연주

■ 교육과정 관련요소 • 아름다움 찾아 보기: 음악적 요소 탐색하기
예술적 표현하기: 움직임과 춤으로 표현하기

■ 준비 • 감상곡: 빗방울 전주곡(쇼팽)

※ 출처: 나도 작곡가 시리즈(이미혜, 2012, 부흥기획)

■ 활동방법

1. 음악을 감상한다.
   — 오늘 할 활동은 빗방울 소리를 음악으로 만든 감상곡을 들어 보도록 해요.
   — 음악을 들으면서 어떤 소리가 빗방울 소리인지 한번 들어 볼까요?
   (10초 정도 음악을 들려준다.)
   — 다시 한 번 더 들어 볼까요?
   (20초 정도 음악을 들려준다.)

— 음악에서 빗방울 소리라고 생각되는 소리를 만들어 봅시다.
(빗방울 소리를 작게 내며 음악을 듣는다.)
— 음악을 들으면서 빗방울 소리에 맞춰 무릎을 치며 들어 봅시다.
(빗방울 소리에 무릎을 치며 음악을 듣는다.)
— 음악에서 어떤 소리가 났었나요? 음악의 어떤 소리가 빗방울 소리 같았나요? 들은 소리를 기억할 수 있을까요?

2. 감상곡을 소개한다.
— 이 곡은 폴란드 작곡가 쇼팽이 조용히 떨어지는 빗방울 소리를 듣고 작곡한 빗방울 전주곡이에요. 쇼팽 선생님이 누구인지 사진을 한번 볼까요?
— 우리 이번엔 눈을 감고 빗방울이 조용히 떨어지는 모습을 생각하면서 들어 볼까요?

3. 물소리에도 박자가 있어요.
— 쇼팽은 빗소리를 듣고 그냥 '비가 오네~!' 한 게 아니라 빗소리를 음악으로 만들었답니다.
— 빗방울은 물이 떨어지는 소리지요. 물소리가 어떻게 음악이 될까요?
— 물소리를 박자에 넣어서 만들면 음악이 되어요.
— 우리도 물소리에 박자를 넣어서 음악을 만들어 봅시다.

[예시] 〈물소리 박자 만들기〉

♫	♫	♫	♩
주룩	주룩	주루	룩

4. 물소리 박자 다양하게 소리 내기

5. 평가
— 말에 박자를 넣어서 소리 내니까 음악이 되었지요. 음악에 필요한 것은 무엇이 있을까요?

비발디의 사계(겨울)

■ 활동목표
- 봄의 느낌을 음악 감상으로 탐색할 수 있다.
- 음악 감상의 느낌을 다양하게 표현할 수 있다.

■ 음악적 관련요소
- 음악 감상

■ 교육과정 관련요소
- 아름다움 찾아 보기: 음악적 요소 탐색하기
  예술적 표현하기: 움직임과 춤으로 표현하기

■ 준비
- 얼음 결정체 그림

■ 활동방법

1. 겨울에 할 수 있는 것들에 관하여 이야기 나눈다.
   노래(나는 춥지 않아요)를 들으며 겨울에 할 수 있는 것들에 관하여 이야기 나눈다.

2. 사계에서 겨울 음악을 감상한다.
   — 친구들 계절을 노래로 할 수 있기도 하지만 멋진 작곡가가 음악으로 나타낼 수도 있어요. 계절의 느낌을 아름다운 소리로 표현한 음악이 있어요. 사계 중에 겨울 음악을 들어 볼까요?

3. 감상한 후 음악의 특징에 대하여 이야기한다.
   — 느낌은 어떤가요? 음악에서 기억나는 소리가 있나요? 어떤 악기로 소리를 낸 것 같나요? 아는 악기가 있나요? 악기를 흉내 내면서 음악을 들어 봅시다.

4. 겨울 음악을 들으며 얼음 결정체를 그린다.

5. 느낌을 이야기한다.
   같은 모양의 그림을 가진 친구끼리 모여 볼까요? 음악을 듣고 어떤 느낌이 나는지 이야기를 만들어 보세요.

6. 평가

12 음악극 예곡

내 동생 짹돌이

제 1 장

엄마 뱃속에서 하얗고, 동그란 알이 나왔어요. 엄마는 그 알을 꼬옥 껴안고 잤어요.

그런데 어느 날 까맣고 못생긴 참새가 "뿌드득 뿌드득" 하며 그 알을 깨고 나왔어요.

"짹짹 짹짹짹"

"어휴, 시끄러워!"

엄마는 매일 시끄럽게 울기만 하는 짹돌이가 뭐가 좋은지 짹돌이가 한 번 "짹"하면 맛있는 벌레를 잡아다가 짹돌이 입에다 넣어주고, 두 번 "짹짹"하면 깨끗한 물을 길어와 짹돌이 입에다 넣어 주었어요.

※ 출처: 월간 유아 연재 작품(이미혜, 2002)

■ 합주지도

[첫째 날]

1) 노래를 배운다.
2) 교사가 실로폰으로 오스티나토 반주 ①을 하며 노래를 부른다.
3) 교사를 대신할 유아가 앞으로 나와 교사의 역할을 하고 나머지 유아는 모두 함께 노래를 부른다.
4) 여러 명이 나와서 실로폰 연주를 하고 나머지 유아는 노래를 부른다.
5) 역할을 바꾸어 모든 유아가 악기를 연주해 보게 한다.

* 활동참고

오스티나토는 계속 반복되어 주선율의 반주를 하는 짧은 리듬이나 멜로디패턴

오스티나토는 노래보다 네 마디 먼저 시작하고 네 마디 후에 끝난다.

[둘째 날]

1) 오스티나토 ②로 바꾸어 연주하고 첫째 날과 같은 활동을 한다.

[셋째 날]

1) 유아가 오스티나토 ①을 연주하고 교사는 오스티나토 ②를 순서대로 연주한다. ('활동참고' 참조)
2) 교사역할을 대신할 유아를 앞으로 나오게 한다.
3) 유아가 오스티나토 연주순서를 익히고 나면 교사가 주선율이 나오는 순서에 노래를 부른다.
4) 유아를 세 그룹으로 나누어 오스티나토 ①과 ②, 주선율을 각각 맡는다.

* 활동참고

— 오스티나토 ①과 ②, 주선율은 네 마디의 간격의 순서로 시작한다.

— 주선율, 오스티나토 ②, 오스티나토 ①의 순서로 끝이 난다.

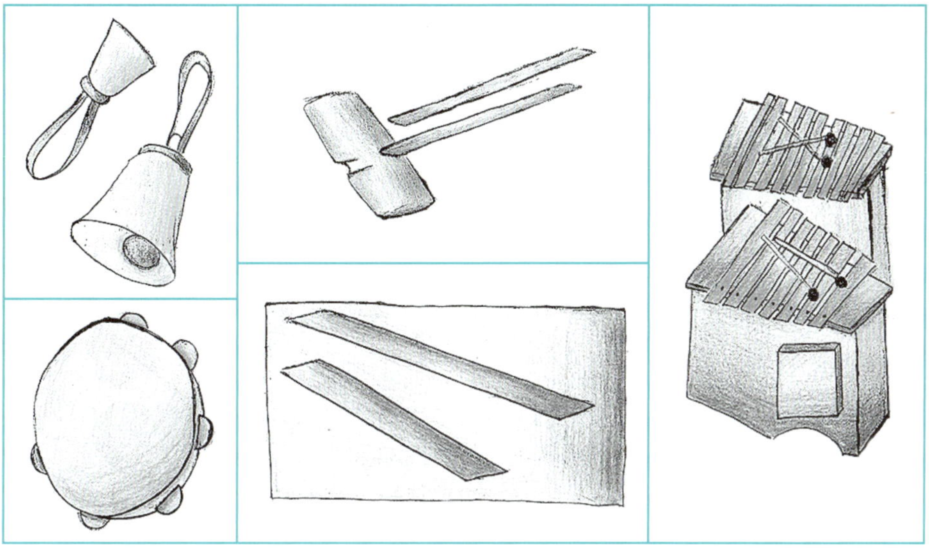

※ 출처: 리듬게임 앙상블(이미혜, 2002, Muse 202)

[넷째 날]

1) 노래를 부른다.
2) '짹'에 손뼉치기 한다.
3) '짹'에 탬버린을 친다.
4) 3명의 유아가 '짹' '돌' '이'를 한 자씩 맡아 손뼉치기한다.
5) '짹' '돌' '이'에 핸드벨 '미' '레' '도'를 한 명씩 연주한다.

[다섯째 날]

1) 역할 목걸이를 나누어준다.
2) 오스티나토 합주를 해 본다.
3) 익숙해지면 핸드벨과 탬버린을 합친다.
4) 리듬막대나 드럼으로 시작신호를 보내면 합주를 시작하고 마칠 때도 리듬막대로 후주(코다)를 붙인다.

제 2 장

그러던 어느 날,

"건너 마을 까치네 집 깍깍이가 장가를 간다는구나. 그래서 이 엄마가 고운 목소리로 짹짹짹짹 축하 노래를 불러 주기로 했단다. 다녀올 테니 짹돌이 잘 보고 있거라. 짹돌이가 한 번 짹하면 배가 고프다는 뜻이니 맛있는 벌레를 잡아다 주고, 두 번 짹짹하면 목이 마르다는 뜻이니 물을 길어 주거라."

하지만 전 짹돌이와 노는 게 싫었어요. 그래서 혼자 높은 곳에서 떨어지기 놀이도 하고, 지푸라기 옮기기 놀이도 하고 놀고 있는데, 저기서 짹돌이가 걸어오고 있었어요. 전 짹돌이가 한번 짹하면 머리를 콕 때려주고, 두 번 짹짹하면 엉덩이를 쿡쿡 찔러 줬어요.

〈동시〉

뿌드득 뿌드득 짹짹
뿌드득 뿌드득 짹짹

아기참새는
밥 달라고 짹
물 달라고 짹짹
하루 종일 짹짹
짹짹짹짹짹

뿌드득 뿌드득 짹짹
뿌드득 뿌드득 짹짹

오빠참새는
논다고 짹짹
난다고 짹짹
하루 종일 짹짹
짹짹짹짹짹

뿌드득 뿌드득 짹짹
뿌드득 뿌드득 짹짹

참새가족
하루 종일
짹짹짹짹짹
짹짹짹

※ 출처: 월간 유아 연재 작품(이미혜, 2002)

[첫째 날]

1) 유아가 간주 '뿌드득 뿌드득 짹짹'을 맡고 교사가 동시를 들려준다.
2) 간주의 '뿌드득' 부분에 양 손바닥을 쓸고 '짹짹' 부분에 두드린다.
3) 간주의 '뿌드득' 부분에 소고를 손으로 쓸고 '짹짹' 부분에 두드린다.

[둘째 날]

1) 유아를 두 그룹으로 나누어 동시와 간주를 맡는다.
2) 동시의 짹짹 부분에 손뼉치기 한다.
3) 말없이 손뼉치기 한다.
4) 손뼉치기를 트라이앵글로 바꾸어 연주한다.
5) 간주에 소고를 치고 동시에 트라이앵글을 연주한다.

제 3 장

그리고 나서 전 또 다시 혼자 놀기 시작했어요.

날이 어두워지고 엄마가 돌아올 시간이 다 되었는데 짹돌이가 보이지 않았어요.

엄마가 돌아와 짹돌이가 없어진 것을 알면 혼날 것이 뻔했기 때문에 걱정이 되었어요. 그래서 짹돌이를 찾기 시작했어요. 짹짹짹짹 가느다란 짹돌이 목소리가 저 장독대 옆에서 들려 왔어요.

짹돌이는 하루종일 아무 것도 먹지 못해 힘없이 축 처져 있었어요. 짹돌이는 너무 어려서 혼자 벌레를 잡아먹을 수 없었던 거예요.

"가여운 짹돌이…. 형이 잘못했어."

깨끗한 물을 길어와 짹돌이에게 먹이고, 벌레도 잡아다 줬더니 짹돌이는 어느새 기운을 찾고 방긋방긋 웃었어요. 그러더니 제 품에 꼬옥 안기는 거예요. 그때 잔치에서 돌아오신 엄마가 "동생 잘 보고 있었구나, 착하기도 하지." 엄마가 짹돌이를 잘 보았다고 칭찬해 주셨어요.

전요 짹돌이가 세상에서 제일 좋아요.

※ 출처: 월간 유아 연재 작품(이미혜, 2002)

[첫째 날]

1) 노래를 익힌다.
2) 원으로 앉아 노래를 부르며 공을 오른쪽으로 돌린다.
3) 노래 끝에 공을 받은 유아가 먹고 싶은 음식을 이야기한다.
4) 노래에 음식이름을 바꾸어 불러본다.
5) 계속하여 노래 끝에 공을 받은 유아가 일어나서 먹고 싶은 음식을 말하고 노래를 부른다.

[둘째 날]

1) 노래를 만든 유아를 짝으로 만들어 순서를 정한다.
2) 샌드위치 그림을 보면서 론도의 연주 순서를 이해시킨다.
3) 노래 + 론도 ① + 노래 + 론도 ② + 노래 + 론도 ③ + 노래 + 론도 ④ + 노래 + 론도 ⑤ 순으로 노래를 부른다.

[셋째 날]

1) 론도를 순서대로 불러본다.
2) 자기 순서에 앞으로 뛰어나와 노래를 부른다.
3) 노래의 길이만큼 다른 타악기로 연주하여도 좋다.

* 활동참고

① 론도, 같은 멜로디 사이에 다른 멜로디들이 삽입되어 있는 음악의 형식, 샌드위치그림에서 빵은 같은 멜로디이며, 빵과 빵 사이 속 번호에 유아가 노래할 순서가 정해져 있다.

※ 출처: 리듬게임 앙상블(이미혜, 2002, Muse 202)

론도 발표 그림

신기한 로봇나라 뿌뿌

신기한 로봇나라에 뿌뿌가 살고 있어요. 이 신기한 나라는 뭐든지 로봇으로 되어 있는 나라예요. 집, 자동차, 도로, 꽃까지 로봇으로 되어 있어요. 뿌뿌는 태어날 때 '뿌뿌'하고 태어나서 이름이 뿌뿌래요. 어느 날 유치원에서 바다로 수영하러 갔어요. 다른 친구들은 바다에 가자마자 바다로 뛰어들었지만 뿌뿌는 들어 갈 수 없었어요.

"뿌뿌야, 바다 속에 들어와 봐. 너무 시원하고 재미있어."

"싫어. 바다 속 상어가 와서 나를 잡아먹으면 어떻게 해. 난 무서워 싫어."

그러자 다른 친구들이 뿌뿌가 상어를 무서워하는 것을 보고 놀렸어요.

"뿌뿌는 겁쟁이야. 상어가 무서워서 바다에도 못 들어오고, 메롱."

"아니야, 난 겁쟁이가 아니야!"

친구들은 뿌뿌랑 놀려고 하지 않았어요. 뿌뿌는 눈물을 흘리며 슬퍼하였어요.

그런데 뿌뿌의 꿈속에서 하얀 불이 켜지더니 오징어 마술사가 나타났어요.

"뿌뿌야, 내가 너에게 바다 속의 신기한 세상을 보여주마. 바다 속이 얼마나 예쁜지 아직 모르지? 날 따라와."

뿌뿌는 오징어 머리 위에 앉아 오징어가 가는 대로 따라 갔지만 무서워 눈을 뜰 수가 없었어요. 그런데 뿌뿌의 눈앞에 하얀빛이 나타나서는 용기의 힘을 불어 넣어주었어요. 뿌뿌는 눈을 떴어요.

"와, 이게 뭐야! 정말 이곳이 바다 속이란 말이지. 정말 예쁘다. 이렇게 많은 물고기들이 있구나. 야 저기에는 바다 속에도 풀들이 있네?"

"바다 속에 사는 풀 들을 해초라고 한단다."

"앗! 상어다, 무서워!"

"아니야, 무서울 것 없어 너의 친구란다."

"친구?"

"그래. 안녕, 상어아저씨."

"안녕."

뿌뿌는 상어아저씨에게 인사를 했어요. 상어아저씨는 뿌뿌를 보고는 튼튼하지 못하다고 생각했어요.

"뿌뿌야, 앞으로 열심히 운동하고 노마 에프 영양제도 먹어야겠구나. 그래야 로봇나라에 제일가는 용감한 로봇이 될 수 있지."

"예! 아저씨. 감사합니다."

상어어저씨는 참 친절하였어요.

뿌뿌는 상어아저씨의 말에 힘을 얻어서 로봇나라로 다시 갔어요.

뿌뿌는 신기한 로봇나라에 가서 열심히 운동하고 영양제를 먹고 제일 용감한 로봇이 되었답니다. 그리고 친구들과 더욱 사이좋게 지내게 되었습니다.

〈 동시 〉	〈 오스티나토 〉
삐이 삐삐삐	삐리삐리 뿅
뿌우 뿌뿌뿌	
나는 로봇	
뿌뿌	

꿈속에서
상어 아저씨와
수영을 가네
깊은 바다로
아주 멀리

바다 속 이야기
너무 재밌어
신난다
뿅

삐이 삐삐삐
뿌우 뿌뿌뿌
용감한 로봇
뿌뿌

한 명씩 나와서 로봇 춤을 춘다.

론도

귀뚤이의 콘서트

저녁 노을이 빨갛게 물드는 저녁.

귀뚤이는 풀 위에 앉아 훌쩍 훌쩍 울고 있었어요.

아까 낮에 친구들이 귀뚤이를 놀렸지 뭐예요.

"귀뚤이는 노래도 못불러. 귀뚤이는 귀뚜라미가 아닌가봐!"

"으휴~ 듣기 싫어. 저것도 노래냐?"

귀뚤이는 친구들의 놀리는 소리가 생각이 나서 슬펐던 것이예요.

"휴~ 나는 왜 다른 친구들처럼 노래를 못하지? 난 세계적인 가수가 되고 싶은데……. 귀뚤~ 귀~뚜~울~캑! 캑~이잉~! 난 정말 노래를 못하나봐."

그때 어디에선가 노랫소리가 들려 왔어요.

"개굴~♬ 개굴~개~굴~♬ "

연못의 명가수 개구리아저씨의 노래였어요.

귀뚤이는 부러움이 가득 찬 눈으로 개구리아저씨의 노랫소리에 귀를 기울였어요.

"우와~ 나도 저렇게 노래를 잘 부를 수 있다면, 귀뚤!"

귀뚤이의 말을 들은 개구리아저씨가 노래를 멈추고 귀뚤이 옆으로 폴짝 폴짝 뛰어 왔어요.

"노래를 잘하고 싶니? 내가 가르쳐 줄까?"

"정말요? 정말이죠? 전 정말 멋지게 노래를 불러 보고 싶어요!"

귀뚤이는 너무 좋아서 하늘에 닿을 듯이 뛰어 올랐어요.

"오늘부터 연습을 시작해 볼까! 자~ 배에 힘을 주고, 야~~!"

"아 아 아 ♪♬~ 귀뚤~ 캑캑!"

"입을 크게! 둥글게 해야지. 다시 한 번 아아아아~♬"

귀뚤이는 최선을 다해 열심히 연습했어요.

날이 갈수록 귀뚤이의 노래 실력은 늘어갔고, 숲은 귀뚤이의 노랫소리로 매일 매일 가득 찼어요.

"귀뚤이의 노래 소리는 최고야. 누구도 따라가지 못할거야."

개미들은 귀뚤이를 위해 연주회를 열어 주기로 했어요.

"영~차! 영~차!"

부지런한 개미들은 모래와 나뭇잎, 나무 가지들을 열심히 날라 연주회 장소를 예쁘게 만들어 주었어요. 귀뚤이는 너무나 기뻐했어요.

"이렇게 예쁜 장소를 만들어 주다니 고맙다 개미야!"

드디어 연주회 날이 다가 왔어요. 귀뚤이는 생각했어요.

"열심히 해서 꼭 최고 가수가 될 테야. 귀~뚤~~ 이제 나를 놀리지 않고 모두 좋아하잖아."

귀뚤이의 연주회에는 너무나 많은 친구들이 와 주었어요. 개구리아저씨와 개미들, 장소를 밝게 밝혀줄 반딧불, 매미, 여치, 메뚜기, 심지어는 귀뚤이를 놀린 귀뚜라미 친구들까지 왔어요.

반딧불이 비춰주는 밝은 불빛 속에서 귀뚤이는 노래를 시작했어요.

"귀~뚤 귀~뚤 찌르르르~~♬♬"

정말 멋진 노래였어요. 숲속 친구들은 귀뚤이의 아름다운 노랫소리에 감동했고 모두들 일어나 함께 노래 불렀어요.

귀뚤이는 너무 행복했어요.

"귀뚤~ 귀~뚤 맴~~맴 또르르~ 찌릿, 찌릿 ♬♬"

아름다운 노랫소리는 시냇물을 따라 바람을 따라 노래의 여왕 꾀꼬리가 살고 있는 숲속까지 메아리 쳤어요. 노랫소리를 들은 꾀꼬리 여왕은 깜짝 놀라 종달새에게 물었어요.

"이 예쁜 노랫소리는 어디서 들려오는 것이느냐?"

"계곡 건너 숲속에서 열리고 있는 귀뚤이의 노래입니다."

"그래? 나를 연주회가 열리고 있는 숲 속으로 데리고 가라!"

꾀꼬리 여왕과 종달새는 하늘을 날아 연주회가 열리는 곳에 도착했어요.

마침 귀뚤이의 마지막 노래 '가을의 소리'가 울려 퍼지고 있었어요.

"가을이 온다네~ 귀뚤~ 나는 가을을 노래하지~ 찌르르~"

노래가 끝나가 숲속 친구들은 모두 일어나 박수를 쳤고 꾀꼬리 여왕은 흐뭇하게 웃으며 귀뚤이에게 다가갔어요.

"너는 노래를 참 잘하는구나. 너를 앞으로 가수로 임명하겠노라. 나를 위해서 매일 매일 노래를 불러다오."

귀뚤이는 너무 기뻤어요. "예, 여왕님!"

그리고 저녁마다 온 숲속에는 귀뚤이의 아름다운 노랫소리가 들려 왔답니다.

"귀뚤~ 귀~ 뚤~ 찌르르르~ 또르르~ 귀뚤~♪♬♬"

〈 동시 〉

가을밤!
귀뚜라미 소리를
들어봐.
귀뚤 귀뚤 귀뚤뚤
귀뚤 귀뚤 귀뚤뚤

가을밤!
반딧불의 불빛을
보았니?
반짝 반짝 반짜작
반짝 반짝 반짜작

여름날!
나는 매미.
하루종일
노래해.
맴맴 매맴맴

오스티나티

1: 노래
깊 어가 는 가을밤 귀 뚤이 의 노 랫소 리
2:
들 숲에 서 노래해 가 을밤 을 채우 네
3: 탬버린
4: 우드블
5: BX
6: AX

론도

1: 노래
노 랫 소 리 들 려 오 네 누 가 누 가 부 를 까
2: 론도 1
나 는 나 는 귀 뚤 이 가 을 밤 에 노 래 해
3: 론도 2
나 는 나 는 반 딧 불 반 짝 반 짝 비 추 네
4: 론도 3
나 는 나 는 매 - 미 모 두 함 께 노 래 해

부록 1

리듬연습

1 리듬의 기보법

1) 박과 박자

대부분의 음악은 지속적인 박(beat of pulse)이 있다. 이러한 박은 묶음으로 두박, 세박, 네박으로 짜여져 박자를 이룬다. 대부분 첫박은 강하게 악센트(´)를 넣고 나머지는 약박(˘)으로 나타난다. 네박자의 곡은 첫박은 악센트(´)로 셋째박은 중산박(¯)으로 표시한다.

(1) 박자(meter)

- 두박자: 1́ 2̆
- 세박자: 1́ 2̆ 3̆
- 네박자: 1́ 2̆ 3̄ 4̆

(2) 박자표(time signature)

음악에서 가장 먼저 표시하는 것이 박자표이다. 위쪽의 숫자는 마디에 있는 박자의 묶음 수이며, 아래쪽의 숫자는 그 묶음을 헤아리는 단위이다.

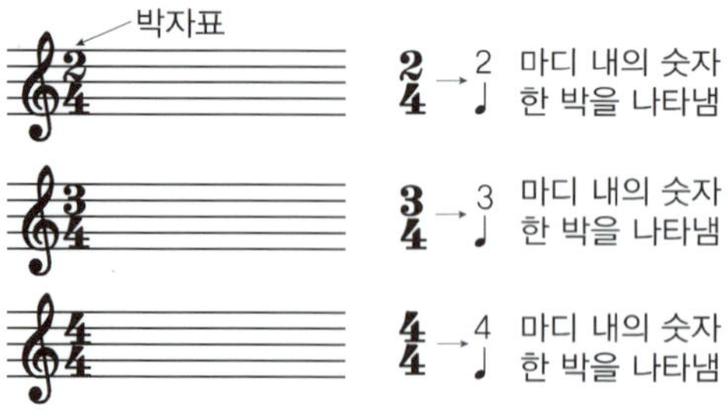

(3) 단순박자

- 두박자계: $\frac{4}{4}$ $\frac{2}{2}$, ¢
- 세박자계: $\frac{3}{8}$ $\frac{3}{4}$ $\frac{3}{2}$
- 네박자계: $\frac{4}{8}$ $\frac{4}{2}$ $\frac{4}{4}$, c

(4) 세로줄(bar line)

음악의 박자를 그룹단위로 나누어 한 마디를 나타낼 때 세로줄을 사용한다. 겹세로 줄은 단락의 끝이나 음악의 끝에 사용한다.

1. 다음의 음표 밑에 리듬을 표시하는 기호를 적으시오.

2. 다음의 빈 마디에 박자표가 표시한 리듬을 채우시오.

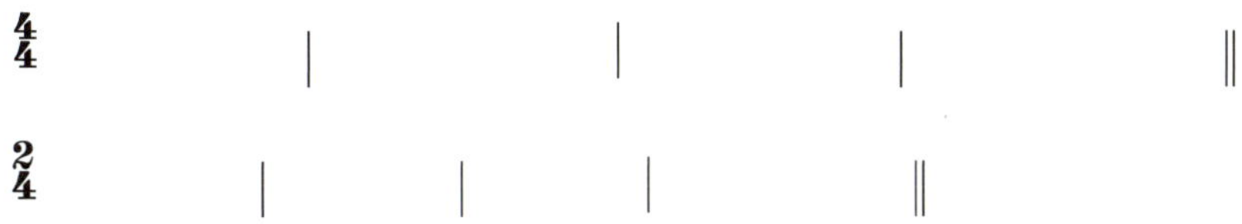

2) 리듬연습

(1) 양손리듬연습

왼손으로 아래쪽 선의 리듬을 가볍게 두드리고 오른손으로 위쪽 선의 리듬을 두드린다. 양손 따로 연습한 후 같이 두드린다(이미혜, 1998).

①
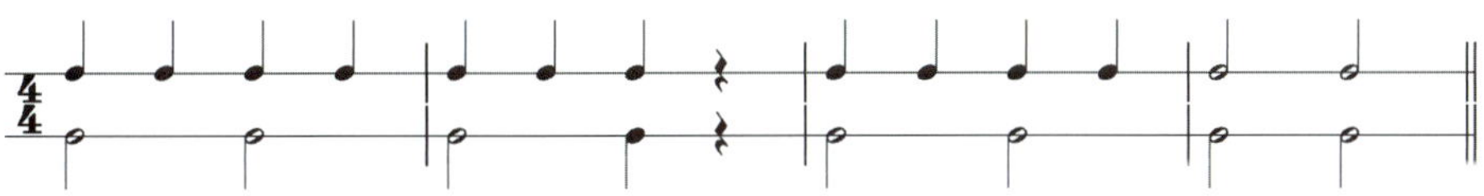

②
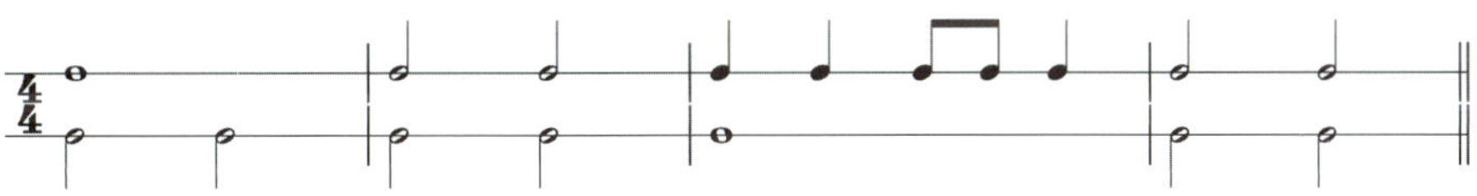

③
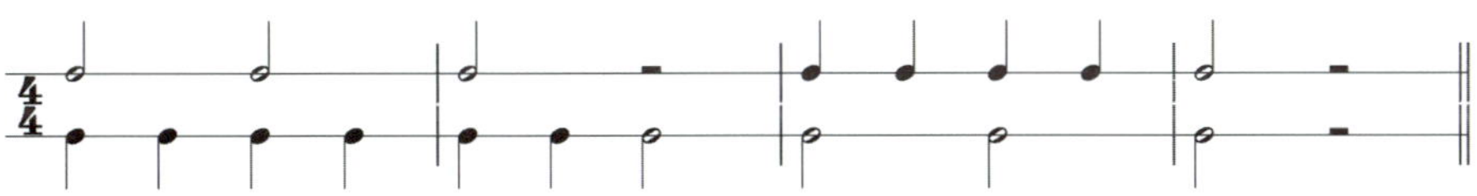

④
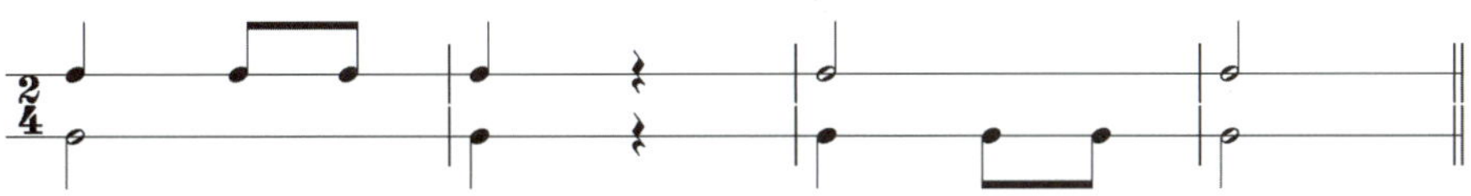

⑤
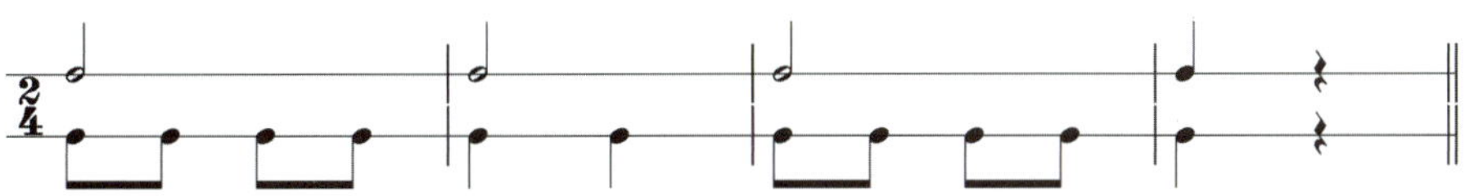

⑥
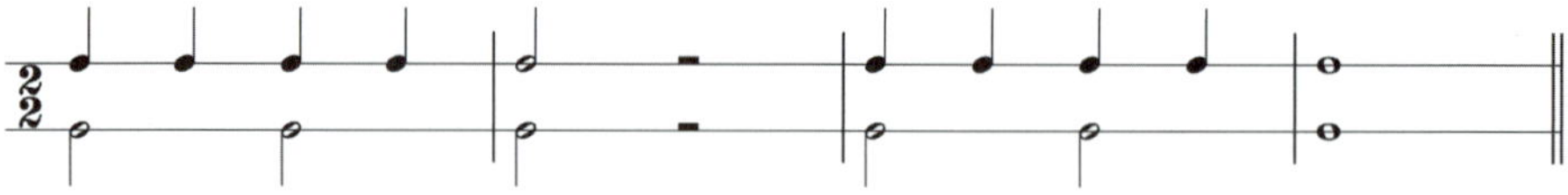

⑦
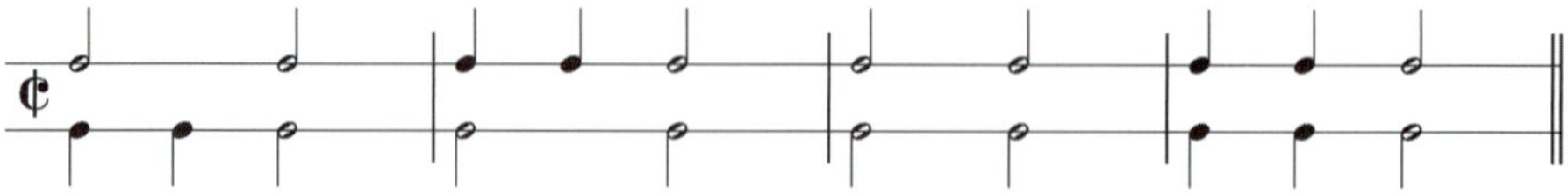

⑧
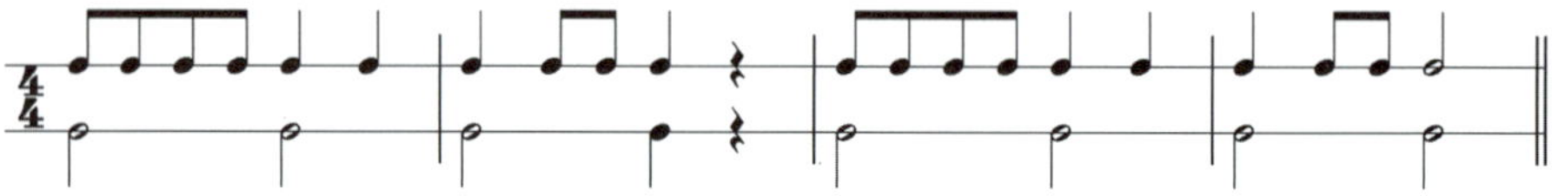

⑨
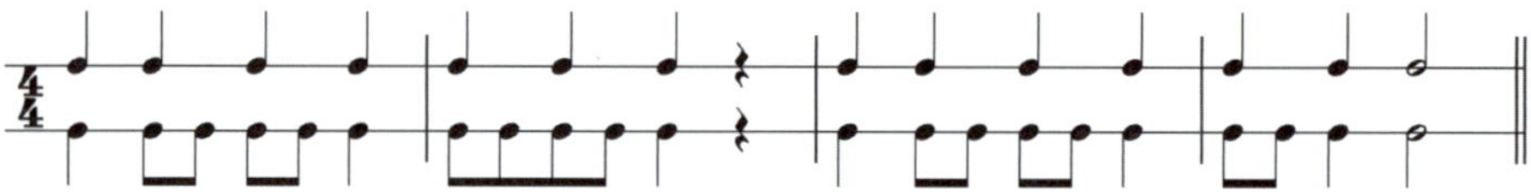

⑩
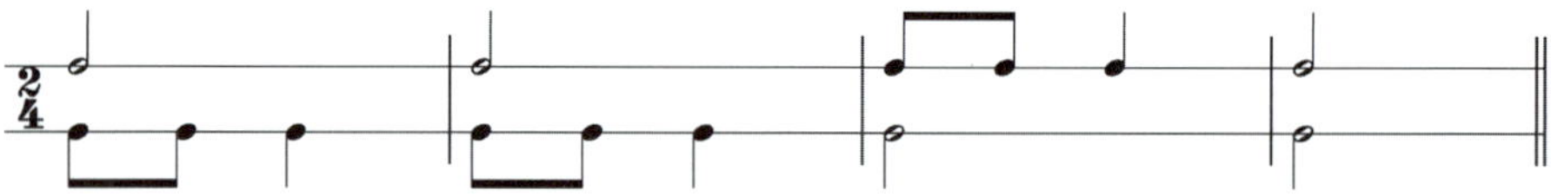

2 음정 연습

1) 음정의 기보법

(1) 보표에서의 음이름

음표를 적기 위한 다섯 줄(5선)에 음자리표를 표시한 것을 보표라고 한다. 음표는 이 다섯 줄과 그 사이의 칸(間)에 적게 되며, 그 명칭은 다음과 같다.

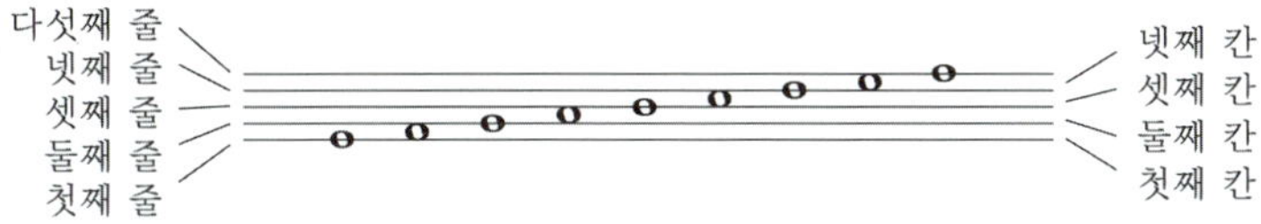

다섯 줄과 네 칸 만으로는 제한된 수의 음 밖에 표시할 수 없으므로, 이 5선보다 높은 음이나 낮은 음을 기보하기 위해서는 보표의 위나 아래에 5선과 서로 간격이 고른 짧은 덧줄을 긋는다.

덧줄의 수에 제한은 없으나, 너무 많이 붙이면 읽기에 불편하다. 이런 경우에는 옥타브 기호(*8va alta*, 또는 *8va bassa*, 이를 줄여서 *8va*, 또는 *8*로 기입한다)를 사용하여 연주하도록 한다.

'*8va alta*'는 옥타브 높게, '*8va bassa*'는 옥타브 낮게를 나타내며, 이를 줄여서

8va 또는 8로만 적고 점선의 방향으로 위 아래를 표시하기도 한다.

(2) 이동도법

이동도법이란 코다이의 솔페이지교육에서 사용하는 노래부르기 지도의 방법이다. 노래를 부를 때 이동도법으로 계명창을 먼저하면 어떤 노래라는 음정관계가 도레미파솔의 음정관계를 유지하기 때문에 자연스럽게 시창을 할 수 있다.

(3) 이동도 음정연습곡

사장조

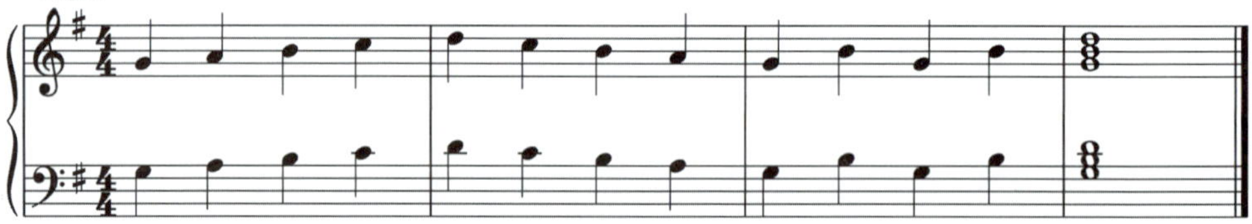

가장조

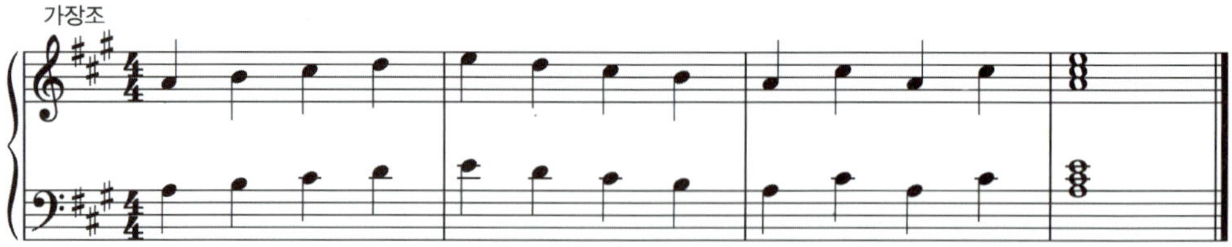

조성에 의하여 으뜸음(key)이 바뀐다. 위의 곡은 '솔'음이 '도'음으로 바뀌는 사장조 곡과 '라'음이 '도'음으로 바뀌는 가 장조의 음계이다. 조성이 달라지는 각 음계의 계명을 대조해 보자.

3 손 유희 연습

1) 걷기

걷고 걷고 걷고 걷고
이젠 달려라 이젠 달려라
하늘 높이 뛰다가
하늘 높이 뛰다가
멈춰라 멈춰

동시	손 유희
걷고 걷고 걷고 걷고	➡ 왼손 손바닥을 편다. 오른손 검지와 중지를 왼손 손바닥 위에 놓고, 노랫말에 맞춰 움직인다.
이젠 달려라 이젠 달려라	
하늘 높이 뛰다가	
하늘 높이 뛰다가	
멈춰라 멈춰라	

2) 찌개박수

지글 지글 짝짝
보글 보글 짝짝
지글 짝
보글 짝
지글 보글 짝짝

동시	손 유희
지글 지글 짝짝	➡ 손바닥을 아래로 향해 주먹을 쥐었다 폈다 한다. 손뼉 2번 친다.
보글 보글 짝짝	➡ 손바닥을 위로 향해 주먹을 오므렸다 폈다 한다. 손뼉 2번 친다.
지글 짝	➡ 손바닥을 아래로 향해 주먹을 오므렸다 폈다 한다. 손뼉 1번 친다.
보글 짝	➡ 손바닥을 위로 향해 주먹을 오므렸다 폈다 한다. 손뼉 1번 친다.
지글 보글 짝짝	➡ 손바닥을 각각 주먹을 오므렸다 폈다 1번씩하고 손뼉 2번 친다.

3) 엄마별이 올라갑니다

엄마별이 올라갑니다.
아기별이 올라갑니다.
하늘에서 만났습니다.
머리에서 놀까요.
어지러워요.
어깨에서 놀까요.
떨어져요.
쮸쮸에서 놀까요.
부끄러워요.
허리에서 놀까요.
미끄러져요.
무릎에서 놀까요.
좋아요.

동시	손유희
엄마별이 올라갑니다.	➡ 오른손을 아래쪽에서부터 검지를 흔들면서 위로 올려준다.
아기별이 올라갑니다.	➡ 왼손을 위와 같은 방법으로 한다.
하늘에서 만났습니다.	➡ 오른손과 왼손을 겹쳐 만나게 한다.
머리에서 놀까요.	➡ 양손을 머리에 댄다.
어지러워요.	➡ 머리를 좌우로 흔든다.
어깨에서 놀까요.	➡ 양 어깨에 손을 댄다.
떨어져요.	➡ 어깨에서 떨어지는 시늉을 한다.
쮸쮸에서 놀까요.	➡ 양손을 가슴에 댄다.
부끄러워요.	➡ 양손을 가슴에 엿건다.
허리에서 놀까요.	➡ 양손을 허리에 댄다.
미끄러져요.	➡ 허리부터 아래로 미끄러지는 시늉을 한다.
무릎에서 놀까요.	➡ 양손을 무릎에 올린다.
좋아요.	➡ 무릎을 세 번 두드리며 손을 무릎에 올려놓는다.

4) 엄마 돼지 아기 돼지

엄마돼지 아기돼지

박홍근 작사
김규환 작곡

동시	손유희
토실토실	➡ 양손을 위 아래로 두고 큰 공을 잡은 듯이 움직인다.
아기 돼지 젓 달라고	➡ 양손을 주먹 쥐고 새끼 손가락을 내민다.
꿀꿀꿀	➡ 양손 주먹을 길게 대고 2번씩 쥐었다 폈다 한다.
엄마 돼지 오냐 오냐 알았다고	➡ 엄지를 내밀고 고개를 끄덕인다.
아기 돼지 바깥으로 나가자고	➡ 박자에 맞춰 새끼 손가락을 내밀고, 달려 나가듯이 두 팔을 흔든다.
엄마 돼지 비가 와서 안된다고	➡ 엄지를 내밀고, 손가락을 펴서 흔들며 내려 온 다음, 오른손을 가로로 젓는다.
꿀꿀꿀꿀 꿀꿀꿀꿀 꿀꿀꿀꿀	➡ 왼손은 입에 대고, 오른손은 주먹 쥐고 왼손 위를 앞뒤로 움직인다.

4 말 리듬 연습

오르프 방법의 특징은 말에 리듬을 붙이고 말 리듬을 신체 리듬치기 하다가 악기로 연주하는 기본적인 프로세스이다. 보통 기본적으로 만들어지는 말 리듬은 네 박자, 네 마디의 짧은 곡 형식이다.

다음은 말 리듬을 악기연주화하는 오르프의 기본적인 진행순서이다.

① 네 마디 정도의 짧은 제재곡을 노래나 말 리듬으로 익힌다.
② 한 마디(4박자)씩 나누어 각 부분을 손가락 튕기기, 손뼉치기, 무릎치기, 발 구르기 등과 같은 신체리듬으로 연습한다.
③ 네 그룹을 나누어 신체리듬치기의 각 부분을 맡는다.
④ 네 그룹이 쇠소리, 나무소리, 가죽소리, 큰 악기나 흔드는 악기로 바꾸어 연주한다.
⑤ 말로 된 오스티나토를 정하고 주 멜로디의 반주로 연주한다. 이때 캐논 방법에 의하여 오스티나토가 네 마디 먼저 들어가고 주 멜로디가 연주되는 방법이다.

다음에 나오는 오르프의 말 리듬을 네 박자 틀에 맞추어 연습해 보자.

한 줄은 네 박자 단위이며, 각 박에 하나 또는 몇 개의 말을 넣어 억양을 넣고 말 리듬을 만든 후 연습해 보자. 말 리듬은 노래와는 달리 처음에는 어색하겠지만 조금만 연습하면 성인들의 음악에서 랩을 하는 것처럼 재미있게 사용할 수 있다.

누가 내 옆에?

이미혜

[지도]

① 말과 함께 손뼉치기 한다.
② 리듬악기(우드블럭)으로 리듬치기 한다.
③ 리듬악기로 캐논 연주한다.
④ 교대로 어린이가 왼쪽과 오른쪽에 있는 친구의 이름을 리듬에 맞춰 말하게 한다.

나무 목각 아저씨

이미혜

나무 목각 나무 목각

예쁜 소리가 나네

나무 목각 아저씨

더 큰 소리 내 주렴

[지도]

① 프레이즈의 리듬을 연습하고, 무릎치기 7박자, 손뼉 1박자를 친다.
② 리듬악기(우드블럭) 7박자 나무 목각의 곡과 곡 사이에 clave나 쇠소리나는 악기 1박자를 리듬치기 한다.
③ ②를 리듬치기한 후 곡과 곡 사이에 드럼, 봉고(가죽소리나는 악기)를 사용하여 유아에게 '누가 내 옆에' 곡을 교대로 리듬치기 한다.

세탁소

우리옆집 세탁소
치마 바지 뭉쳐 빨고
신발 양말 함께 빠네
우리 옆집 세탁소

아기염소 아홉마리

아기염소 아홉 마리
집을 지키네
집을 지키네
늑대 아저씨
늑대 아저씨
문 두드리네
우리 엄마 아냐
우리 엄마 아냐
아냐아냐아냐

•오스티나토: 모를까 누가 늑댄줄 메에

찔레먹고

찔레먹고 찔찔
고추먹고 골골
달래먹고 달달
나승게 먹고 나썼다

신데렐라

으샤으샤
누구구두지
언니구두지
제발좀 들어가라

으샤으샤
누구구두지
신데렐라꺼
쏘 옥

크리스마스

크리스마스
산타할아버지
오시는 날
꼬박꼬박
기다렸는데
아직도 오시지않네

•오스티나토 :
① 꾸벅 꾸벅 하품
② 딩 동 딩동댕 불우한 이웃을 도웁시다

현대음악교육가

1 코다이(Kodaly Zoltan, 1882~1967, 헝가리)

졸탄 코다이는 헝가리가 낳은 20세기의 가장 위대한 작곡가이자 음악교육자이다. 코다이의 많은 음악적인 업적 가운데에서도 무엇보다 체계적이고 효과적인 음악교육방법은 많은 음악교육자에게 유용한 지침을 제공하고 있다. 코다이는 특히 노래부르기 중심의 음악교육에 매우 효과적인 음악교육방법을 개발하여 오늘날 유아음악활동에 적용할 수 있는 많은 점을 배울 수 있다.

코다이의 부친은 바이올린을, 모친은 피아노를 연주했으며, 부친이 철도 공무원이었기 때문에 성장기에 헝가리 국내를 옮겨다니는 생활을 보낸다. 그는 로마 가톨릭 교회 고등학교에 다니며 음악을 정식으로 배우며 교회의 성가대에 들어가는데, 이때 관현악과 합창을 위한 미사나 아베마리아, 등을 작곡하였다. 부다페스트 음악대학 쾨슬러(Hans Koessler)에서 실내악곡이나 종교적인 합창 작품을 작곡하기로 하였다.

그의 음악교육관은 글을 모르고 인류의 문명을 이해할 수 없듯이 음악교육도 체계적이고 단계적이어야 한다고 생각하였다. 모든 어린이가 음악을 읽고 쓸 수 있도록 하여 음악을 통해 창조적이고 풍요로운 삶을 이룰 수 있다고 하고 음악전문가가 되려는 사람뿐만 아니라 전 국민이 음악교육을 받아야 한다고 하였다. 그 방법으로 유치원에서부터 초등학교까지 가창학교를 세우게 되었고, 모든 학년에서 노래부르기를 권장하였다. 그리고 자국의 음악이 체계화되어 있지 못함을 느낀 그는 1906년부터 바르톡(Bela Bartok, 1881~1945)과 함께 민요를 수집하여 재정리하였다.

1907년에 부다페스트 음악원의 교수가 된 그는 음악은 모든 어린이의 것이며 모두에게 주어진 악기인 목소리를 이용한 노래부르기를 통하여 모국어를 배우듯이 매일 자연스럽게 음악에 참여하여야 한다고 하였다. 그는 달크로즈의 고정도법과는 달리 이동도법(조가 바뀌더라도 각 계명 사이의 음정은 일정하기 때문에 정확한 음정을 느끼며 노래 부를 수 있는)을 사용하였으며 코웬(J. Curwen)에서 유래한 손 기호법을 사용하여 초보자가 손 모양을 보고 악보를 알 수 있도록 하였다. 그리고 효과적인 리듬지도, 선율지도 등으로 당시 음악 교육을 위하여 혁신적인 변화를 가져와 헝가리뿐만 아니라 주변국가로 널리 알려지게 되며 세계적인 음악가로 인정받게 되었다.

1) 코다이의 음악교육철학

① 음악교육은 태어나기 9달 전부터 시작하여 음악적 능력을 개발하여야 한다고 강조하면서 유아의 조기음악교육의 중요성을 주장하였다. 그리하여 헝가리 모든 어린이에게 독보력과 기보력, 즉 악보를 읽고 쓰는 능력을 쉽게 길러주기 위해서 새로운 시창지도 방법을 창안하였다.

② 전 국민을 대상으로 참여를 통한 음악활동을 강조하였다. 그는 특히 목소리는 모든 사람에게 주어진 자연적인 악기인 점을 중요시하였으며, 음악이 사람들의 삶 그 자체가 되면서 가장 자연스럽게 음악에 참여할 수 있는 길인 함께 노래부르기가 독창이나 악기연주보다 더 효과적이라고 하였다.

③ 코다이는 헝가리 민족음악교육을 체계화하는 데 노력하였다. 민족 음악문화의 유산인 민요와 민족예술인 가곡을 주된 음악교육의 교재로 사용하고, 음악도 어머니가 부르는 민요를 습득하듯이 자연스럽게 시작돼야 한다고 강조하였다. 특히 민요는 하나의 예술적 형태로 가치가 있을 뿐 아니라 어린이에게 문화적 동질성을 심어주기 때문에 대단히 중요하게 생각하였다.

④ 유아의 음악교육은 어릴 때부터 올바르게 훌륭한 음악교사에 의해서 가르쳐져야 한다고 하였다. 음악교사는 어릴 때부터 음악적으로 능력을 갖춰야 하며, 올바른 음악교사 양성을 위해서는 표준화된 교육과정을 마련해야 한다고 주장하였다.

2) 코다이의 음악교육방법

코다이의 대표적인 새로운 음악교수법은 음표의 길이를 음가로 표시한 '리듬기호'를 통한 체계적 리듬지도, 음의 높낮이를 손 모양으로 시각화한 '손 기호'와 '오음음계의 계열화'를 통한 체계적인 선율지도, 조성의 변화에 따라 으뜸음인 '도'가 움직이는 '이동도법'에 의한 계명창 등이 있다. 이 외에 '청창법'을 통한 노래부르기와 '내청 훈련'을 위한 노래부르기, 함께 노래하는 '다성부 합창'과 돌림노래 형식의 '다성부 카논'을 통한 화성지도 등이 있으나 가장 특징적인 네 가지를 구체적으로 설명하면 다음과 같다.

(1) 코다이 리듬기호로 음가 표시

코다이의 음악교육방법은 음악교육현장에서 적용될 수 있는 대단히 실제적이고 구체적인 방법이다. 코다이의 음악교육방법에서 가장 대표되는 것은 음표에 음가 표시를 해서 리듬지도로 수학을 모르는 유아들을 위하여 박과 리듬을 느낄 수 있도록 기존의 리듬기호에 음가를 표시하여 코다이 리듬기호를 창안하였다.

코다이 리듬기호는 리듬의 음가를 분명히 하기 위해서 머리가 없는 리듬기둥을 사용하였고, 박자표 2/4에서는 한 박의 음길이를 분명히 하기 위해서 음가를 뜻하는 4라는 수리적인 표시 대신 4분음표를 사용하여 2/4분음표로 표기하였다.

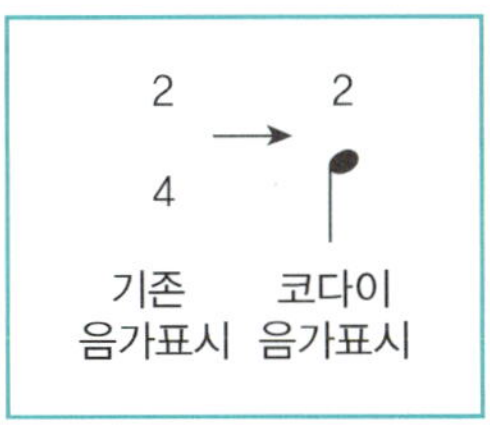

음악교육에서 보통 '딴'과 '따'의 2음절로 리듬학습을 하는 경우가 많은데, '딴' '따' 2음절만으로는 음가의 구별이 어렵다. 대신에 코다이의 리듬기호 음가표시는 우리나라에서의 '딴'과 '따' 대신 '타티'로 음절이 더 세분화되어서 음가구별이 더 명확하게 표시된다.

코다이 리듬기호

기존음표(표기)	코다이 머리가 없는 리듬(표기)	코다이 리듬기호(읽기)
♩	|	타(ta)
♫	⊓	티티(ti ti)
♩ = ♩‿♩	| |	타아(ta-a)
♪♩ ♪	♪ $\overset{>}{\vert}$ ♪	티타티(ti $\overset{>}{ta}$ ti)

(2) '코다이의 손기호'로 시각적 음정감 개발

코다이는 독보력, 악보 읽기를 신장시킬 수 있는 방법으로 손 기호와 이동(도)법, 오음음계를 사용한 학습방법을 창안하였다. 코다이의 손기호란 손의 위치나 모양으로 음의 고저나 선율의 윤곽 및 흐름을 나타내는데, 손기호로 표현된 시각적 이미지는 듣는 것 외에 보는 것으로서 유아의 음감을 발달시킬 수 있다. 즉 선율의 상행, 하행의 진행에 따라 손기호의 위치변화는 유아는 음의 흐름과 고저를 정확히 이해할 수 있으며 손기호 사이의 폭에 의해서 음정에 대한 감각도 효과적으로 개발될 수 있다.

PLUS ONE

코다이 손기호

도: 주먹을 쥐고 수평으로 한다.(허리 정도의 손높이)

레: 손바닥을 펴고 엄지손가락을 붙인 채로 45도 위로 향한다.

미: 손을 펴서 수평이 되게 한다.

파: 주먹을 쥐고 엄지손가락으로 아래를 가리킨다.

솔: 손바닥을 쭉 펴서 몸 쪽으로 향하게 한다.(어깨정도 손높이)

라: 손을 계란 하나를 손안에 쥔 것처럼 하면서 아래를 향하게 한다.

시: 주먹을 쥐고 엄지와 검지를 펴서 45도 각도가 되게 한다.

도: 주먹을 쥐고 수평으로 한다.(이마 정도의 손높이)

유아기는 아직 음정감각도 미숙하기 때문에 음악적 기호인 음표와 음이름에 대해서 이해하기 어렵다. 따라서 유아들에게 악보를 읽게 하기 위하여 음을 시각적인 표현으로 전달하는 코다이의 손기호는 유아들은 초보적인 악보읽기에 유용한 방법이다. 또한 헝가리에서는 오른손, 왼손을 바꾸는 방식으로 전조(轉調)를 표시한다. 이러한 코다이의 손기호는 조성과 음이름에 대한 개념이해를 촉진하고 추상적인 음악적 개념을 실제 보고 느낄 수 있는 음악적 경험으로서 효과적인 음이름 지도가 이루어진다.

코다이는 자신의 음악교육에서 손을 사용해서 손기호를 나타내는 것 외에 손뼉치기, 두드리기, 리듬치기와 함께 때로는 오선악보를 나타내는 등 시각적이고 구체적인 음악교육방법을 제시하였다.

(3) 오음음계의 선율지도

코다이는 음악적 개념을 체계적으로 조직하되, 유아들이 신체적 음악적 발달단계에 따른 내용이 적절하게 체험되어야 한다고 주장하였다. 예를 들면 음악적 개념의 논리적 체계는 온음표, 2분음표, 4분음표 등의 순서이지만 유아의 발달단계에 비추어 볼 때는 4분음표가 가장 먼저 체험되고 이해되어야 한다. 마찬가지로 오음음계의 선율지도 또한 유아의 발달단계에 따라 도(do)부터 차례로 레(re), 미(mi), 솔(sol), 라(la)의 순서이지만 초기의 학습에선 아래 오음음계의 선율지로 순서와 같이 하행 단3도의 두 음으로 된 선율로 노래부르게 하고, 다음에 세 음으로 된 선율, 네 음으로 된 선율, 오음음계에 의한 선율 순서로 가르쳐야 한다. 또 장조 음계에 의한 선율에서 음악적 능력이 향상되었을 때 단조음계, 온음음계 그리고 변형된 음계에 의한 선율로 옮겨가며 가르쳐야 한다고 말한다.

PLUS ONE **오음음계의 선율지도의 순서**

① 솔-미: 솔과 미 두음으로 된 선율을 가르친다.

② 솔-미-라: 2음 선율에 익숙해지면 순차적으로 3음으로 된 선율을 가르친다. 이때 앞의 '솔미' 다음에 '라' 음까지로 구성된 선율을 가르친다.

③ 라-솔-미-도: 라솔미 다음은 '도'를 붙여 '라솔미도' 4음으로 구성된 선율을 가르친다.

④ 솔-미-레-도: '미레도'까지 선율지도가 익숙해지면 다음에는 '솔미레도' 순의 선율지도가 이루어진다.

⑤ 라-솔-미-레-도: 마지막으로 5음 음계로 구성된 선율을 가르친다. 음의 순서는 '라솔미레도'의 순이다. '도'부터 '라' 가운데 일단 반음계인 '파'만 제외하고 온음 다섯만으로 된 오음음계를 위에서 아래로 내려오는 방식으로 선율지도하는 것이 효과적이다.

코다이는 유아의 음악성 발달의 특성을 고려하여 음높이와 음정의 학습순서를 계열화한 것을 알 수 있다. 즉, 단3도 음정의 상행음정이 아니라 '솔-미'하는 하행음정으로 시작하는 이유는 유아들이 부르는 찬트(chant)나 다른 사람의 이름을 부르는 음형(name-call), '누구누구는…'하는 형식에서 자주 나타나는 친숙한 음정이기 때문이다. 또한 전 세계에 걸쳐 어린이들은 솔-미 두 음이나 솔-미-라의 세 음을 이용한 찬트(chant)를 즐겨 부르는 것으로 단3도(솔-미)와 장2도(솔-라)의 음정은 유아들에게 자연스러운 음정이기 때문이다.

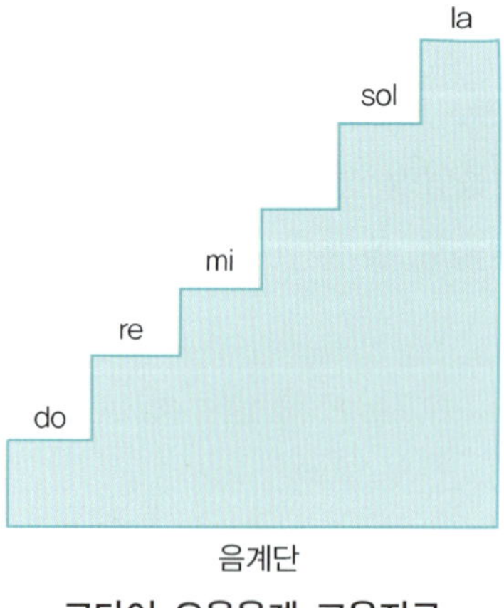

코다이 오음음계 교육자료

(4) 이동도에 의한 계명창

코다이의 이동도법은 독보력 향상을 위한 효과적인 음악교육방법으로 창안된 것이다. 코다이의 이동도법은 조가 바뀌더라도 각 계명 사이의 음정은 일정하기 때문에 정확한 음정으로 노래부를 수 있다. 코다이는 초기 단계에 오랜 기간 동안 C장조(다 장조), 다음 G 사 장조, F 바 장조의 조성에 국한하여 철저한 이동도법의 훈련을 통해 독보력을 기르도록 하였다.

코다이는 이렇게 이동도에 의한 계명창을 통해서 조성관계의 복잡한 이론적 설명을 대신한다. 이동도법에 의해 '도'의 위치만을 상징으로 유아가 각 조성 상대적인 음 관계를 익히고 여러 조에서 노래할 수 있는 능력이 신장된다.

코다이의 음악교육법은 음악적 개념의 이해를 촉진시키고 학습과정을 용이하게 하는 시각적 보조자료를 많이 활용하는 것이 가장 유아들에게 적합하다.

노래부르기 중심의 음악교육에 매우 효과적인 교육방법을 제시한 코다이의 음악교육이론은 우리나라 유아음악교육 현장에 적용하는 길을 모색하여 체계적인 음악학습으로 이끌어 나가야 할 것이다. 특히 코다이가 노래부르기가 가장 좋은 음악교육방법이고 그의 나라 헝가리 민요가 가장 좋은 노래교육 자료라 했던 점은 유아음악교육이 어릴 때부터 각 나라 고유의 민요를 교육해서 각 나라 유아들이 정서적으로 가장 쉽게 음악을 이해할 수 있도록 하는 기회를 많이 제공하기 때문이다.

2 오르프(Carl Orff, 1895~1982, 독일)

오르프는 유아가 먼저 음악을 읽고 쓰도록 가르쳐야 한다고 주장한 코다이와는 달리 음악을 배우기 전에 즉흥적으로 음악을 만들 수 있는 기회를 부여하고 다양한 방법의 음악적 실험을 하게 함으로써 유아의 본능을 자극하여 자연스럽게 표현하고자 하는 욕구를 개발시켜주고자 하였다. 또 오르프 음악교수법은 유아가 음악의 청중으로서가 아니라 직접 음악활동의 참여자로서 적극적으로 자신의 음악을 만들어 창작하게 해야 한다는 것이 특징적이다.

※출처: http//:www.google.com

작곡가이며 음악교육자인 오르프는 이미 16세에 50곡 이상의 노래를 작곡하기도 하였으며 문학과 라틴어에도 열중하였었다. 따라서 그의 음악 작품은 극적인 칸타타(카르미나 부라나), 오페라(달, 현명한 여자) 등을 비롯하여 많은 문학작품의 배경이 되는데 음악, 말, 동작(춤)의 세 요소가 하나가 되도록 하였다. 오르프는 음악을 듣고 몸으로 표현하는 유리드믹스로 잘 알려진 달크로즈(Emile Gaques Dalcroze)의 영향을 받았으나 도로시 권터를 만나면서 춤의 동작이 음악에도 구애되지 않는 자유로운 표현을 위하여 노력하였다. 이러한 그의 이상을 실현하기 위하여 무용과 음악을 위한 권터학교를 설립하게 되었다.

1914년에 뮌헨 고등음악학교를 졸업한 후 1915~1918년에 제1차 세계대전에 참전, 뮌헨, 만하임, 다름 슈타인의 가 극장에서 지휘를 하였고, 1921년 하인리히 카민스키(Kaminsky, 1886~1946)에게 사사하였다. 이때 오르프는 그의 스승인 카민스키의 영향으로 르네상스와 바로크 음악에 심취하였다. 또한 무대 위에서 춤과 동작을 출현시킨 작곡가 몬테베르디의 영향을 받아 쳄발로와 관현악을 위한 소 협주곡집 윌리엄 버드(William Byrd)에 의한 엔트라 타(Entra ta) 등을 작곡하였다. 이 당시 독일에 들어온 재즈는 큰 유행을 일으켰는데, 재즈의 이국적인 리듬 또한 후에 그의 음악에 영향을 주었다.

한편 20세기 유럽에서는 체육과 무용을 통하여 인간의 감정을 표현하기 시작하였다. 이러한 방법은 야콥 달크로즈(Emile Jaques Dalcroze, 1865~1950, 스위스)에 의하여 세계적으로 널리 알려지게 되며, 마리 비그만(Mary Wigman, 1886~1973, 독일)은 달크로즈의 인형극으로, 레반(Rodulf von Laban, 1879~1958, 슬로바키아)은 새로운 형태의 무용표현기법을 만들었다. 또 이 무렵 독일에서는 많은 체육과 무용학교들이 설립되기 시작하였고, 오르프는 달크로즈의 영향을 받아 먼치(Munch)에 있는 체육과 무용학교인 권터학교(1924~1935)의 음악교육부에서 교편을 잡는다. 이때 권터 학교에서 만난 도로시 권터(Dorothee Gunther, 1896~1975)와 춤의 동작이 음악에도 구애되지 않는 자유로운 표현을 위하여 힘쓰며, 음악교육자로서 경험을 시작하게 된다.

1948년 전쟁 직후 바바리안 라디오 방송국의 '이런 음악을 학교교육에서'라는 제목의 음악교육을 방송해 달라는 요청으로 그의 음악교육을 통칭할 수 있는 교수자료인 슐베르크를 다시 제작하게 되는데, 방송은 연장방송까지 하게 되며 오르프는 음악교육자로서 확고한 지위에 오르게 된다. 1949년 오스트리아 잘츠부르크에 있는 모짜르테움에서 어린이를 위한 과정을 가르치도록 요청을 받으며, 1953년에는 오르프의 교수법은 오스트리아 잘츠부르그의 모짜르테움에서 아동음악 교육을 위한 정규 교사 교육용 프로그램으로 지정되었다. 칼 멘들러(Karl Maendler, 1872~1958, 독일)의 도움으로 오르프악기(글로켄스필, 자일로폰, 메탈로폰)를 고안하여 더욱 유명하게 된다.

1963년에는 정규 오르프 학교가 오스트리아 잘츠부르그에 개원되었고, 1955년 튀빙겐대학, 1972년 뮌헨대학으로부터 명예 박사학위를 받았다.

1) 오르프의 음악교육철학

오르프는 "나의 음악지도철학에서 가장 주된 목적은 음악을 통한 인격형성에 있으며, 이것은 단순한 언어와 동작을 이용한 종합적 놀이를 통하여 연주 활동으로 이루어진다"라고 하였다.

특히 오르프는 오음계에 바탕을 둔 독일 민요를 사용하였고, 어린이들이 청감각을 발달시키기 위해서는 간단하고 반복적인 가락과 리듬패턴을 암송시켜야 한다고 강조하고 다음과 같은 순서로 전개시켰다. 첫째, 청음을 한 후 둘째, 손뼉치기, 발구르기, 암송 등의 방법을 통하여 리듬패턴을 신체로 표현하고 셋째, 개조된 악기로 합주하기이다. 이렇게 신체표현을 동반하는 리듬악기 합주를 통한 오르프의 교육도 달크로즈와 마찬가지로 결국은 청음교육을 전제로 하는데 독일 바바리안 방송국(Deutche Bavarian Broadcasting Corporation)의 청탁으로 말과 노래, 악기 연주를 포함한 어린이를 위한 작품들이 슐베르크(Schulwerk)라는 다섯 권의 악곡 모음곡으로 발간되었다. 이 자료집은 활동 후 잘 된 것을 다시 모은 결과이니 이 책을 사용하는 사람은 이것을 참고로 하여 다시 재창조하기를 바란다라고 하였다. 오르프의 음악교육철학은 다음과 같이 설명할 수 있다.

① 비음악적인 어린이는 없으며 음악은 나이와 능력수준에 구애됨이 없이 모든 어린이들을 위한 것이다.
② 리듬과 멜로디가 음악의 출발점이라고 보았다.
③ 음악적 체험은 직접적인 경험과 적극적인 참여에서 이루어진다.
④ 음악은 놀이와 대화, 노래, 신체표현, 악기연주 등이 통합되어서 이루어진다.
⑤ 음악은 성격상 기초적인 것이어야 하며 유아음악교육은 기초음악에 바탕을 두어야 한다.

2) 오르프의 음악교육방법

① 단계적 음악리듬교육
② 오르프 슐베르크
③ 오르프 음판악기
④ 즉흥연주
⑤ 오스티나토와 보르둔 반주

(1) 단계적 음악리듬교육

오르프는 리듬을 음악의 출발점이라고 보며, 음악교육에서 리듬지도를 강조하였다. 이를 위하여 오르프는 언어로부터 리듬의 형태가 시작되어 노래로 점차 발전하는 과정이 유아들에게 가장 자연스러운 음악적 체험 과정으로 언어를 통한 리듬지도로부터 시작해서 손뼉치기, 무릎치기 등의 신체표현을 통한 리듬으로, 그 다음에는 악기연주를 통한 리듬지도를 하는 연속적인 리듬의 체험과정을 중요시하였다.

(2) 오르프 슐베르크

오르프의 음악교육이론은 그의 저서 『오르프 슐베르크(Orff Schulwerk)』에 잘 나타나 있다. 슐베르크는 총 5권으로 음악학습을 위한 자료로 즉흥 연주로 연주된 악곡이 수록되어 있다. 그 중에서도 제1권에서는 '파'음과 '시' 음을 뺀 오음음계로 작곡된 곡들이 수록되어 있다. 이러한 악곡들은 유아들의 멜로디지도를 위한 쉬운 접근법으로서 소개되는데, 그 이유는 파와 시 음이 없는 상태에서는 박자만 맞추어 함께 연주하면 앙상블에서 불협화음을 초래하지 않기 때문에 실로폰과 같은 음판 악기연주가 쉽다.

(3) 오르프 음판악기

오르프 음판악기는 다양한 음색과 각 악기의 음역이 달라 음역이 넓고, 공명통이 있어 음향이 좋고, 음판을 분리할 수 있어 악기를 연주하기 쉽다는 특성이 있다. 이러한 오르프 악기는 오르프 음악교수법은 '즉흥연주'에 그 활용성이 높다. 또 오르프 음판악기는 멜로디에 '오스티나토(Ostinato)'와 '보르둔(Bordun)'을 통해 다양한 반주를 함으로써 앙상블 음악활동이 가능하도록 지도할 수 있다.

오르프가 고안한 악기들은 유아들이 연주하기 쉽고, 간단하게 만들어졌으며, 질적으로 우수한 음질이 기존의 악기와 차별화된다. 이 악기들은 '원시적인 매력'을 지닌 타악기식 선율악기가 중심이며, 유음정 타악기·무음정 타악기·선율악기로 분류된다.

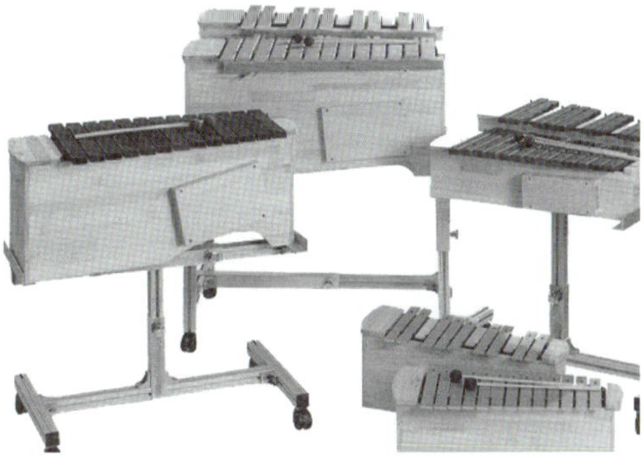

오르프 음판악기

※ 출처: http://www.google.com

(4) 즉흥연주

오르프의 음악교육방법은 유아에 의한 창의적인 즉흥연주가 가장 핵심이며 모든 활동은 동작, 언어, 그리고 오르프 악기를 통하여 즉흥연주를 하도록 되어 있다. 그러나 그 전에 그 전 과정인 모방, 탐색, 악보 읽기 등의 과정으로 음악에 익숙하도록 하는 것이 우선되어야 한다. 왜냐하면 유아는 자기가 창작한 음악을 기록할 수 있어야 하기 때문이다. 탐색의 과정에서 이미 배운 음악을 변화시켜 보는 경험을 했다면 마지막으로 즉흥연주과정에서는 새로운 음악을 창작할 수가 있는 것이다.

또한 즉흥연주는 음악을 배우는 모든 과정에서 일어날 수 있는 활동이기도 하다. 창작 시간을 통해 유아는 교사로부터 독립성을 배우며, 유아는 각각 자기의 음악 수준에 맞춰서 작곡을 하게 된다. 그러나 음악소리에 맞추어 자유롭게 몸을 움직이는 창작 활동은 기초 단계에서부터 시도될 수 있는데, 시각적 자극이나 상상적인 이미지 등을 율동이나 악기 연주 등으로 표현할 수도 있고 이를 노래로 만들 수도 있다.

음악의 형식(form)은 오르프 음악에서 중요한 요소이다. 즉흥연주에서 자주 사용하는 문답형의 즉흥연주는 교사가 악구나 패턴을 연주하면 유아가 교사의 연주를 반복하거나 변화시켜 응답을 한다. 이러한 리듬과 멜로디의 문답형식은 오르프 교수법에서 많이 사용하는 즉흥연주의 방법이다.

(5) 오스티나토와 보르둔 반주

오스티나토와 보르둔은 유아들이 즉흥연주에 흥미롭게 접근해 갈 수 있는 효과적인 음악활동이다. 오스티나토란 어떤 일정한 리듬이나 멜로디를 성부로 끊임없이 되풀이하는 것이다. 즉, 단순한 리듬이나 멜로디를 반복함으로써 자연스럽게 화성을 이루게 하는 방법이다. 언어 이외에도 동작, 노래, 악기를 이용해서 오스티나토 음악활동을 할 수 있다. 오스티나토는 짧은 형식에서 말을 바꾸기도 하고 리듬을 바꾸기도 하면서 기본 멜로디의 반주로 즉흥연주를 하면서 유아 나름의 즉흥연주를 하게 된다.

또한 보르둔은 지속되는 저음으로 오스티나토와 같이 반복해서 연주되는데, 특히 베이스 반주의 하나로 많이 사용되는 형식이다. 보르둔의 종류에는 코드 보르둔, 브로큰 보르둔, 레벨 보르둔, 아르페지오 보르둔의 네 가지가 있다. 그 중에서도 코드 보르둔과 브로큰 보르둔이 유아에게 많이 활용된다. 코드 보르둔(,

화음을 함께 연주)은 두 음을 합쳐서 화성위주로 리듬변화를 주는 것으로 겹음으로 연주된다. 반면에 브로큰 보르둔(, 화음 따로 한음씩 연주)은 두 음을 펼쳐서 연주한다. 보르둔은 오스티나토와 같이 반복되는 화음을 노래의 반주로 사용되며, 주로 오르프 음판악기로 연주된다.

보르둔이나 오스티나토는 유아들에게 암송을 통해서 누구나 손쉽게 유아들이 집단으로 연주하므로 멜로디와 조화를 이룰 수 있는 화성감도 체득할 수 있다.

3 달크로즈(Emile Jaques Dalcroze, 1865~1950, 스위스)

달크로즈는 동작을 통해서 유아의 내재된 감정을 음악으로 전환하는 것을 중요하게 생각하였다. 그리고 음악교육에서 가장 먼저 훈련해야 할 악기가 바로 인간의 몸이라고 주장하였다. 음악을 듣고 몸으로 표현하는 것을 주요 교육수난으로 생각하는 달크로즈는 음악교육을 하는데 있어서 무엇보다도 청음교육을 절대적으로 중시하였다. 그는 음악에 맞는 리듬동작, 즉 유리드믹스(Eurhythmics)를 창안하였으며, 음악을 듣고 동작으로 표현해내는 유리드믹스를 중심으로 하여 솔페이지(Solfege), 즉흥연주(Improvisation)와 연계된 음악교육이 중심적으로 이루어진다.

달크로즈는 오스트리아 비엔나에서 태어나 오페라, 발레, 연극 등 다양한 문학을 접할 수 있었고 스위스인의 부모를 따라 스위스에 이주하기까지 어머니에게서 음악교육을 받아서 7세경에 600여 곡을 작곡하였다. 청년기에는 파리에서 음악과 연극에 매료되어 많은 공부를 하여 알제리에서 음악감독으로 일하게 된다. 이때 아랍의 민속음악과 불규칙적인 원시적인 리듬은 유리드믹스 수업에 많은 영향을 미친다. 그는 28세에 스위스 제네바 콘서바토리의 교수로 임용되었고 그의 활동은 단순히 음악에만 그치지 않고 배우, 시인, 지휘자, 작곡자, 배우, 피아니스트, 민속

음악학자 등으로도 활동하였다. 1913년 헬레라우에서 공연한 글룩의 "오르페오(Orpheus)"에서 유리드믹스 교육을 받은 무용가들이 공연을 하였는데 그것은 달크로즈 교수법이 세계적으로 인정받는 계기가 되었다. 제1차 세계대전으로 인하여 스위스는 고립상태였지만 그의 교수법은 세계적으로 널리 퍼져 장애인이나 정서가 불안한 어린이, 성인에게도 효과적이며 음악, 무용, 연극 등의 다양한 장르에 사용되는 그의 지도법은 20세기 새로운 음악교육법을 탄생시켰다. 그는 음악 리듬의 근원을 인간신체의 자연스러운 운동리듬에 기초를 두고 있다. 이것은 음악이 사람의 감정에서 비롯되며 그 감정은 사람의 감각에서 비롯된 것이기 때문에 자신의 내재된 감정을 음악으로 전환하기 위하여 인간의 몸 전체를 훈련해야 한다고 강조한다. 음악이 시간적 예술이지만 수를 세거나 하여서는 음악을 제대로 표현할 수가 없고 신체적인 움직임에 대한 감각을 기르는 것이 더 효과적이라는 것이다. 그의 음악 지도 방법은 크게 세 가지로 나뉘는데, 솔페이지(Solfege), 즉흥연주(Improvisation), 유리드믹스(Eurhythmics) 등이 있다.

특히 그는 유리드믹스(Eurhthmics)로 가장 유명하며 유리드믹스는 몸 전체로 음악의 리듬을 느끼게 함으로써 리듬에 대한 민감성을 개발하도록 하는 것이다. 유리드믹의 유(eu) 좋은 리듬의 흐름을 말하며 학생들의 걷기에서부터 음악과 움직임에는 서로 일치하는 관계가 있으며 그것을 바로 이해하는 작업이 유리드믹스 수업이다. 이것은 어떤 형식화된 춤과는 달리, 또 다른 사람의 동작을 모방하는 것과는 달리 음악을 듣고 느껴지는 생각이나 이미지를 몸짓으로 표현하는 것이기 때문에 자기의 생각을 표출하는 창의적 지도방법이다.

1) 달크로즈의 음악교육철학

음악은 지적인 것이 아니라 감각적인 것이고, 신체 모든 부분은 감각기관이기 때문에 신체를 통한 음악을 감각적으로 느끼는 것이 중요하고, 음악적 생각이나 느낌은 바로 신체를 통해서 표현해야 한다. 따라서 듣기훈련은 모든 음악학습에서 선행해야 한다. 유아의 음악적 경험은 단계적으로 이뤄져야 하는데, 리듬경험과 함께 청각훈련이 있은 후에 악기공부를 하는 것이 바람직하다. 달크로즈의 음악교육철학은 다음과 같다.

① 유아 개개인의 개인성과 독창성은 매우 중시되어야 하며, 리듬, 셈여림, 박자, 속도 등 음의 구성과 음악적 개념을 신체표현을 통해서 경험되는 것이 무엇보다 중요하다.

② 달크로즈는 "생활은 그 자체가 리듬"이며 "개성까지도 하나의 리듬"이라고 보아서 획일적인 움직임이나 패턴을 전원이 똑같이 모방하도록 강요하거나, 비담화적인 교재만을 사용하는 것은 불충분하고, 유아 자신의 생활경험과 생활감정 등을 흥미를 갖고서 온몸으로 표현하도록 지도할 것을 강조하였다.

2) 달크로즈의 음악교육방법

달크로즈 음악교수방법은 음악을 듣고 몸으로 자유롭게 표현하는 체험을 통한 체화교육을 강조한다. 달크로즈 음악교수방법의 이론적 체계인 잠재된 음악성을 자연스럽게 개발하는 유리드믹스, 절대음감과 상대음감의 개발과 내청능력을 기르기 위한 솔페이지, 창의적인 음악표현을 위한 즉흥연주가 있다.

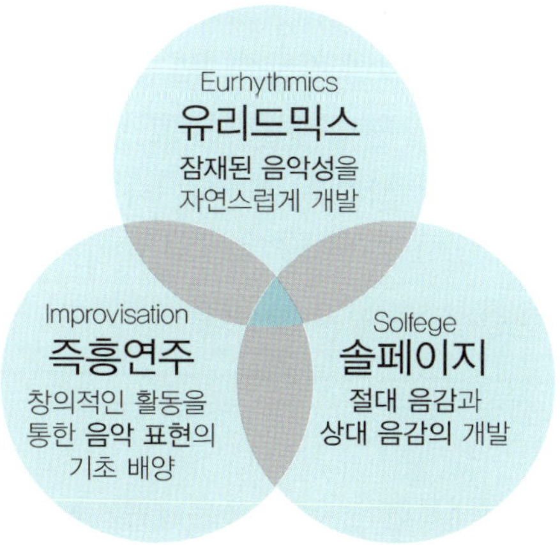

※ 출처: 한국 달크로즈 연구소

(1) 유리드믹스

달크로즈의 음악교육방법에 접근하는 기본 방법은 바로 음악에 맞는 리듬동작, 즉 "유리드믹스"이다. 음악은 인간의 감정을 표현하는 것으로 감정은 또한 신체적 감각을 통해서 표현되기 때문에 몸의 훈련을 강조하였다. 이와 같이 달크로즈의 유리드믹스는 몸을 하나의 악기로 보고 유아들로 하여금 신체동작을 통해서 음악표현을 하고 음악적 개념을 형성하도록 유도한다. 음악적 개념을 형성하는 신체표현 학습단계는 크게 8가지로 나누어 볼 수 있다.

① 음악의 빠르기　　② 음의 강약
③ 음의 고저(높낮이)　　④ 음의 길이
⑤ 악센트　　⑥ 리듬패턴
⑦ 프레이즈　　⑧ 리듬카논

① 음악의 빠르기

음악의 빠르기를 습득하기 위한 신체표현 활동은 점점 빠르게 또는 느리게, 갑자기 또는 부드럽게 등으로 표현될 수 있는데, 유아에게는 동물이나 교통기관의 움직임을 연상시키면서 그 모양을 모방하게 하는 활동이 좋다.

② 음의 강약

유아들에게 음의 강약을 흥미 있게 지도하려면 일상에서 찾아 볼 수 있는 자연현상의 변화나 유아들이 관심이 많은 소재를 재료로 삼는 것이 효과적이다. 예를 들어 폭풍우가 험악하게 닥쳐오는 상황을 가정하거나 또는 폭풍이 점점 세어지다가 (crescendo) 절정에 이르면 피할 수 없는, 천둥이 치다가 폭풍우가 사라져 가는 것 등은 소리의 크기로 표현할 수가 있는 것이다.

③ 음의 고저(높낮이)

음의 고저를 표현하는 신체표현은 높은 음은 키를 높이 세워 높은 동작을 하고, 낮은 음은 몸을 낮춘 동작을 한다. 또는 음계가 상행할 때는 전진하고, 음계가 하행할 때는 후진하는 동작을 해 볼 수 있다. 또 달크로즈의 유리드믹스는 교사가 지시하는 음을 유아가 손가락으로 음의 고저(높낮이)를 가리키는 동작을 하기도 한다.

④ 음의 길이

음의 길이는 ♩(4분 음표)를 단위로 신체표현을 한다. “곰 세 마리의 걸음걸이”

의 예와 같이 아빠 곰이 2분음표로 천천히 보폭을 크게 하여 걸으면, 엄마 곰은 4분음표로 보통 보폭으로 걷고, 아기 곰은 8분음표로 보폭을 짧게 하여 종종 뛰면서 음표의 길이를 몸의 걸음걸이의 폭과 빠르기로 표현해 본다.

⑤ 악센트

음악의 흐름에서 악센트는 손뼉치기, 발구르기, 껑충 뛰기, 무릎치기 등으로 충분히 표현할 수 있는 음악적 개념이다. 예를 들어 음악의 리듬에 맞춰 손뼉을 치는 도중, 음악 속의 악센트에 책상을 치거나 박수를 치게 할 수 있고 또 걷는 중에 발을 구르거나 손뼉을 치게 하는 방법도 있다. 스카프 놀이음악은 듣고 활동하다가 악센트에서 스카프로 얼굴 가리기 등으로 악센트를 표현하기도 한다.

⑥ 리듬패턴

달크로즈가 음악적인 능력의 근본이라 했던 리듬패턴을 이해할 수 있는 신체표현은 아주 다양하다. 팔로 박자를 저으면서 리듬 형 대로 걷는다거나 리듬패턴을 손뼉치면서 한 박자씩 걷는 등의 신체표현도 가능하다.

⑦ 프레이즈

악곡의 형식을 이루는 프레이즈에 관한 신체표현에서는 하나의 악절(프레이즈)이 끝나는 무렵, 자유로운 동작 또는 이 전과 반대되는 동작(오른쪽으로 돌다가 방향을 바꾸는 등)을 해 보는 놀이를 통해서 프레이즈감을 체득시킨다.

⑧ 리듬카논

달크로즈의 음악활동으로 대표적인 공 전달 놀이는 리듬을 익히는 기본적인 방법으로서 아주 많이 사용된다. 몇 그룹으로 나누어 시작을 달리하며 공을 전달하면 카논(따라가기)의 개념을 학습할 수 있다.

(2) 달크로즈 음악교수법의 적용

달크로즈는 유리드믹스에서 발견한 음악지도 원리와 방법을 악보 보고 부르기와 청음훈련 그리고 즉흥연주에 활용하였다. 청음능력 개발을 위해서는 몸과 마찬가지로 귀 역시 리듬을 공부하기 위한 가장 이상적인 악기라고 보고 악보 보고 부르기에서는 코다이의 이동도법과는 달리 고정도법으로 "계이름 부르기" 그것이 곧 달크로즈의 솔페이지(Solfege) 교육이다.

이 외에 즉흥연주는 박자, 강세, 빠르기 등의 리듬과 관련된 요소들과 음높이, 화음 등 음악과 관련된 모든 요소들을 통합하여 창의적이고 개성 있게 표현하는 능력을 기르는 것이다. 결론적으로 달크로즈는 타고난 리듬감각과 청각적 능력을 발달시키고 창의력 신장의 목표를 이루기 위해서 리듬학습 곧 유리드믹스와 솔페이지 그리고 즉흥연주의 통합적인 음악교육방법을 개발하였다. 달크로즈의 음악교육이론은 유아들이 음악이란 아주 흥미로운 것이며, 또 일상적인 동작 속에서 접근할 수 있는 방법을 제시하면서 음악에 대해 다소 소극적인 아이가 능동성을 가질 수 있도록 도와주도록 하였다.

4 고든(Edwin E. Gordon, 1927~2015, 미국)

고든은 유아기에 악보 읽기나 암기학습, 반복연습을 통한 성취 교육보다 소리에 대한 민감함, 음악적 인식력, 새겨듣는 청취태도 등이 음악교육에 더 바람직하다고 하였다. 그는 유아들이 진정으로 음악을 즐기고 음악 안에서 자신의 느낌을 표현할 수 있기 위하여 음악언어를 이해하여야 한다는 것이다. 물론 만 5세가 지나면 일종의 성취모델로서 기악교육을 받을 수 있는 준비가 이루어졌는지 아동의 개별적 차이를 객관적으로 평가할 음악소질 테스트를 고려할 수 있다.

고든은 미국의 음악교육자로 1997년부터 미국 사우스 캐롤라이나(University of South Carolina) 교수로 재직하였고 필라델피아의 탬플대학(Temple University)의 교수로 은퇴하기까지 30여 년간 영유아를 위한 음악교육에 많은 업적을 남겼다. 특히 그는 취학 전 아동을 위한 음악교육에 많은 관심을 가지고 1~18개월 사이의 영아를 위한 음악교육과 18개월~3세 사이의 어린 유아들의 연구를 통해 영유아의 음악적성, 청음, 음악학습이론, 음조와 리듬형태, 음악적 발달에 주요한 기여를 하였다.

고든은 음악을 배우는 과정과 인간이 언어를 배우는 과정에는 공통점이 있다는 생각에 기초하여 1973년에 그가 만들어 낸 용어로 어학자 브라운(Donald Brown)이 이 말의 의미를 오디(Audi)라고 한 것에서 유래한 오디에이션(Audiation)을 음악교육에서 가장 중요한 의미를 부여하였다. 그리고 그는 오디에이션과 연관된 많은 음악학습이론을 남긴다. 그의 음악학습이론은 "아동의 음악적성이 언제 어떻게 이루는가", 그리고 "어떤 요소가 음악적 발달을 방해하는가"에 대한 이론과 연관되어 있다. 그는 인간이 어떻게 음악을 학습하는가 하는 음악심리학적 관점에서 1959년부터 취학 전 아동뿐만 아니라 성인에게 필요한 음악적성검사를 개발하였으며 지금까지 국제적으로 널리 사용되고 있다. 그의 대표적 저서로 『음악교육심리학』, 『음악연속학습: 기술 내용 형태』, 『음악적성의 본성: 기술, 측량과 평가』, 『신생아와 유아를 위한 음 악학습이론』 등이 있다.

고든은 고든음악학습원(Gordon Institute for Music Learning)을 설립하여 그의 이론을 적용한 실제 학습을 하였다.

1) 고든의 음악교육철학-오디에이션

오디에이션은 오래 전부터 '듣는 감지력', '듣는 상상력', '마음속으로 듣기(inner hearing)', '모방력', '암기력' 등과 같이 다른 말로 불려져 왔다. 고든은 이러한 용어들이 그 개념을 표현하는데 오디에이션의 의미와는 조금 다르다고 주장한다. 고든에 의하면 오디에이션이란 '실제로 들리지 않는 음악을 상상하여 마음속으로 듣고 이해하는 능력'이다. 즉 사람이 한 언어로 말하고 듣고 쓰고 하기 위해서와 같이 음악적으로 '생각할 수 있는 능력'은 음악을 학습하는데 매우 중요한 기초적 능력으로 이를 오디에이션이라고 하는 것이다. **오디에이션**이란 말이나 언어를 이해하고 생각하는 이해력(literacy)과 비슷한 개념으로 음악적 경험을 통해 학습되고 습득된다. 또한 음악적 체험에 의하여 실제로 소리가 들리지 않는 상태에서도 마음으로 음악을 듣고 이해하는 능력과 음악을 듣고, 음악을 노래하고 연주하며, 음악을 읽고 쓰고, 음악을 창작하고 즉흥연주하며, 최종적으로 음악을 평가할 수 있는 능력이라고도 할 수 있다.

고든은 오디에이션의 유형을 다음의 8가지로 제시하고 있다.

① 친숙하거나 모르는 음악을 들을 때 생기는 오디에이션
② 친숙하거나 모르는 음악의 악보를 보고 읽을 때 생기는 오디에이션
③ 친숙하거나 모르는 음악의 악보를 듣고 받아 적을 때 생기는 오디에이션
④ 친숙한 음악을 생각하고 연주할 때 생기는 오디에이션
⑤ 친숙한 음악을 생각하고 악보로 적을 때 생기는 오디에이션
⑥ 생소한 음악을 창작하거나 즉흥연주할 때 생기는 오디에이션
⑦ 생소한 음악의 악보를 읽으며 창작하거나 즉흥연주할 때 생기는 오디에이션
⑧ 생소한 음악의 악보를 받아 적으며 창작하거나 즉흥연주할 때 생기는 오디에이션

고든은 음악의 본질을 이해하는 기초로 오디에이션의 체계적인 발달이 유동적 음악적성기인 영·유아기부터 이루어져야 한다고 말한다. 오디에이션 개발을 위하여 최적의 음악적 환경을 조성하고 타고난 음악적 잠재력인 음악적성을 최대한 개발하여 마음속에 울려 퍼지는 오디에이션의 음악적 경험을 할 수 있도록 하여야 한다. 따라서 오디에이션은 음악 적성의 기초로서 음악의 각 단위들을 의미 있는 전체로 재생해내는 데 필요한 능력이다.

유아들은 음악을 여러 가지 활동을 통하여 오디에이션하는 것을 배운다. 음악을 듣거나 연주하기, 음악을 읽거나 쓰는 활동을 통해 오디에이션을 배울 수 있다. 그런데 악보를 읽고 써야만 오디에이션을 할 수 있는 것은 아니며, 또 오디에이션은 단시간 안에 배울 수 있는 기술도 아니다. 오랜 시간 다양한 음악적 체험을 통해 형성되는 기술이다.

이와 같이 고든의 음악학습이론은 모두 오디에이션 능력을 기르는 데 중점을 둔 이론이다. 고든은 다른 음악교육가의 주장과 같이 음악을 배우는 과정을 말을 배우는 과정과 같다고 믿었다. 그러므로 말을 모방해서 배우듯이 음악을 많이 듣고 연주하기를 경험하여야만 음악을 통해 자기를 표현할 수 있다고 주장한다. 또한 어떤 형태로든 음악교육은 어릴 때부터 시작하는 것이 좋고, 빠르면 빠를수록 좋다고 주장한다.

2) 고든의 음악교육방법

(1) 음악학습과정

고든은 음악적성에 맞는 연속적이고 순서가 계열화된 음악학습과정에 의한 음악교육이론은 정립하였다. 총체적으로 고든의 음악교육방법은 음악을 가르치는 교수자의 관점이 아닌 음악을 배우는 학습자의 관점에 기초하고 있어서 음악학습법이라고 부를 수 있다. 그의 음악교육방법은 학습심리이론에 바탕에 두고 있기에 그의 음악이론은 '음악학습이론(Music Learning Theory)'이라고 불리며, 그는 듀이의 점진적인 학습과정이 아닌 연속된 과정인 시퀀스(Sequence)로 보아 여덟 개의 과정을 이어지는 음악학습과정을 중시하였다. 이 음악학습과정에서 고든은 음악교육이란 듣기부터 시작하여 들은 것을 기호화하고, 기호화한 것에 기초하여 즉흥적으로 변화주기로까지 발전시킬 것을 강조한다. 특히 유아교육에서 고든 음악교수법의 장점은 리듬과 음고를 분리하여 패턴학습을 하게 함으로써 몬테소리와 같이 음악 속에 포함된 음악개념들을 분리하여 개별학습화하고 있다는 것이다.

고든은 음악학습과정을 위하여 무엇보다도 먼저 악보가 아닌 '소리'를 통해 배워야 하고, 소리를 통해서 어느 수준까지 가르친 후에야 악보를 가르칠 수 있다고 말한다. 음악의 학습과정의 순서와 계열화를 중요시한 고든의 음악교육방법은 크게 변별학습과 추론학습으로 크게 두 과정으로 나뉜다. 보다 세분하면 변별학습 5과정과 추론학습 3과정으로 모두 여덟 과정이 계속되는 계열화된 학습과정으로 구성된다.

① 변별학습의 첫 번째 과정은 듣기와 모방하여 따라 소리내기(aural & oral)이다.
② 변별학습의 두 번째 과정은 듣기와 부르기 과정을 언어와 연합하는 과정이다.
③ 변별학습의 세 번째 과정은 부분적 통합과정이다.
④ 변별학습의 네 번째 과정은 악보를 읽고 쓰기 과정이다.
⑤ 변별학습의 제일 마지막 과정은 전체적인 통합과정이다.
⑥ 추론학습의 일반화 과정은 이미 듣고 부르고 악보를 보고 배운 것을 통해서 친숙한 노래나 악보들과 친숙하지 않은 노래나 악보와의 차이점을 유아들이 구별할 수 있는 단계를 의미한다.
⑦ 추론학습의 일반화 과정을 거치면 유아들은 스스로 음악을 창작하고 또 즉흥

연주를 할 수 있는 다음 과정, 창작과 즉흥연주 과정에 이르게 된다.

⑧ 추론학습의 마지막 과정은 이론적 이해 과정이다.

(2) 패턴 학습

고든은 유아의 청취력 곧 오디에이션 능력을 개발하기 위하여 음악의 기본단어라고 할 수 있는 '패턴'을 가르쳐야 한다고 주장하였다. 그리고 패턴을 가르치되 음고와 리듬을 분리해서 가르치는 것이 효과적이라고 하였다. 고든이 가장 기본적인 패턴으로 여긴 것은 리듬의 요소가 없이 조성의 변화에 의한 음고패턴(tonal pattern)과 음에서 조성의 요소가 없는 리듬패턴(rhythm pattern) 두 가지이다. 유아들은 조성에 의한 음고패턴과 리듬패턴과 같은 패턴학습을 통해서 조성감이나 박자감을 개발하게 된다.

또한 고든 음악학습이론에 의한 수업은 크게 두 부분으로 이루어진다. 일반수업활동(Classroom Activities)과 학습계열화활동(Learning Sequence Activities)인데, 일반수업활동이란 노래부르기, 감상, 악기연주 등의 수업활동을 말하며, 학습계열화활동이란 학생들의 기본능력을 개발하기 위해 매 수업 첫 10분 동안 리듬패턴과 음고패턴을 가르치는 활동을 말한다. 이 활동에서는 음고와 리듬영역이 따로 분리되어 다루어지며 학습자 개개인의 학습과정을 전부 기록하도록 만들어져 있다. 교사는 매 학습계열화활동 처음에 그 날 할 음고나 리듬패턴의 종류에 따라 준비패턴을 여러 번 부른다. 이 준비패턴은 조성감이나 박자감 형성을 도와줄 뿐 아니라 음고패턴이나 리듬패턴을 오디에이트하는 데에도 도움을 준다. 이러한 음고학습과 리듬학습은 반드시 따로 분리하여 매 수업 시 지도하도록 되어 있다.

3) 고든의 음악교수법의 적용

(1) 오디에이션을 통한 노래부르기

① 교사는 노래를 노랫말 없이 부른다.

② 유아들은 듣는다.

③ 교사는 노래를 노랫말 없이 부르면서 동시에 발 뒷꿈치를 큰 박에 맞추어 움

직인다.

④ 유아는 교사의 발동작을 따라 하면서 노래를 듣는다.

⑤ 교사는 노래를 노랫말 없이 부르면서 동시에 손으로 작은박에 맞추어 무릎 위를 가볍게 친다.

⑥ 유아들은 교사의 손동작을 따라 하면서 노래를 듣는다.

⑦ 교사는 노래를 노랫말 없이 부르면서 큰박과 작은박에 맞추어 발동작과 손동작을 동시에 한다.

⑧ 유아들은 교사의 발동작과 손동작을 따라 하면서 노래를 듣는다.

⑨ 교사는 으뜸음을 불러주고 유아들로 하여금 여러 번 불러 보게 한 후, 노래 중간에 수시로 멈추면서 숨을 쉬게 하는 손짓을 하면서 유아들이 이 으뜸음을 부르도록 지시한다.

⑩ 유아들은 교사의 노래를 들으면서 노래 중간에 교사의 지시대로 손짓에 맞추어 숨을 쉰 후, 으뜸음을 부른다.

(2) 놀이를 통한 교육

몸을 움직여서 음악을 기꺼이 느끼고 몰입하도록 돕는 방법은 바로 놀이를 통해 학습이 이루어지도록 하는 것이다. 음악이 놀이로 진행되도록 계획할 때 음악 때문에 놀이가 더욱 생동감 있게 느껴진다. 이렇게 놀이를 통한 교육은 다시 음악에 집중하게 하는 역할을 훌륭히 수행한다. 이때 다양한 장난감이나 소도구 등이 음악놀이를 구성하기 위해 사용되며 아이들의 집중을 요하는 매 순간에 이러한 도구들은 매우 효과적이다.

(3) 오디에이션 검사

고든은 또한, 체계적인 음악 교육의 효과를 실증하기 위하여 (신뢰도와 타당도 높은 음악 오디에이션 검사를 위해) 다음 3단계의 오디에이션 측정검사를 개발하였다.

① 초급(PMMA: Primary Measures of Music Audiation, 4세~초등학교 3년),

② 중급(IMMA: Intermediate Measures of Music Audiation, 초등학교 4년~고등학교 3년)

③ 고급(AMMA: Advanced Measures of Music Audiation, 고등학교~대학교 이상)

고든의 오디에이션 측정 검사를 3단계 수준별로 개발하였을 뿐 아니라 음악적성검사(MAP: Musical Aptitude Profile, 고등학교~대학교)를 개발하였고, 또한 유아교육 현장에 적용할 수 있는 여러 가지 음악교육 프로그램을 개발하였다.

교육과학기술부(2009). **유치원 지도서 1: 총론.**

_____________(2013). **3, 4, 5세 누리과정 교사용 지도서 총론**. 교육과학기술부.

권덕원(1999). 베넷 리머의 음악교육 철학에 관한 소고. **한국음악교육학회, 18**(1), 81-98.

권종애(2002). 유아음악교육에 관한 교사의 인식과 현황조사. 건국대학교 석사논문.

김광자(2004). 포괄적 음악교육에 기초한 유아의 음악능력 증진 프로그램 개발 및 효과. 서울여자대학교대학원 박사논문.

김명순·조경자(2001). **유아를 위한 음악교육의 이론과 실제**. 다음세대.

김법순(2009). 유아의 음악능력 증진을 위한 포괄적 음악교육 프로그램 개발, 조선대학교 박사논문.

김성균(2006). **듣기를 통한 유아교육**. 김성균 음악교육연구소.

김수진(2004). 심미적 음악체험을 위한 창의적 재량활동 프로그램 연구. 부산교육대학교 교육대학원.

______(2007). 엘리엇(D. Elliott)의 실천주의 음악교육철학에 관한 고찰. 동아대학교 교육대학원.

김영연(2002). **유아음악교육론**. 서울: 학지사.

김영주(1982). 심미행위의 적용을 통한 가창학습활동의 내용 및 과정에 관한연구. 한국교원대학교 교육대학원.

김혜경(2002). **유아음악교육**. 서울: 창지사.

나 정(2005). 유치원 실태조사보고 **보건복지포럼 9**(1), 32-45.

문혜련(2005) 미디어를 활용한 유아음악감상 방법의 제안과 그에 따른 활동의 예. **어린이미디어연구, 4**, 41-63.

민경훈(2003). 기초 음악교육의 학습환경 구성에 관한 논의. **음악교육, 3**, 318-346.

박은영(2009). 유아교사의 음악교수능력 평가도구 개발. **음악교육연구, 37**, 35-59.

______(2011). 반응적 상호작용에 기초한 유아음악교육 프로그램 개발 및 효과. 전남대학교, 박사논문.

백재선(2006). 리머의 음악교육 철학적 관점에서 본 음악수업 실태 분석. 경인교육대학교 교육대학원.

보건복지가족부(2010). **2010 보육시설 평가인증 지침서(40인 이상 보육 시설)**. 서울: 보건복지가족부.

상지전문대(1996). **유아의 음악성 계발을 중심으로 한 유아음악교육**. 동문사.

서현아·김효지(2006). 애니메이션을 통한 음악 듣기활동이 유아의 창의성에 미치는영향. **열린유아교육연구, 11**(2), 113-131.

성경희(1988). **음악교육론**. 서울: 을지출판사.

심성경·이희자·이선경·김경의·이효숙·박주희(2012). **영유아음악교육**. 서울: 양서원.

안재신(2004). **유아음악교육**. 서울: 교육과학사.

오희숙(2009). **철학 속의 음악미학**. 서울: 심설당.

여성가족부(2007). 여성가족부 고시 제2007-1호. 표준보육과정의 구체적 보육 내용 및 교사지침. 서울: 여성가족부.

이미혜(1995). **화성과 악기놀이지도**. 서울: 양서원.

______(1998). **반주를 위한 피아노 연습곡집**. 서울: 학문사.

______(2002). **리듬게임 앙상블.** Muse 202.

______(2003). 오르프 악기활용법, **오르프 악기에 대한 이해.** Muse 202.

______(2011). **오르프악기 활용 기악합수곡집**. 서울: 양서원.

______(2012). **나도 작곡가 시리즈**. 부흥기획.

______(2014). 유아즉흥연주에 나타난 음악적 사고의 이해. **사고개발, 10**(4), 1-20.

이 영·유애열(1985). **유아를 위한 음악활동의 이론과 실제**. 융성출판.

이영진(2013). '음악하기'(Musicing)의 관점으로 본 교사용『유치원 지도서』분석연구 : 2012년 3-5세 연령별 누리과정 中 '5세 누리과정'을 중심으로. 연세대학교교육대학원 석사논문.

이영옥(1999). 유아 음악교육 활동의 현장 실태 연구. 한양대학교 교육대학원 석사학위논문.

이용일(2003). **음악교육학개설**. 서울: 현대음악출판사.

이윤식·최상근·허병기(1994). **교사양성체재 개선 방안 연구**. 서울: 한국교육개발원.

이은화·김영희(1997). **유아를 위한 음악교육**. 서울: 교문사.

이홍수(1990). **음악교육의 현대적 접근**. 서울: 세광출판사.

______(1992). **느낌과통찰의 음악교육**. 서울: 세광음악출판사.

임은애(2007). 통합 음악교육 프로그램이 유아의 음악적 능력 향상에 미치는 효과. 영남대학교 박사논문.

장은주(2006). 현직교사를 위한 유아음악교육 프로그램 모형 개발. 이화여자대학교 박사논문.

정세문(1987). **음악과 학습지도**. 서울: 창지사.

진용섭(2006). 음악교육사에 투영된 예술 문화적 사회 환경 조성을 위한 학교 음악교육과 지역사회의 역할. 동덕여자대학교 박사논문.

최은식(2006). 리머 음악교육철학의 변천에 관한 연구: 심미적 철학에서 경험적 철학까지. **음악교육연구, 30**, 201-222.

홍정수 · 오희숙(1999). **음악미학**. 음악세계.

황순각(2003). **유아신체활동의 이론과 실제**. 서울: 양서원.

하홍표 · 정혜영(2009). Carl Orff 교수법에 의한 전통음악교육이 유아의 음악적 태도와 리듬감 발달에 미치는 영향. **어린이미디어연구, 5**, 85-109.

Abeles, H. F. Hoffer, C. R. & Klotman, R. H.(1994). *Foundation of music education* (2nd ed.). NY: Schirmer.

AOSA.(1997). American Orff-Schulwerk Association. Guidelines for Orff Schulwerk teacher training courses levels I, II, III. reviseded. Cleveland, OH : AOSA.

Ames, R.(1993). **유아를 위한 음악교육**(이은화 · 김영희 1995 공역 편). 서울: 교문사.

Bennet Reimer(1970). *A Philosopy of Music Education*. 신도웅역. **음악교육철학**. 서울: 세광음악출판사.

Birkenshaw, L.(1982). *Music for fun, Music for Learning*. 3d ed. Saint Louis: MMB Music.

Bruner, J. S.(1960). *The process of education*. Cambridge, MA; Harvard University Press.

Campbell, P. S. & Scott-Kassner, C.(1995). *Music in childhood*. New York: Schirmer Books.

Cassidy, J. W.(1989). Effect of intensity training on pre-service teacher's instruction accuracy and delivery. *Journal of Research in Music Education, 38*, 164-174.

Chen, Y. Y.(2000). The self-perceptions of inservice and preservice kindergarten teachers in Kaohsiung and Pingtung regions concerning the usefulness of the music content of their teacher training programs. Unpublished doctoral dissertation, Pennsylvania State University.

Doniels, R. D.(1992). Preschool music education in four southeastern state: Survey and recommendations. *Update Application of Research in Music Education, 10*(2), 16-19.

Elliott(1995). *Music matters: A new philosophy of music education.* New York: Oxford University Press.

Eliason, C. & Jenkins, L.(2003). *A practial guide to early childchood curriculum.* Merrill Prentice-Hall.

Gardner, H.(1983). *Frames of Mind: The theory ofmultiple intelligences*. New York: Basic Books.

__________(1993). *Multiple intelligences: Thetheoryinpractice*. New York: Basic Books.

Gordon, E. E.(1971). *The Psychology ofMusic Teaching*. Englewood Cliffs, NJ: Prentice- Hall.

____________(1965, 1979, 1982, 1989). 'The Musical Aptitude(MAP), 'Advanced Measures of Music Audiation(AMMA)'.

___________(2000). *Rhythm: Contrasting the implications of aud iation and notation.* Chicago: GIA.

Gembris, H.(2002). The development of musical abilities. In R. Colwell, & C. Richardson (Eds.), *The new handbook of research on music teaching and learning*. NY: Oxford University Press.

Goldberg, F.(1989). Music psychotherapy in acute psychiatric inpatient and private practice setting. *Music Therapy Perspectives, 6*, 40-43.

Greata(2006). *An Introduction to music in early childhood education.* Clifton Park, NY: Thomson Delmar Learning.

Greenberg, M.(1979). *Your children need music.* Englewood Cliffs, NJ: Prentice-Hall 1997.

Grout, J.(2007). **서양음악사** 제7판. 민은기·오지희·이희경 옮김, 서울: 이엔비플러스.

Hildebrandt.(1998). Creativity in music and early childhood. *Young Children, 53*(6), 68-74.

Jane, F. & Kreuter, K.(1987). *Discovering Orff, A Curriculmn for music Teacher.* New York: Schott Music Coporation.

Kenny, S.(1997). Music in the developmentally appropriate integrated curriculum. In

C. Hart, D. Burts, & R. Charlesworth (Eds.), *Integrated curriculum and developmentally appropriate practice-birth to age eight* (pp.103-144). Albany, NY: Suny Press.

Kim, J. M. & Mahoney, G.(2004). The effects of mother's style of interaction on children's engagement: Implications for using responsive interventions with parents. *Topics in Early Childhood Special Education, 24*(1), 31-38.

Kodály, Z.(1974). *The selected writings of Zoltá Kodáy.* (F. Bonis, Ed.; L. Halapy & F. Macnicol, Trans.). London: Boosey & Hawkes.

Levinowitz, L. M.(1998). The importance of music in early childhood. *General Music Today, 12*(1), 4-7.

Ling, Y. L. L.(2002). *Music education as a means for fostering young children's knowledge of dual cultures.* Unpublished doctoral dissertation, Columbia University, New York.

McDonald, D. T.(1993). Long-range goals, In M. Palmer & W. l. Sims (Eds.), *Music in prekindergarten: Planning and teaching* (pp. 15-18). Reston, VA: MENC.

MENC[The National Association for Music Education](1992). MENC position statement on early childhood education. *MENC Soundpost, 8*(2), 21-22.

______(1994). *The school music program: A new vision.* Reston, VA: Author.

Miche, M.(2002). *Weaving music into young mind.* New York: Delma.

MMCP(1965). MMCP synthesis: A structure for music education.

Miller, S.(1984). Opeara made elemantary. *Music Educators Journal, 71*, 52-54.

Muijs, D., & Reynolds, D.(2002). Teachers' beliefs and behaviors: What really matters? *Journal of Classroom Interaction, 37*(2), 3-15.

Orff, C.(1952, 1956). *Orff Schulwerk: Past and future, perspectives in music education: Source Book Ⅲ.* Washington, DC: Music Educators National

Panagiotis, A.(1999). Children's Conception and Practice of Musical Improvisation. *Psychology of Music 27*, 175.

Piaget, J.(1962). *Play, dream sand imitation in childhood.* New York: Norton.

Reimer, B.(2003). *A philosophy of music education: Advancing the vision.* Upper Saddle River, NJ: Prentice Hall.

Rausche, F. H.(2003). Can music instruction affect children's cognition development? ERIC Digest(ERIC Document Reproduction Service No. ED 480540).

Robert M. Abramson.(1998). *Feel It*. Miami: Warner Bros.

Ronald B. Thomas(1965). MMCP synthesis: A structure for music education One of the major products of the Manhattanville Music Curriculum Program. Elnora: Media.

Schickedanz, J. A., York, M. E., Stewart, I. S., & White, D.(1990). *Strategies for teaching young children*(3th ed.). NJ: Prentice Hall.

Scotts, C. R.(1989). How childrengrow musically. *Music Educatiors Journal, 71*, 52-54.

Scotts-Kassner, C.(1993). Musiccal characteristics. In M. Palmer & B.

Seefeldt, C.(1987). *The Early Childhood Curriculm*. N.Y.: Teachers College Press.

Sibenaler, D.(2006). Training teachers with little or no music background. Too little, too late? *Update: Appliacation of research in Music Education, 24*(2), 14-22.

Slotoroff, C.(1994). Drumming technique for assertiveness and anger management in the short-term psychiatric setting for adult and adolescent survivors of trauma. *Therapy Perspectives, 12*(2), 111-116.

Speake, C.(1993). Create an opera with elemantary students. *Music Educators Journal, 79*, 22-26.

Wolf, J.(1992). Let's sing it again: Creating music with oung children. *Young Children, 47*(2), 56-61.

Synder, S.(1997). Developing musical intelligence: Why and how. *Early Childhood Education Journal, 24*(3), 165-171.

Zimmerman, M. P.(1975). Research in music education with very young children. Paper presented at the fout h international seminar on research in music education.

https://www.google.co.kr/searc

저자약력

이미혜

계명대학교에서 음악 전공(학사, 석사)
미국 메사추세츠 주립대학 대학원(Doctoral process) 유아음악교육 전공
대구 가톨릭대학교(Doctoral process) 유아교육 전공
현 한국국제대학교 유아교육과 교수
경남 중소기업청 콘텐츠 계발 위원 역임
진주시 여성아동과 보육위원 역임

박소연

계명대학교 유아교육학과 박사수료
현 대구과학대 유아교육과 조교수

현대적 음악교수법을 활용한

영유아음악교육

초판 1쇄 발행 / 2017년 8월 30일
초판 2쇄 발행 / 2019년 2월 10일

공저자 / 이미혜·박소연
발행인 / 이 중 수
발행처 / **동 문 사**

서울특별시 서대문구 홍제원 1길 12
(홍제동 137-8)
Tel : 02)736-3718(대), 736-3710, 3720
Fax : 02)736-3719
등록번호 : 1974.04.27 제9-17호
가격 : 20,000원

ISBN : 978-89-8251-885-0(93370)
E-mail : dong736@naver.com
www.dongmunsa.com

저자와의 합의하에 인지는 생략합니다.